Der tibetische Buddhismus
als Religion und Psychologie

W0072202

*Das tibetische »Lebensrad«, die Darstellung
eines ganzen psychologischen Systems in
einem Schaubild. (Traditionelles Thangka-Rollbild)*

Walt Anderson

Der tibetische Buddhismus als Religion und Psychologie

Eine Einführung aus westlicher Sicht

Otto Wilhelm Barth Verlag

3. Auflage der Sonderausgabe 1986.
Erstveröffentlichung 1981 unter dem Titel »Das offene Geheimnis«.
Einzig berechtigte Übersetzung aus dem Amerikanischen von Matthias Dehne und
Stephan Schuhmacher. Titel des Originals: »Open Secrets«.
Copyright © 1979 by Walt Anderson. Gesamtdeutsche Rechte beim Scherz Verlag,
Bern und München, für den Otto Wilhelm Barth Verlag. Alle Rechte der
Verbreitung, auch durch Funk, Fernsehen, fotomechanische Wiedergabe, Tonträger
jeder Art und auszugsweisen Nachdruck, sind vorbehalten.
Umschlag von Gerhard Noltkämper.

Inhaltsverzeichnis

Vorwort 7

1. Ost ist West und West ist Ost 15

2. Buddhistisches Grundwissen 37

3. Das Bewußtsein: Mal siehst du es, mal siehst du's nicht 58

4. Vajrayāna: Das Diamant-Fahrzeug 77

5. Der Einklang von Körper und Geist: Entspannung,
   Gesundheit und Heilkunst 104

6. Expandierendes Universum – expandierendes Bewußtsein 125

7. Traumanalyse und Traumyoga 145

8. Gerüchte aus dem Osten 162

9. Noch mehr tibetische Psychologie ... 185

10. Erleuchtung: Lernen und Verlernen 203

Anmerkungen 224

Bibliographie 230

Es gibt nichts anderes als das Wissen von *Diesem*,
Anderes als *Dies* kann niemand erkennen.

Es ist *Dies*, das gelesen wird, *Dies*, das man meditiert,
Es ist *Dies*, das sich findet in Abhandlungen
 und in alten Legenden,
Es gibt keine Schule des Denkens,
 die *Dies* nicht zum Ziel hätte.

SARAHA

Vorwort

Eines Tages kam ein Fremder in unser Dorf. Wir gingen unseren alltäglichen Pflichten nach – trieben Handel und jagten, bekriegten uns mit anderen Stämmen und übten unsere Riten aus. Wir unterbrachen unsere Geschäftigkeit für eine Weile und versammelten uns, um den Fremden zu betrachten. Er war unmöglich gekleidet und sprach eine andere Sprache. Wir bildeten einen Kreis um ihn (oder vielleicht sie – wer weiß?), stocherten mit den Speeren an ihm herum und raunten uns zu, was wohl zu tun wäre. Er scheint ja mit friedlichen Absichten gekommen zu sein – vielleicht ist er ein Missionar? Oder ist er ein Händler? Oder ein Kundschafter, auf den bald ein Überfall folgen kann? Vielleicht sollten wir ihn mit Respekt begrüßen wie einen Gott – oder sollten wir ihn nicht besser töten und aufessen?

In bezug auf den Fremden, dem wir auf diesen Seiten begegnen werden – dem tibetischen Buddhismus –, befinde ich mich auf der Seite der Einheimischen. Ich bin weder Tibeter noch Buddhist und auch kein Buddhologe. Dieses Buch ist *mein* Stoß in die Rippen des Fremden, mein eigener Versuch, den Dorfgenossen zu berichten, was ich für die Ziele des tibetischen Buddhismus halte.

Nachdem ich mich als Nicht-Buddhist zu erkennen gegeben habe, möchte ich Ihnen vorweg etwas über meine Erfahrungen *mit* dem Buddhismus berichten. Seit einiger Zeit – um genau zu sein, seit 1963 – interessiere ich mich für den Buddhismus, und es gibt wenige andere geistige Interessen, deren Anfang ich ebenso eindeutig bestimmen könnte. Ich erinnere mich genau an den Tag, ja an die Uhrzeit, zu der es begann.

Ich kam später mit dem Buddhismus in Berührung als die meisten Kalifornier meiner Generation. Ich lebte Ende der fünfziger

Jahre in San Francisco, zu einer Zeit also, in der fast jeder sich für *Zen* begeisterte. Ich jedoch betrachtete dieses Treiben mit gönnerhafter Geringschätzung. Es sprach mich nicht im geringsten an. Meine geistigen Helden jener Zeit waren Romanschriftsteller und Philosophen, insbesondere die europäischen Existentialisten – Sartre, Camus, Kierkegaard, Dostojewski. Von Kerouac und den übrigen Autoren der *beat generation* hielt ich nichts, und wie sie Inhalte einer unergründlichen östlichen Religion in ihre Werke einflochten, schien mir etwas spinnert.

1963 begann ich mich dann intensiv mit Psychologie zu beschäftigen und stieß in einer Anthologie auf einen Aufsatz von Herbert Fingarette mit dem Titel *The Ego and Mystic Selflessness* (»Das Ich und die von der Mystik gelehrte Selbstlosigkeit«).[1] Die Abhandlung wollte Ähnlichkeiten zwischen dem Streben nach emotionaler Gesundheit in der Psychotherapie und der Suche nach Erleuchtung in den mystischen Religionen des Orients aufzeigen. Die vom Autor benutzten Quellen waren psychologische Fallstudien und östliche Schriften, meist aus der Tradition des *Zen*-Buddhismus.

Nachdem ich etwa die Hälfte des Aufsatzes gelesen hatte, begann ich zu verstehen, worüber der Autor sprach, und beim Weiterlesen wurde aus dieser Erfahrung eine Einsicht, die mich tief berührte; es war mehr als nur eine intellektuelle Erfahrung. Ich fühlte mich freudig erhoben und entdeckte, während ich spazierenging, um die Erfahrung zu »verdauen«, daß sich in meiner Wahrnehmungsfähigkeit etwas geändert hatte. Die Welt war klarer und heller als zuvor, als hätte ich »meine Windschutzscheibe« geputzt. Es war ein lebhaftes, kraftvolles Gefühl, nicht so fremdartig wie ein Drogen-*High*, noch nicht einmal besonders euphorisch – ein friedvolles, wunderbar ausgeglichenes Hochgefühl.

Wie Sie sich vielleicht denken können, entwickelte ich daraufhin einen gesunden Respekt vor dem *Zen*. Ich las noch viel mehr darüber und begann zu meditieren, nicht regelmäßig, aber immerhin ab und zu. Ich durchforstete die psychologische Literatur auf der Suche nach Informationen über die Art meiner Erfahrung und entdeckte Abraham Maslows Arbeit zum Thema »Gipfel-Erlebnis«. Später stieß ich auf die Gestalttherapie, die die Ansicht vertritt, daß zu seelischem Wachstum eine Verstärkung des Kontaktes mit den eigenen Sinneserfahrungen gehört.

Ich verfolgte meine Nachforschungen über mehrere Jahre und traf noch auf andere östliche Systeme – darunter Yoga und Sufismus. Meine Neugierde wuchs über die Frage nach meiner eigenen Erfahrung hinaus. Mir, wie so vielen anderen, wurde deutlich, daß sich in diesem Land etwas tat, daß wir von orientalischen Religionen geradezu überschwemmt wurden. Der vergleichsweise harmlose *Zen*-Spleen der fünfziger Jahre hatte sich zum Erleuchtungs-Boom der siebziger Jahre ausgewachsen. Mein Interesse wurde um so mehr geschürt, da ich als Soziologe und Berufsautor wissen wollte, was all dies für die Kultur einer modernen Industriegesellschaft zu bedeuten hatte.

Anfang der siebziger Jahre lebte ich in Berkeley und erfuhr, daß sich ein tibetischer Lama, Tarthang Tulku, dort niedergelassen und ein Meditationszentrum gegründet hatte. Das erschien mir vielversprechend, und ich wollte, sobald es mir die Zeit erlauben würde, dort hereinschauen und sehen, was vor sich ging. Wie es mit solchen Dingen oft geschieht, kam der tibetische Buddhismus eher zu mir, als ich zu ihm. Amerikanische Schüler von Tarthang Tulku, Lehrer des Nyingma Institute, hatten einige meiner Zeitschriftenartikel gelesen und luden mich ein, mir das Zentrum einmal anzusehen. Natürlich waren sie als Amerikaner auf *Public Relations* bedacht, und es verstand sich quasi von selbst, daß ich etwas über das Nyingma Institute schreiben würde.

Also ging ich – gratis, wie es zu solchen *Public-Relations*-Vereinbarungen gehört – zu Veranstaltungen des Instituts, besuchte Vorträge und Workshops. Das führte mich zu meiner ersten wirklichen Auseinandersetzung mit der buddhistischen Philosophie. Meine *Zen*-Lektüre stammte vornehmlich von westlichen Autoren – Alan Watts, Erich Fromm – oder von östlichen Autoren, die in Englisch schrieben, wie D. T. Suzuki. Nun, da ich mich auf indische und tibetische Schriften stürzte, hatte ich es mit einem Stoff zu tun, der weder von noch für westliche Leser geschrieben worden war, einer Materie, die auch für die Menschen in ihrem Ursprungsland nur schwer zu verstehen gewesen war. Auch der *Zen*-Buddhismus hatte seine Tücken gehabt, aber ihn zeichnete immer eine gewisse Klarheit aus; auch wenn man etwas nicht verstand, wußte man doch, daß das, was sich einem entzog, ganz einfach sein mußte. Zwar hatte ich mich während meiner Studienzeit mit einer Anzahl schwieriger philosophischer Systeme befaßt und mich mühsam durch Aristoteles, Kant, Heidegger und all den quantifizierten Irrsinn der modernen Sozialwissenschaften durchgearbeitet. Dies war jedoch lange nicht so schwierig gewesen wie die komplizierte Materie eines vollkommen fremden Kulturkreises, mit der ich nun konfrontiert war. Ich las englische Übersetzungen von Originaltexten. Der Inhalt wurde damit – trotz der Übertragung ins Englische – jedoch nicht automatisch für einen westlich geschulten Geist verständlich.

Ich war nicht der einzige, der mit den buddhistischen Texten zu kämpfen hatte. Das Institut bot zwei Arten von Programmen an: praxisorientierte Programme (Meditation, Körperübungen, *Mantra*-Rezitation usw.) und Programme in buddhistischer Theorie. Ich versuchte mich in beiden Arten und beobachtete, daß immer viel mehr Leute an den praktischen Kursen teilnahmen. Zu einem Meditationswochenende erschienen im allgemeinen nicht weniger als fünfzig Teilnehmer, zu einem Seminar über die *Abhidharma*-Theorie jedoch kaum zwölf, und auch davon sprangen noch einige vorzeitig ab.

Irgendwann einmal während jener Monate, in denen ich die buddhistische Interpretation der Bewußtseinsvorgänge studierte – wir waren gerade dabei, die Unterschiede zwischen Sarvastivadin und Cittamatrin zu untersuchen –, dachte ich daran, ein Buch über den tibetischen Buddhismus zu schreiben, in dem ich versuchen wollte, dem interessierten Laien etwas von den buddhistischen Grundideen zu vermitteln. Denn wie fremdartig und schwer verständlich die buddhistische Philosophie auch sein mag, sie baut auf Ideen und Werten auf, die verständlich und ungeheuer wichtig sind, auch wenn sie nicht unbedingt unserer Weltsicht entsprechen. Ich glaubte – und glaube es immer noch –, daß der Westen ein wenig Buddhismus gebrauchen kann.

Der Zweck dieses Buches ist also, den Buddhismus dem westlichen Leser ein klein wenig verständlicher zu machen. Ich habe ihn bewußt »de-orientalisiert« und die (möglicherweise) parallelen Erscheinungen in unserer eigenen Welt hervorgehoben. Aber ebenso habe ich es vermieden, ihn völlig zu »verwestlichen«. Ich wollte ihn nicht aller Fremdartigkeit berauben, denn wir brauchen ein wenig von dieser Fremdartigkeit. Das menschliche Leben ist voller

Geheimnisse, es balanciert immer über dem Abgrund des Unbekannten. Dies nicht sehen zu wollen, wäre sehr gefährlich. (Denken Sie daran, wenn ich Sie später bitte, zu versuchen, mit Ihren Augen zu hören!) Trotzdem glaube ich nicht, daß wir aus dieser Fremdartigkeit einen Kult machen müssen. Hier gilt, wie in vielen Fällen, die buddhistische Vorstellung des »Mittleren Weges«.

Mein Studium des orientalischen Denkens führte mich dazu, Parallelen im westlichen Denken – bekannte, sichere Ideen – zu suchen, die wir aus unserer eigenen Kunst, Wissenschaft und Philosophie kennen. Es scheint mir vernünftig, bei der Erforschung des Unbekannten jeden möglichen Kontakt mit dem Bekannten zu bewahren. Natürlich weiß ich, daß wir von Heerscharen mutiger Abenteurer umgeben sind, spirituellen Athleten, die bereit sind, das ganze Erbe der westlichen Kultur zum Fenster hinauszuwerfen, um dem nächstbesten Guru splitternackt hinterherzulaufen. Ich wünsche ihnen viel Glück dabei und *gute Reise*.

Meine »Forschungsmethode« fußt auf den Erfahrungen, die ich auf Spaziergängen mit meinem Sohn machte. Als er zwei bis drei Jahre alt war, nahm ich ihn zum Spielen mit in den Park. Ich suchte mir ein sonniges Plätzchen im Gras und ließ ihn seiner Wege ziehen. Er wagte sich hinaus in die große Welt der Wippen und Schaukeln, wo er neue Freunde, große Abenteuer und gelegentlich vernichtende Niederlagen erlitt – und was auch immer geschah, alle Viertelstunde kam er zu mir zurück, um, bevor er das Neue wieder in Angriff nahm, die Verbindung mit dem Bekannten nicht abreißen zu lassen. Ins Unbekannte und zurück, wieder hinaus ins Unbekannte und zurück, das ist das Muster der Erforschung. Es scheint mir richtig zu sein. Vielleicht wäre meinem Sohn etwas Wunderbares geschehen, wenn ich ihn allein im Park gelassen hätte. Ich weiß es nicht. Ich habe mich ihm und auch mir selbst gegenüber niemals so verhalten.

Wir werden auf den folgenden Seiten also auf das Wagnis »tibetischer Buddhismus« eingehen, zu westlichem Denken zurückkehren und dort vergleichbare Anschauungen und Systeme betrachten, um uns danach wieder dem Unbekannten zuzuwenden. Wie weit Sie dabei mitgehen, müssen Sie selbst entscheiden. Ich biete Ihnen eine Art Einführung an – theoretische Grundlagen, einfache Körper- und Meditationsübungen. Sie sollen Ihnen die Ziele des tibetischen Buddhismus verständlich machen, so daß Sie vielleicht fühlen können, was es heißt, Buddhist zu sein. Nehmen Sie sich davon, was Sie mögen!

Es bleibt auch Ihnen selbst überlassen, was Sie glauben wollen und was nicht. Natürlich ist eine gewisse Offenheit notwendig, doch pflichte ich der Beobachtung meines Freundes Charles Hampden-Turner bei, daß ein stets offener Geist nicht besser ist als ein ständig offener Mund. Eine gesunde Mischung aus Offenheit und Skepsis ist wahrscheinlich die angemessenste Haltung – die Bereitschaft, etwas Neues zu versuchen, ohne deswegen gleich alles zu glauben, was man erzählt bekommt.

Ich weiß, daß viele von Ihnen meinen, den tibetischen Buddhismus nicht mit ihrer Religion oder mit ihrem wissenschaftlichen Weltbild vereinbaren zu können. Trotzdem habe ich sehr viele Geistliche und Wissenschaftler kennengelernt, die stark am Buddhismus interessiert sind, ohne dadurch an einem inneren Konflikt zu leiden. Der Buddhismus stellt für unsere westlichen Glaubensvorstellungen eine Herausforderung dar – zuerst wird unsere Identität, unser Selbstverständnis in Frage gestellt, bis schließlich alle konventionellen Einsichten erschüttert sind –, aber ich bin trotzdem der Meinung, daß sich durch meine Beschäftigung mit dem Buddhismus mein Verständnis des Christentums beträchtlich erweitert hat, ganz abgesehen davon, daß ich mich deshalb neuerdings auch für theoretische Physik und experimentelle Psychologie interessiere. Ich stelle an den Buddhismus also nicht den Anspruch, mir meine Religion oder gar die Wissenschaft zu ersetzen. Ich erwarte vielmehr, daß er sich an der Synthese von Erkenntnissen beteiligt, die stattfinden wird, wenn die westliche Kultur das reiche kulturelle Erbe assimiliert, zu dem sie in neuerer Zeit Zugang gefunden hat.

Die meisten von den im Buch vorgestellten praktischen Übungen werden am Nyingma Institute in Berkeley gelehrt; sie betonen deswegen natürlich gewisse Eigenheiten dieser besonderen Tradition. Die *Nyingmapas* – die »alte Schule« – stellen eine der vier Hauptschulen des tibetischen Buddhismus dar. Tarthang Tulku, der Begründer des Nyingma-Institutes, gehört ursprünglich dieser Schule an. So werden etwa die *Kum-Nye*-Übungen nur an diesem Institut gelehrt.

Die ins Englische übersetzten Werke von Milarepa, Naropa, Gampopa und Longchenpa bilden die Grundlage für meine Aussagen über den tibetischen Buddhismus. Ich gewann besonders den tantrischen Dichter Saraha lieb und zitiere ihn am Anfang und am Ende des Buches und auch einige Male im Text.

Saraha war, wie viele andere Weise, deren Lehren nicht mehr vom tibetischen Buddhismus zu trennen sind, nicht Tibeter, sondern Inder. Viele der hier zitierten Quellen sind eigentlich indischen Ursprungs und gehören zu jener reichen Literatur, die aus dem Sanskrit ins Tibetische übersetzt wurde. Für die Kernbegriffe verwende ich deswegen auch vorzugsweise die Sanskrittermini. Tibetische Begriffe gebrauche ich nur dann, wenn es sich um spezifisch tibetische Vorstellungen handelt.

Wenn man sich an einen so umfassenden Stoff wie den tibetischen Buddhismus heranmacht, wird man sehr leicht in Nebenstraßen geführt, und ich habe mit besonderem Vergnügen die Bücher der ersten europäischen Tibetforscher gelesen, die nach Tibet gezogen sind, um Kultur und Religion des Landes zu studieren – L. A. Waddell, W. Y. Wentz und Alexandra David-Neel, ziemlich verwegene Gestalten und als Persönlichkeiten nicht weniger interessant als die Lamas, mit denen sie sich befreundeten und bei denen sie studierten. Waddell war ein englischer Arzt, Offizier des Indian Medical Service. Da er von 1885 bis 1895 in Darjeeling nahe der tibetischen Grenze stationiert war, begann er sich mit der Zeit für den tibetischen Buddhismus zu interessieren und wollte ihn näher kennenlernen. Er leistet sich ein Glanzstück anthropologischer »Methodik«; er kaufte nämlich den Lamas einen Tempel ab und bat sie dann, ihm zu zeigen, wie so ein Laden funktioniert. Sie instruierten ihn in ihren Riten und Symbolen, welche er allesamt für kompletten Schwachsinn hielt. Den historischen Buddha hielt er für das verhätschelte Kind reicher Eltern, das ein paar unangenehme Dinge erlebt hatte und damit nicht so recht fertig geworden war: »In seiner Verzweiflung glaubte er, nachdem er einige Monate mit gekreuzten Beinen und geschlossenen Augen schläfrig in sogenannter ›Meditation‹ gesessen hatte, schließlich eine neue ›Wahrheit‹ gefunden zu haben …« Waddell nannte den Buddhismus eine »griesgrämige, nihilistische Weltanschauung«, bezeichnete die höchsten esoterischen Lehren der Lamas als »blödsinnige

Geheimniskrämerei« und beschrieb ihre Rituale als »gemeinen Mummenschanz und verachtenswerte Heuchelei«.[2] Wie zu erwarten, ist er bei den glühenden Anhängern des tibetischen Buddhismus nicht gerade beliebt; sie meinen, er hätte doch wohl den Kern der Sache nicht ganz begriffen. Immerhin ist seine Untersuchung jedoch gerade in Einzelheiten äußerst gewissenhaft und das Buch deswegen durchaus lesenswert.

Frau David-Neel war eine wahrhaft außergewöhnliche Dame, eine Französin, die auf einsamen Expeditionen große Teile des Orients bereiste (eine dieser Expeditionen dauerte vierzehn Jahre). Sie adoptierte einen tibetischen Lama an Sohnes Statt und war selbst als Lama anerkannt. Sie schrieb mehrere Bücher und zog sich auf ihre alten Tage in die Schweiz zurück. Sie wurde mehr als hundert Jahre alt und beschwerte sich über die vielen Leute, die von ihren Tibetreisen gehört hatten und sie nun dauernd in ihrer Ruhe störten; diese erwarteten nämlich von ihr, angebliche Feinde zu verhexen oder andere Wundertaten zu ihrem Wohl zu vollbringen.

Interessante Leute, diese alten Forscher und Sucher, und ich bin äußerst glücklich darüber, ihre Bücher kennengelernt zu haben.

Als ich mich mit dem tibetischen Buddhismus zu beschäftigen begann, war die Erfahrung, die mein Auge 1963 für den Buddhismus geöffnet hatte, in den Hintergrund gerückt. Ich hatte seitdem viele andere Gipfel-Erlebnisse und war genauso in so manches seelisches Tief geraten. Und trotzdem war dieses Ereignis bedeutungsvoll für mich geblieben – dieser wunderbare Durchbruch zu einer neuen Klarheit –, und ich war freudig überrascht, nach Jahren eine präzise Beschreibung des Zustandes zu hören, in den ich spontan hineingeglitten war. Tarthang Tulku nennt ihn *Shin Jong*, »höhere Bewußtheit«, und spricht davon, als sei er mit dem Territorium wohl vertraut.

1. Ost ist West und West ist Ost

Mitte der fünfziger Jahre, zur gleichen Zeit, als im Westen das Interesse am Buddhismus zu wachsen begann, rollten die ersten Lkw über die gerade neu gebauten Fernstraßen Tibets – eines Landes, dessen Bevölkerung immer nur zu Pferd oder zu Fuß unterwegs gewesen war.

1951, als chinesische Truppen eine erste Garnison in Lhasa errichtet hatten, begann der systematische Export der industriellen Revolution in jene letzte Bastion der traditionellen orientalischen Gesellschaft. Während dieser Jahre unmittelbar nach dem Zweiten Weltkrieg war der politische Status Tibets nicht klar definiert, und die Chinesen versuchten diese Unklarheit zu beseitigen, indem sie Tibet der Volksrepublik China als autonome Region einverleibten. Ein Fernstraßennetz wurde errichtet, um die Verbindung zwischen Tibet und China und Truppenbewegungen innerhalb Tibets zu erleichtern. Doch die Chinesen beschränkten sich nicht darauf, Straßen, Flugplätze und Fabriken zu errichten, sie machten sich gleichzeitig daran, die Macht der buddhistischen Führungsschicht des Landes einzudämmen und inszenierten eine Propaganda-Kampagne, die den Buddhismus beim Volk unpopulär machen sollte. Alle diese Schritte waren auf ein Ziel gerichtet: die mittelalterliche lamaistische Gesellschaftsordnung durch eine neuzeitliche, marxistisch orientierte zu ersetzen.

Gleichzeitig erwachte in den westlichen Industrieländern die Sehnsucht nach etwas Neuem, nach tieferen Einsichten, die dem Leben Sinn geben konnten. In den fünfziger Jahren veröffentlichten der japanische Gelehrte Daisetz T. Suzuki und der angloamerikanische Theologieprofessor Alan Watts die ersten amerikanischen Ausgaben ihrer Bücher und erschlossen sich damit eine neue Leserschaft, die weit über den kleinen Kreis der Orientalisten hinausreichte. Dies war die erste Woge einer wahren Springflut östlichen Gedankenguts, welche noch über die Vereinigten Staaten hereinbrechen sollte. Es war nur ein bescheidener Anfang: In den fünfziger Jahren kannten die meisten Leute den Buddhismus nur in einer seiner japanischen Formen, der des *Zen*, und auch dies hielt man für wenig mehr als nur eine vorübergehende Mode, ein Spielzeug der Dichter der *beat generation*. Ende der fünfziger Jahre verloren die Massenmedien ihr Interesse am *Zen*, nicht jedoch die Amerikaner, insbesondere die der jüngeren Generation.

In Tibet endete die erste Dekade der chinesischen Besatzung mit einem bewaffneten Aufstand. Es war ein mutiges, aber unbesonnenes Aufbegehren, das ein tragisches Ende nehmen mußte. Tibetische Guerillas hatten – nicht ohne die Ermutigung durch den amerikanischen Geheimdienst – zu den Waffen gegriffen, in der Hoffnung, die Chinesen aus dem Land jagen und einen unabhängigen tibetischen Staat errichten zu können. Die Rebellion stellte für die Chinesen niemals eine ernsthafte Bedrohung dar, führte jedoch zu schwerwiegenden Veränderungen: Bis zu jener Zeit hatten die Chinesen den Dalai Lama als nominellen Herrscher Tibets anerkannt. Auf dem Höhepunkt des Aufstandes von 1959 mußte man jedoch befürchten, daß sich die chinesische Besatzungsmacht der Person des Dalai Lama bemächtigen würde. Diese vagen Befürchtungen erhielten durch ein verdächtiges Schreiben des chinesischen Stadtkommandanten von Lhasa neue Nahrung. Darin lud er den Dalai Lama zu einer Theatervorstellung in die chinesische Garnison ein, mit dem ausdrücklichen Zusatz, er solle ohne seine Minister und ohne Leibwache erscheinen. Die wildesten Gerüchte verbreiteten sich wie ein Lauffeuer durch Lhasa, so daß schließlich tibetische Truppen und Zivilisten – insgesamt vielleicht dreißigtausend Menschen – den Norbulingka, den Sommerpalast, in dem sich der Dalai Lama aufhielt, in einem festen Ring umschlossen. Es folgte eine Woche hektischer Aktivität. Die tibetischen Volksmassen kampierten vor und um den Norbulingka. Dort hielt sich der Dalai Lama zusammen mit seinen Beratern auf und erwog mögliche Entscheidungen. Nur eine Meile davon entfernt berieten sich die Chinesen. Am 17. März begannen die Chinesen, das Gelände des Norbulingka mit Artillerie zu beschießen, und der junge Herrscher, der die Geschosse nicht weit vom eigentlichen Palast einschlagen sah, wußte sein Leben in Gefahr. Während der Nacht wurden er und seine nächsten Familienmitglieder aus dem Palast geschmuggelt und auf Pferden über die indische Grenze geschafft. Nach seiner Flucht nahmen die Kämpfe eine Zeitlang an Heftigkeit zu, und bis es den Chinesen gelungen war, die Rebellion völlig zu ersticken, waren noch viele Tausend Tibeter dem Dalai Lama ins indische Exil gefolgt, unter ihnen zahlreiche buddhistische Lamas, die intellektuelle und spirituelle Elite des Landes.

Das war das Ende der letzten Theokratie in der Welt, einer Gesellschaft, die, von Lamas regiert, völlig auf die Ausübung der buddhistischen Praktiken ausgerichtet gewesen war; es begann die Diaspora der tibetischen Kultur. Unter den vielen jungen Lamas, die 1959 aus Tibet flohen, befanden sich auch Tarthang Tulku und Chögyam Trungpa. Tarthang Tulku wurde Dozent für buddhistische Philosophie an der Sanskrit Universität von Benares; Chögyam Trungpa kam nach England, um in Oxford zu studieren, und gründete später in Schottland ein buddhistisches Meditationszentrum.

In Amerika vermischte sich der *Zen*-Einfluß der fünfziger Jahre mit anderen kulturellen Strömungen und wurde Teil jener Bewegung, die Theodore Roszak, um den Zeitgeist jener frühen sechziger Jahre zu beschreiben, mit dem Sammelbegriff *counter culture*[1] (Gegenkultur) bezeichnete. Zu den geistigen Vätern dieser Gegenkultur zählte Roszak unter anderem Alan Watts und den Dichter Allen Ginsberg; er machte im politischen Aktivismus jener Zeit mystische und religiöse Untertöne aus, die sich sehr vom politischen Radikalismus der dreißiger Jahre während der Ära des *new deal* unterschieden. Damit hatte er Recht, doch sah er nicht voraus, daß der politische Aktivismus der sechziger Jahre schnell in sich zusammenfallen würde, wohingegen die mystischen Untertöne erhalten blieben.

Der tibetische Buddhismus erreichte die Vereinigten Staaten etwa ein Jahrzehnt nach der Volkserhebung und dem sich anschließenden Exodus der tibetischen Intelligenz. Tarthang Tulku kam 1969 nach Amerika und gründete in Berkeley, Kalifornien, ein Meditationszentrum – Chögyam Trungpa kam 1970; schon vorher war von einer Gruppe seiner Schüler aus Schottland ein Zentrum in Vermont gegründet worden. 1970 gründete Chögyam Trungpa dann ein weiteres Zentrum in Boulder, Colorado. Jedes dieser Zentren wurde zu einem Verbindungsglied zwischen zwei entgegengesetzten Kulturen; auf der einen Seite eine orientalische Kultur, die sich seit Jahrhunderten gegen äußere Einflüsse abgeschirmt hatte und damit geheimnisumwittert blieb, auf der anderen Seite das Musterbeispiel der westlichen Technologie und des Materialismus.

Bis zu diesem Zeitpunkt waren Orient und Okzident so grundverschiedenen Entwicklungsrichtungen gefolgt, daß man sie als die zwei unterschiedlichen Hälften der Menschheit betrachtet hatte, erschienen sie doch einander so fremd, wie die Funktionen der rechten und linken Hirnhälfte voneinander verschieden sind: Der Osten subtil, verschlungenen Pfaden folgend, Maschinen und allem Fortschritt gegenüber argwöhnisch und mehr der seelischen Entwicklung zugeneigt, deren Ziel Weisheit ist. Der Westen ungestüm und direkt, fortschrittsgläubig, mit einem Hang zu jener objektivierbaren Intelligenz, die Wissen mit meßbaren Daten gleichsetzt. Zwei verschiedene Welten, die einander im Grunde nicht verstehen konnten. »Ost ist Ost und West ist West«, schrieb Rudyard Kipling, »die beiden werden sich nie treffen.« Bis vor noch nicht allzu langer Zeit galt das als letztes Wort zu diesem Thema.

Aber Ost und West verändern sich rasch und machen dabei beim anderen große Anleihen. Der Osten übernimmt die westliche Technologie; der Westen entdeckt die alten östlichen Methoden der Selbstfindung und Selbstverwirklichung. China zündet seine ersten Wasserstoffbomben, und die Abgase von Automobilfabriken verschmutzen in Japan die Luft; Amerikaner und Europäer lernen zu meditieren, machen Yoga-Übungen und besuchen Geistheiler. Ost ist West und West ist Ost. Weniger Kiplings Ausspruch als vielmehr der des Padmasambhava scheint die Lage treffend zu charakterisieren. Jener große indisch-tibetische Guru hatte im achten Jahrhundert gesagt: »Wenn der Eisenvogel fliegt und die Pferde auf Rädern rollen, wird das tibetische Volk wie Ameisen über die Welt verstreut, und der Dharma kommt in das Land des roten Mannes.«

Inzwischen ist der tibetische Buddhismus in den Westen gekommen, und seine Ankunft bei uns markiert einen neuen Entwicklungsschritt im Prozeß der Einverleibung östlichen Gedankenguts in unsere Kultur. Denn während Tibet, was den *technologischen* Entwicklungsstand angeht, ein rückständiges Land war, so waren doch dort jene Wissenszweige, die man im Orient für wichtig hielt, weit ausgebildet. Für Jahrhunderte hatte die spirituelle Entwicklung gesellschaftliche Priorität, und damit wurde Tibet zum Haupterben von zweieinhalb Jahrtausenden buddhistischer Philosophie und Meditationspraxis. Der tibetische Buddhismus – das Lehrgebäude, das mit den Exiltibetern wieder nach Indien kam und nun im Westen Verbreitung fand – ist möglicherweise die geschlossenste und vollständigste der noch lebenden Formen des Buddhismus.

Der Buddhismus reicht ungefähr bis ins Jahr 528 v. Chr. zurück, dem Jahr, in dem der junge indische Prinz, den wir jetzt als den *Buddha* kennen, Erleuchtung erlangte und damit seiner an Entdeckern innerer Räume ohnehin reichen Heimat eine weitere religiöse Tradition schenkte. Damals begann der Buddha seine Lehre des »mittleren Weges« zu verkünden, die Freiheit von den beiden Extremen Selbstverwöhnung und Selbstkasteiung. Seine Lehren fußten auf einem Erklärungsmodell geistiger Prozesse – der ältesten Psychologie, von der wir in der Welt wissen –, das zur Grundlage eines ausgefeilten Denksystems wurde. Die Hauptaussagen dieser Lehre waren, daß die gewöhnliche menschliche Existenz ein unbefriedigender Zustand ist, in dem sich die Menschen aufgrund eines fundamentalen Mißverständnisses ihres eigenen Wesens selbst Leid zufügen, und daß es einen anderen Daseinszustand gibt, *Nirvāna*, der als eine Befreiung von diesem Leid eine völlig andere Seinsweise darstellt. Nach dem Tod des Buddha bekam *Nirvāna* mehr und mehr einen Status, der sich mit der christlichen Vorstellung eines Himmels vergleichen ließe: das Jenseitige, das Unbegreifliche, Nicht-Faßbare. Die Anhänger des Buddha bemühten sich, *Nirvāna* zu erlangen, indem sie den Bewußtseinszustand eines vollkommenen Heiligen anstrebten, und die buddhistische Philosophie nahm Züge an, die wir heute als dogmatisch bezeichnen würden. Da die Meinung der Buddhisten über Feinheiten der Lehre jedoch auseinanderging, gab es nicht nur ein Dogma, sondern verschiedene buddhistische Schulen (insgesamt achtzehn an der Zahl), die sich um die eine oder andere Interpretation der Lehre des Buddhas scharten.

Diese Entwicklung hielt über eine Periode von etwa vierhundert Jahren an (eine exakte Chronologie des frühen Buddhismus läßt sich nicht in allen Einzelheiten zweifelsfrei erstellen), bis schließlich um die Zeitwende eine neue, liberalere Art des Buddhismus entstand, eine Schule, die weniger von den legendären Tugenden buddhistischer Heiliger beeindruckt war. Dieser »neue Buddhismus« stellte das Prinzip der *Buddhaschaft* über das Vorbild des historischen Buddha und hatte außerdem ausgeprägtere soziale Züge. Die Menschen sollten Mitgefühl entwickeln und sich selbst als Teil eines evolutionären Prozesses verstehen, an dem alle fühlenden Wesen gleichermaßen teilhaben. Mitgefühl und Erleuchtung, so wurde nun gelehrt, seien untrennbar, und *Nirvāna* nicht irgendwo in der Ferne, wie am Ende eines Regenbogens, zu finden, sondern in jedem Moment gewöhnlicher Existenz bereits latent vorhanden.

Die Verfechter des neuen Buddhismus bezeichneten die ältere Tradition geringschätzig als »Kleines Fahrzeug« *(Hīnayāna)* und ihre eigene Lehrmeinung, um sich davon abzuheben, als »Großes Fahrzeug« *(Mahāyāna)*. Beide Formen des Buddhismus verbreiteten sich auch in anderen Teilen des Orients: das »Kleine Fahrzeug« breitete sich nach Süden aus und fand in Ceylon und Burma Eingang, wo es immer noch die Hauptreligion ist. Die Lehren des »Großen Fahrzeugs« gelangten nach Tibet, China und Japan.

Im frühen vierten Jahrhundert konvertierte ein tibetischer König zum Buddhismus, und damit begann die 1600jährige Geschichte des *Mahāyāna* in Tibet. Das *Mahāyāna* spaltete sich im Lauf der Zeit in viele verschiedene Unterschulen. In China konzentrierte sich eine Form des *Mahāyāna*-Buddhismus besonders auf die Meditationspraxis *(Dhyāna)* und wurde schließlich mit der chinesischen Aussprache dieses Wortes *(Chan)* bezeichnet. Aus dem chinesischen *Chan*- entwickelte sich später der japanische *Zen*-Buddhismus. *Zen* ist unverfälschtes *Mahāyāna;* mit der komplexen Bewußtseinslehre der frühen buddhistischen Psychologie des *Hīnayāna* hat es nurmehr wenig gemein.

Mit der Verbreitung des Buddhismus wurden die tibetischen Klöster Zentren buddhistischer Gelehrsamkeit. Wir können in unserer modernen Welt des raschen Informationsflusses nur schwer verstehen, welche enorme Anstrengung, welches Ausmaß an physischer und geistiger Energie dazu notwendig war. Die Tibeter schufen sich ihre eigene Schriftsprache (die es im vorbuddhistischen Tibet noch nicht gegeben hatte), erlernten fremde Sprachen, sammelten und übersetzten Hunderte von Werken indischer Philosophen. Auf Reisen zur Schulung in buddhistischen Klöstern in den indischen Ebenen überquerte so mancher Tibeter vielmals auf steilen Trampelpfaden das höchste Gebirge der Erde, und gleichzeitig wanderten indische Lehrer zu den tibetischen Klöstern.

Während sich der Buddhismus in andere Länder ausbreitete, verfiel die Lehre in ihrem Ursprungsland nach und nach immer mehr. Der Verfall des indischen Buddhismus vollzog sich über mehrere Jahrhunderte und läßt sich auf viele Faktoren zurückführen. Der Siegeszug des Islam gab den Ausschlag; zahllose Buddhisten wurden ermordet, die Zentren buddhistischer Kultur in Indien zerstört.

Der Fortbestand des Buddhismus war damit jedoch nicht in Frage gestellt. Das *Hīnayāna* überlebte in Ceylon, Burma und anderen Ländern Südostasiens; in Japan und China wurde *Mahāyāna* praktiziert; der tibetische Buddhismus enthält sowohl *Hīnayāna*- als auch *Mahāyāna*-Lehren und darüber hinaus die geheimnisvolle »dritte Kraft«, das *Vajrayāna*, die *Tantras* und ihre Praktiken. Mit ihrem Beigeschmack des Okkulten und des Erotischen sowie ihren Anspielungen auf Abkürzungswege zur Erleuchtung ist es gerade diese Abart des Buddhismus, welche Europäer oder Amerikaner besonders faszinierend finden – und am ehesten mißverstehen.

Die Ursprünge des Tantrismus bleiben dunkel; die Buddhologen können sich nicht darüber einigen, wann der Tantrismus entstand und wann er in die buddhistische Lehre integriert wurde. Dabei wurden zweifellos Lehrinhalte nicht-buddhistischer Quellen übernommen: Strömungen der hinduistischen Philosophie, yogische Praktiken und zu einem späteren Zeitpunkt vielleicht sogar Lehren des Sufismus, der mystischen Schule des Islam. Im siebenten Jahrhundert wurde der Tantrismus zu einer der Hauptströmungen des indischen Buddhismus. Für die Tibeter begann die Geschichte des *Vajrayāna* in ihrem Land mit der Ankunft des

Padmasambhava aus Indien; viele buddhistische Aktivitäten, ein-schließlich der Übersetzung neuer Texte, kamen damit zu neuer Blüte.

Das Wort *Vajra* wird manchmal mit »Donnerkeil« übersetzt. Diese Übersetzung vermittelt die Vorstellung von großer Kraft; sie ist ein Hinweis auf die psychischen Energien, die nach den Lehren der Yogis in jedem menschlichen Körper potentiell vorhanden sind, und sie impliziert die Plötzlichkeit, mit der sich die Erleuchtung Bahn brechen mag: das *Vajrayāna* ist ja auch der »direkte Weg«. Aber *Vajra* heißt auch »Diamant« und *Vajrayāna* wird folglich auch als »Diamant-Fahrzeug« bezeichnet. Der Diamant wird in der tibetischen Literatur häufig als Symbol verwandt, wenn es darum geht, das Universum oder das Wesen des Geistes zu be-schreiben – rein, leuchtend, unzerstörbar, facettenreich. Das *Vajrayāna* lehrt uns, uns als das zu akzeptieren, was wir sind, uns genau zu untersuchen, und es erklärt, daß Erleuchtung der natürli-che Zustand des Geistes ist.

Die *Tantra*-Tradition beruht auf überlieferten Texten – den *Tantras* – und auf praktischen Übungen: *Mantra*-Rezitationen, Kör-perübungen, Ritualen und der Meditation mittels vor dem inneren Auge geschauter Bilder, der sogenannten »Visualisation«. Man könnte sie als elitärste Form des Buddhismus bezeichnen, denn ein Großteil des von ihr überlieferten Wissens wird geheimgehalten und nur an besonders geeignete Schüler weitergegeben. Viele tan-trische Texte sind in einer verschlüsselten Sprache niedergeschrie-ben, die nur verstanden werden kann, wenn man bereits eine be-stimmte Erkenntnisstufe oder eine bestimmte Ebene der Erfah-rung erreicht hat. Andererseits ließe sich die *Tantra*-Tradition je-doch auch als die offenste und zugänglichste Form geistiger Übung bezeichnen: Sie bietet dem Anfänger einfache Übungen (zum Beispiel *Mantra*-Rezitationen), die leicht erlernbar sind und bei jedem einen Eintritt in höhere Bewußtseinsstadien bewirken, ohne daß er wissen müßte, *warum* sie dies bewirken. Ja, die Be-schäftigung mit dieser Frage kann, wenn sie zu abstrakt oder rein intellektuell betrieben wird, sogar zu einem Hindernis werden.

Das umfassende Lehrsystem der *Tantra*-Tradition beinhaltet Übungen, bei denen Klänge als Mittel der Meditation verwandt werden. Der Schüler erhält bei der Einführung in die Übung ein besonderes *Mantra*, mit dem er regelmäßig üben soll. Diese Form der Meditation hat bereits über Indien ihren Weg in den Westen gefunden; als »Transzendentale Meditation« hat sie Tausenden von Menschen in Europa und Amerika geholfen. Da die *Tantras* eine mönchische Lebensführung nicht unbedingt für den besten Weg halten, den ein Schüler des Buddhismus gehen kann, und uns lehren, daß es vollkommen in Ordnung ist, ein normales bürgerliches Leben zu führen und die Freuden der Welt zu genießen, wird sich der tantrische Buddhismus sicherlich leichter in unser westliches Gesellschaftsgefüge einpassen können als andere Formen des Buddhismus. Es gibt tantrische Rituale, zu denen auch der Geschlechtsakt gehört, und wenn solche Formen der Übung vielleicht auch nicht zum festen Bestandteil der westlichen Kultur werden, so mögen die ihnen zugrunde liegenden Wertvorstellungen – die Sexualität und geistige Entwicklung nicht als ein Gegensatzpaar sehen – doch dabei helfen, den schizoiden Bruch zwischen religiöser Prüderie und Playboy-Ethik in unserer Kultur zu heilen.

Das *Vajrayāna*, das tantrische Praktiken in den Rahmen der buddhistischen Philosophie stellt, ist in der Tat der »direkte Weg« zur Erleuchtung. Aber es ist kein leichter Weg. Weiterführende tantrische Übungen sind anstrengend, ja sogar gefährlich. Dazu gehören lange Stunden meditativer Sammlung und erschreckende Reisen in die Tiefen des Unbewußten, ferner eine schonungslose Ehrlichkeit sich selbst gegenüber – die Bereitschaft, sich selbst ins Gesicht zu sehen. Das ist im übertragenen Sinn zu verstehen, manchmal aber auch sehr konkret gemeint: Sechs Stunden vor einem Spiegel zu sitzen, ist eine oft empfohlene Meditationsübung. Trotz der großen Schwierigkeiten einiger Übungen hat das *Vajrayāna* eine universale Botschaft: Es lehrt uns, daß jede Erfahrung wertvoll ist. Es ist ein Versuch, geistiges Wachstum und Alltagserlebnisse miteinander zu verbinden, und verdient deswegen unsere Aufmerksamkeit.

Der tibetische Buddhismus ist eine höchst eklektische Tradition. Einige Lehrer sagen, man sollte bei seiner Praxis so vorgehen, daß man dabei die gesamte geschichtliche Entwicklung des Buddhismus durchläuft. Man beginnt mit den grundlegenden Lehren des Buddha, erarbeitet sich die Psychologie des *Hīnayāna*, bevor man schließlich bis zum *Mahāyāna* und *Vajrayāna* vordringt. In Tibet selbst verlief der traditionelle geistige Schulungsweg meist nach diesem Muster: Die Mönche verbrachten den größten Teil ihres Lebens mit dem Studium der klassischen buddhistischen Schriften und erhielten erst nach vielen Jahren eine Einführung in die esoterischen Praktiken. Nur wenige Menschen aus dem Westen gehen bei ihrer Beschäftigung mit dem Buddhismus ähnlich systematisch vor, doch vertiefen sich eine ganze Menge Leute wenigstens so weit in seine Lehre, daß sie entdecken, wieviel mehr als zuvor angenommen doch in dieser Lehre steckt.

Der tibetische Buddhismus gelangte im zweiten Stadium der Aufnahme östlichen Gedankengutes in unsere Kultur in den Westen. Das erste Stadium begann mit dem Aufkommen des *Zen* in den fünfziger Jahren. Im Laufe weniger Jahrzehnte – für die lange Geschichte des Buddhismus kaum mehr als ein Augenblick, für die Zeitbegriffe unserer schnellebigen Zeit schon eine kleine Ewigkeit – konnte sich das *Zen* im Westen etablieren. In den Werken von Dichtern wie Allen Ginsberg und Gary Snyder und in neueren Schulen der Psychotherapie, wie zum Beispiel der Gestalt-Therapie, ist der *Zen*-Einfluß nicht zu übersehen. Meditation wird mittlerweile auch von Wissenschaftlern und Ärzten für wertvoll gehalten, und die Ausübung der Meditation ist nicht länger nur Sache einiger engagierter Nonkonformisten. Als Anfang der siebziger Jahre bekannt wurde, Edmund G. Brown jr., Kandidat für das Amt des Gouverneurs von Kalifornien, würde meditieren und *Zen* praktizieren, regte sich niemand darüber auf; man mag es vielleicht als ein wenig seltsam empfunden haben, doch war es nicht *zu* seltsam. Besonders bemerkenswert ist der *Zen*-Einfluß auf die Welt des Sports. Eugen Herrigels Buch *Zen in der Kunst des Bogenschießens**, 1953 erstmals in Amerika publiziert, machte uns mit der Vorstellung vertraut, daß ein durch Sitzmeditation erworbener Zustand inneren Gleichgewichts in präzise und äußerst anmutige Bewegung umgesetzt werden kann. Seitdem entdecken wir die »inneren« Aspekte von Tennis, Skifahren und Laufen. Auf den Tennisplätzen der Vereinigten Staaten gibt es möglicherweise mehr *Zen*-Schüler als in allen Meditationszentren des Landes.

* Eugen Herrigel, *Zen in der Kunst des Bogenschießens*, O. W. Barth Verlag, München, 19. Auflage 1979.

Zen ist ein ausgezeichnetes Medium für einen ersten Kontakt mit dem Buddhismus. *Zen* ist einfach, schlicht und leicht zugänglich. Da es jedem Intellektualismus abhold ist, muß sich der *Zen*-Anfänger nicht gleich in das Studium der buddhistischen Philosophie stürzen. Die *Zen*-Literatur – die Aphorismen der Meister, die rätselhaften *Koan*, die auch Grundlage einer methodischen Schulung sein können, und die Ausführungen westlicher Interpreten wie Alan Watts – ist leicht lesbar und spricht unseren Sinn für Poesie an. Die Ausübung der Meditation erweist sich schnell als lohnend; jeder, der nur ein wenig Geduld hat, kann sich darin erproben. Und *Zen* läßt sich – zumindest scheint es so – sehr leicht aus dem Kontext der japanischen Kultur lösen.

Trotzdem lassen sich viele auf ganz unterschiedliche Weise durch die wenigen kulturspezifischen Eigenarten des *Zen* verwirren: Einige fühlen sich von seinen rituellen Seiten abgestoßen und können, weil sie das typisch Japanische daran nicht mögen, nie entdecken, ob *Zen* für sie wertvoll ist oder nicht. Andere hingegen lassen sich völlig von der orientalischen Kultur verzaubern, und einige reden sich sogar ein, sie müßten nach Japan reisen, denn nur dort könnten sie ihr eigenes Wesen entdecken.

Dieses Problem – die universale Botschaft von ihrem kulturell geprägten Medium zu lösen – wird bei der Auseinandersetzung mit dem tibetischen Buddhismus noch wesentlich größer. Tibet ist uns weit fremder als Japan. Seit Kapitän Perry 1853 mit seinen Kanonenbooten die Öffnung des Hafens von Tokio erzwang, haben der Westen und Japan zum Guten und Schlechten viel miteinander zu tun gehabt. Tibet jedoch wurde nur von einer Handvoll Amerikaner und Europäer besucht, und nur sehr wenige kennen die Sprache oder wissen über Kultur und Geschichte Tibets Bescheid. Vieles an der japanischen Kunst, besonders aber die vom *Zen* beeinflußten Formen, ist von geradezu berückender Schlichtheit und gefällt auch einem westlichen Auge. Die Kunst des tibetischen Buddhismus ist, gelinde gesagt, etwas bizarr: Schreckenerregende, das Gesicht zu unförmigen Grimassen verzerrende Gottheiten, die auf menschlichen Leichnamen tanzen, mit Schwertern herumfuchteln und blutgefüllte Schädelschalen schwenken und die dazu meist noch mehrere Arm- und Beinpaare besitzen, scheinen dort besonders beliebt zu sein. Sehr häufig werden die männlichen Figuren in sexueller Vereinigung mit ihrem weiblichen Widerpart dargestellt, wobei »sie« seinen Körper eng umschlingt und »er« mit seinem Schwertgefuchtel fortfährt. Alles Tibetische ist von einer Aura des Übersinnlichen umgeben. Es darf also nicht verwundern, daß der tibetische Buddhismus vielen Menschen völlig unbegreiflich erscheint, vielleicht für einen Orientalisten oder einen nimmermüden Liebhaber des Exotischen von Interesse, wertlos jedoch, wenn man in New York, London oder München seinen alltäglichen Geschäften nachgehen will.

Trotzdem möchte ich Sie in diesem Buch davon überzeugen, daß vieles am tibetischen Buddhismus vernünftig, praktikabel und verständlich ist. Tatsächlich lehrt der tibetische Buddhismus Grundprinzipien – Wege, die eigene Erfahrung zu verstehen; Wege, die Welt aus verschiedenen Perspektiven zu betrachten; Wege, für sich selbst Sorge zu tragen –, die wir alle praktisch anwenden können. Dieses Wissen muß nur aus dem »typisch Tibetischen« herausgelöst und unserer eigenen Kultur angepaßt werden.

Es gibt mittlerweile eine ganze Reihe von Schülern des tibetischen Buddhismus, die sich mit der tibetischen Sprache, Geschichte, Literatur und Kunst beschäftigen, um auf diese Weise das kulturelle Erbe zu verstehen, das mit den Schriftrollen und Manuskripten auf dem Rücken der fliehenden Lamas über den Himalaja in den Westen gelangt ist. Die meisten der Leser dieses Buches haben natürlich für solch intensive Studien gar nicht die notwendige Zeit und werden deswegen hauptsächlich daran interessiert sein, jene Bestandteile der Tradition kennenzulernen, die sich im Alltag verwenden lassen, um damit die Anspannung, Sinnlosigkeit, Vereinsamung und Verwirrung zu lindern, denen wir in unserer so herrlich fortschrittlichen Gesellschaft tagtäglich ausgesetzt sind.

Der tibetische Buddhismus lehrt uns, daß wir den gegenwärtigen Augenblick erfahren müssen, wie er ist, frei von starren Verhaltensregeln. Deswegen haben die Lehrer, die ihn nach Amerika brachten, keine genaue Vorstellung darüber, welche Stellung der Buddhismus in unserem Leben schließlich einnehmen soll. Mir scheint, sie betrachten ihre Arbeit hier als ein höchst interessantes Experiment.

Der Buddhismus lehrt auch, daß alles in ständigem Wandel begriffen ist und daß es sinnlos ist zu erwarten, daß irgend etwas, sei es unser Körper, unser Bewußtseinszustand, unsere Beziehungen oder »die Welt«, von einem Augenblick zum nächsten noch genau dasselbe ist. Wenn wir dies bedenken, ist es also höchst unwahrscheinlich, daß sich der Buddhismus von einem Ort zum nächsten übertragen läßt, ohne sich im Verlauf dieses Prozesses weitgehend zu verändern. Die Weltreligionen verbreiten sich, indem sie sich mit Religion und Kultur des für sie neuen Territoriums vermischen. Das Christentum übernahm viele heidnische Bräuche – betrachten wir nur einmal die Geschichte des Weihnachtsfestes –, und auch der Buddhismus erhielt durch jede Gesellschaft, die ihn annahm, eine neue Form. Er verschmolz mit alten Glaubensvorstellungen, Philosophien und Sozialstrukturen und veränderte diese gleichzeitig. Von Indien aus überquerte er den Himalaja, befrachtet mit der Last jener ausgeklügelten psychologisch/philosophischen Systeme, welche die größten und scharfsinnigsten der haarspaltenden Intellektuellen Indiens über viele Jahrhunderte hinweg ersonnen hatten. In China angekommen, machte er gemeinsame Sache mit der natürlichen Einfachheit des Taoismus. Mit seiner Verbreitung in Japan wurde er die Standesreligion der Samurai-Krieger. Damit erkennen wir »den Buddhismus« als erstaunlich wandelbares Konglomerat von Lehren, deren Hauptaussagen – bestehend aus solch schwer verständlichen Behauptungen wie der, daß jede Vorstellung von einem »Selbst« eine Illusion ist – trotz aller äußerlichen Veränderungen erhalten blieben.

Bön, ein schamanisches Glaubenssystem, war die ursprüngliche Religion Tibets, die vor der Ankunft des Buddhismus überall verbreitet war. Hauptmerkmal des *Bön* waren die zahllosen Gottheiten und ortsansässigen Geister. Der Buddhismus übernahm sehr viel davon: Die Lebensgeschichte des Padmasambhava berichtet, daß er in den Bergen auf zahlreiche dieser Geister traf, sie bezwang und zu Schutzgottheiten des *Dharma*, der buddhistischen Lehre, machte. Die rasenden Dämonen flossen in den komplexen Symbolismus des *Vajrayāna* ein und sind in diesem Kontext als Projektionen des Unbewußten zu verstehen. Aus diesem Prozeß entstand ein neuer Buddhismus, nicht mehr identisch mit dem, was er in Indien einmal gewesen war. Er entwickelte eine feinsinnige und überaus hoch entwickelte Sicht der Wechselwirkungen zwischen dem geheimnisvollen Kosmos und dem nicht weniger geheimnisvollen menschlichen Geist. Indem der Buddhismus dem *Bön*-Schamanismus in mancher Hinsicht ähnlich wurde, wurde das *Bön* selbst zu einer Religion von zweitrangiger Bedeutung. Es verschwand jedoch nicht vollständig, und man sagte mir, daß es auch in den fünfziger Jahren unseres Jahrhunderts noch funktionierende *Bön*-Klöster gegeben habe – ja, Klöster, denn über die Jahrhunderte hat sich das *Bön* seinerseits immer mehr dem Buddhismus angenähert.

Während seiner langen Geschichte in Tibet durchlief der Buddhismus mehrere evolutionäre Stadien. Es entstanden neue philosophische Richtungen, und es gab Reformationen und Gegenreformationen. Der Buddhismus veränderte sich und mit ihm das Land. Tibet entwickelte sich aus einer Monarchie mit einem Kriegsadel als herrschender Klasse zu einer von Lamas regierten friedfertigen Theokratie. Seit den Ereignissen von 1959 – dem mißglückten Volksaufstand und der Flucht des Dalai Lama nach Indien – sind die Chinesen nicht müde geworden, der Weltöffentlichkeit einzureden, die Tibeter seien erst durch ihr Erscheinen von der parasitären herrschenden Klasse der Lamas befreit worden. Selbst wenn dies wahr sein sollte, verkennt man damit jedoch die Besonderheit des tibetischen Gesellschaftssystems mit seinem Ideal der geistigen Befreiung. Die Gesellschaft war als Ganzes auf dieses Ziel ausgerichtet; die tibetische Gesellschaft drehte sich um dieses Ideal, wie andere Gesellschaften sich etwa nach kriegerischen Idealen oder der Ethik des Handeltreibens ausrichten. Die Struktur und der Verhaltenskodex der tibetischen Gesellschaft waren ein Spiegelbild dieses hohen Zieles. Mit ihrem Studium der buddhistischen Philosophie und der Ausführung tantrischer Meditationen und Riten erfüllten die Lamas der Gesellschaft gegenüber ihre Pflicht, und das Volk gewährte ihnen deswegen Unterstützung. Der Durchschnittstibeter dachte genauso wenig daran, ein Lama solle selbst das Land bestellen, um sich zu ernähren, wie ein Mensch im Westen der Ansicht sein würde, Astronauten oder Ingenieure sollten gefälligst auch Schuster sein und ihre eigenen Schuhe herstellen.

Dieser Vergleich ist gar nicht so weit hergeholt, wie es scheinen mag. Für die Tibeter waren die Lamas Erforscher des Universums; was sie taten, war Arbeit und hatte damit seinen Preis. Astronauten und Ingenieure tun nach unserem Dafürhalten nichts anderes. Die Tibeter machten ihre Lamas zu den Herrschern des Landes, wir Amerikaner wählen ehemalige Astronauten in den Senat.

Die Chinesen bezeichnen die Lamas immer als fette und faule Aristokraten*, doch ist diese Beschreibung nicht ganz zutreffend. Drei Jahre einsamer Meditation in einer zwei mal drei Meter großen Zelle – nur eine der Pflichtübungen in der Schulung eines *Kagyutpa*-Mönchs –, das ist wohl kaum das Leben eines dem Wohlleben hingegebenen Müßiggängers.

Die Chinesen haben ein bißchen dick aufgetragen – nicht untypisch für Leute mit einer starren Ideologie und einem erklärten politischen Ziel. Eroberungen müssen immer mit irgendwelchen Rechtfertigungen bemäntelt werden, und die Chinesen eroberten und besetzten Tibet. Sie brachten Tausende chinesischer Familien ins Land und zerstörten das Gesellschaftsgefüge, welches vor ihrem Kommen bestanden hatte, bis auf den Grund. Dieser Vorgang ist weder ungewöhnlich noch unbekannt. Die Kolonisierung Amerikas erfolgte nach demselben Schema, und wir können den Chinesen gegenüber keinesfalls auf unsere höhere politische Moral pochen. Wir können nur feststellen, daß ein Lebensstil verschwand, daß das kulturelle Erbe eines Landes, soweit es nicht zerstört worden war, in alle Winde zerstreut wurde und daß ein neues Volk mit einer neuen Sozialstruktur seinen Platz einnimmt. Die Zeiten ändern sich. Die Lehren von Karl Marx, mit denen er die industrielle Revolution Europas erklären wollte, sind jetzt in Tibet geheiligtes Dogma, und lebendigen tibetischen Buddhismus finden wir jetzt an Plätzen wie dem Nyingma Institute in Kalifornien oder dem Naropa Institute in Colorado.

Dies führt uns zu der interessanten Frage, welche Form der Buddhismus in den Vereinigten Staaten – oder allgemeiner: im Westen – annehmen wird, mit welcher für unsere Kultur typischen Art des »Schamanismus« er sich verbinden wird. Voraussehbar ist nur, daß sich die tibetische Form nicht in Reinkultur erhalten

---

* Wenigstens taten sie dies bis zum Beginn der 8oer Jahre, wo sie nicht mehr verhehlen konnten, daß sie Tibet nicht ohne Unterstützung der Lamas regieren können und sich deshalb um die Rückkehr des Dalai Lama aus dem Exil bemühten. (Anm. d. Übs.)

wird, mit einem Kloster in jeder Stadt und einem Lama anstelle eines Politikers im Weißen Haus – obwohl uns Schlimmeres passieren könnte. Der Buddhismus wird wohl eine bescheidene Stellung einnehmen, gleichberechtigt neben anderen Ideen und Institutionen.

Wie es der Zufall will, gehen viele gesellschaftliche und geistige Strömungen unserer Zeit ungefähr in dieselbe Richtung wie der tibetische Buddhismus. Es ist erstaunlich zu sehen, wie nahe sich diese alte Religion und die humanistische Psychologie in ihren Vorstellungen von Bewußtheit, Gipfel-Erlebnis und Selbstverwirklichung kommen und wie sehr zum Beispiel *Kum Nye,* ein System von Entspannungsübungen aus der *Nyingma*-Tradition und die die Körperbewußtheit steigernden Übungen der neuen »holistischen« Heilsysteme[2] einander gleichen. Die buddhistische Psychologie hat viel mit unserer westlichen Phänomenologie und ihrem introspektiven Ansatz zum Verständnis des menschlichen Geistes gemein; buddhistische Psychologie, wir werden sie im dritten Kapitel näher untersuchen, *ist* streng genommen sogar ein phänomenologisches System. Wir werden im weiteren sehen, daß es Berührungspunkte zwischen dem *Vajrayāna* und dem Existentialismus gibt; zwischen dem tantrischen Buddhismus und der Psychologie C. G. Jungs; zwischen tibetischer Medizin und den sich neu formierenden Disziplinen ganzheitlicher Therapien; zwischen buddhistischer Kosmologie und den letzten Erkenntnissen der theoretischen Physik; zwischen buddhistischem Lebensstil und den Werten der ökologischen Bewegung. Das bekannteste Kapitel in E. F. Schumachers vieldiskutiertem Buch *Die Rückkehr zum menschlichen Maß*[*] ist der Diskussion »buddhistischer Ökonomie« gewidmet. E. F. Schumacher zeigt darin, wie die buddhistischen Vorstellungen vom »rechten Lebenserwerb«, »mittleren Weg« und »Mitgefühl für alle Wesen« in der Welt des Alltags und des Geschäftslebens ihren Platz finden könnten. Wäre nicht bereits in vielen von uns eine Empfänglichkeit dafür vorhanden gewesen, hätten seine Ideen nicht eine solch breite Wirkung gehabt. Da wir jedoch mit der Menschenfeindlichkeit und der Ausbeutung in un-

---

* E. F. Schumacher, *Die Rückkehr zum menschlichen Maß (Small Is Beautiful),* Rowohlt Verlag, Reinbek 1977.

serem Wirtschaftsleben mehr und mehr unzufrieden werden, sind wir bereit, diese Ideen zu erwägen und zu übernehmen.

Aber wir fallen nur von einem Fehler in den nächsten, wenn wir uns einreden wollten, tibetischer Buddhismus sei nichts weiter als eine orientalische Form der Phänomenologie oder der humanistischen Psychologie. Der tibetische Buddhismus hat viele verschlossene Seiten, die sich uns nicht sogleich öffnen, er ist geheimnisvoller, als eine solch platte Analogie ahnen läßt – vielleicht etwas weniger geheimnisvoll als viele der bei uns kursierenden Legenden über Tibet, aber trotzdem ganz anders als die genannten vergleichbaren Systeme im Westen.

Der tibetische Buddhismus ist eine Tradition esoterischen Wissens, von Erkenntnissen, die vor der Allgemeinheit geheimgehalten und vom Lehrer nur auf seine direkten Schüler übertragen werden. Dieser Aspekt machte den tibetischen Buddhismus zum Gegenstand der phantastischsten Spekulationen. Ist eine esoterische Tradition in einer Religion vorhanden, so läßt dies darauf schließen, daß die Aussagen dieser Religion auf verschiedenen Bedeutungsebenen verstanden werden können. Ihre äußeren Formen bestehen aus exoterischem Material, bestimmt für all jene, die für eine Aufnahme der »geheimen« Inhalte noch nicht bereit sind. Der tiefere Sinn erschließt sich nur den Eingeweihten.

Das exoterische Material dient meist gesellschaftlichen oder politischen Zwecken: Es stellt den Moralkodex für das soziale Verhalten, die Riten, mit denen Übergänge im individuellen Leben und im Wandel der Jahreszeiten »geheiligt« werden, und es schenkt den Menschen einen Schatz gemeinsamer Glaubensvorstellungen, die das Zusammengehörigkeitsgefühl untereinander und die Verbundenheit mit der eigenen Kultur stärken. Das esoterische Material beschäftigt sich mit dem inneren Wachstum des einzelnen und der Evolution des Bewußtseins.

Natürlich ist der esoterische Bereich der östlichen Religionen für jene Menschen, die sich gerade dafür zu interessieren beginnen, besonders interessant. Es scheint, wir befinden uns inmitten einer religiösen Erneuerungsbewegung, denn viele Menschen, die sich mit dem endlosen »Du-sollst-Nicht« und der Sonntagsfrömmigkeit nicht mehr zufriedengeben wollen, suchen heute nach einem »Weg mit Herz« – wie ihn Don Juan, der alte indianische Schamane in den Büchern von Carlos Castaneda, nennt. Sie verlangen nach wirklichen Mysterien, nach etwas, das ihnen die Augen öffnet für die Erhabenheit des Kosmos und für ein tiefes Verbundensein zwischen allen Menschen, nach Erfahrungen, welche die inneren Räume persönlichen Erlebens aufschließen. Deswegen das Interesse für den Sufismus, das esoterische »Herz des Islam«; für die Arica-Schule und die Gurdjieff-Tradition, beide nah mit dem Sufismus und der unterdrückten esoterischen Überlieferung der christlichen Gnostiker verwandt; für die jüdische esoterische Tradition der Chassidim und der Kabbala. Wir wollen in die Geheimnisse unseres Lebens eindringen, das wir oberflächlich zwar als uns bekannt und selbstverständlich hinnehmen, dessen Wirklichkeit sich uns jedoch auf geheimnisvolle Weise entzieht. Wir wenden uns alten religiösen Traditionen zu und durchstreifen die Schattenwelt, die, sehr zum Ärger kirchlicher Machtpolitik, überall hinter dem respektablen und nichtssagenden Gesicht offizieller Religiosität verborgen liegt.

Vieles, was am tibetischen Buddhismus einmal geheim war, ist es heute nicht mehr. Da sie ihre Überlieferungen nicht völlig verlorengehen lassen wollen, haben die Hüter des geheimen Wissens ihr Gut der Öffentlichkeit überantwortet. *Mandalas* und Kultbilder, die man früher in den Klöstern vor den Augen der Allgemeinheit verbarg und nur jenen Schülern zeigte, die damit umzugehen verstanden, werden jetzt in Vielfarbdruck als Poster oder Kalenderblätter verkauft. In wissenschaftlichen Veröffentlichungen und Sachbüchern kann man minuziöse Beschreibungen geheimer tantrischer Rituale nachlesen.[3] Dem Publikum im Westen ist mittlerweile eine ganze Menge – wenn auch nicht alles – an Informationen über die esoterischen Praktiken des tibetischen Buddhismus zugänglich.

Trotz alledem ist die Schranke zwischen den inneren und äußeren Aspekten des tibetischen Buddhismus noch nicht beseitigt. Auch wenn es noch so weit verbreitet ist, so bleibt esoterisches Wissen letztlich doch »geheim«, solange es nicht in eigener Erfahrung nachvollzogen und dadurch wirklich »gewußt« ist. In gewisser Hinsicht bewahrt sich das Geheimnis selbst. Hinter all diesen Geheimnissen steht einzig und allein die Absicht, uns zu helfen, unser eigentliches Wesen zu entdecken. Solange sie im Bewußtsein nicht einen Wandlungsprozeß in Gang setzen, sind sie bedeutungslos. Vom *Zen* zum Beispiel sagt man zuweilen, daß alle seine Lehren nicht mehr als ein Fingerzeig auf den Weg sind. Wenn die Praktiken oder Einsichten einer esoterischen Tradition wirksam sind, dann führen sie zu einer Steigerung der Bewußtheit, die – so paradox es klingen mag – spontan vor sich geht. Wird eine Übung aus dem esoterischen Bereich an eine Person weitergegeben, die dafür noch nicht reif ist, erweist sich diese sonst wirkungsvolle Praxis wahrscheinlich als wirkungslos. Es gibt Beschreibungen von sehr fortgeschrittenen *Vajrayāna*-Meditationen; sie beschreiben, wie man die verschiedenen Symbole – Gottheiten, kreisendes Sonnen- und Mondlicht, Farben usw. – visualisiert, wie man sie ausweitet, zu dünnen Lichtbündeln kontrahiert und in die verschiedenen Körperzentren hineinzieht. Für eine Person, die sich noch nicht mit dem Symbolgehalt der Elemente dieser Visualisierung vertraut gemacht hat und der es außerdem an einer Grundausbildung in einfachen Meditations- und Visualisierungsübungen fehlt, ist das alles sinnlos. Sie wird nichts damit anfangen können. Genausogut könnte man einem tibetischen Yak-Hirten eine elektrische Schreibmaschine in die Hand drücken.

Esoterik und Exoterik unterscheiden sich auch in Hinsicht auf ihre Einstellung zur Moral. Jede Religion kennt Gebote, mit denen sie das menschliche Verhalten reglementiert. Solche moralischen Richtlinien gehören zum exoterischen Bereich. Sie werden oft als »Gesetz Gottes« verstanden, und man hat ihnen Folge zu leisten (ganz gleich, ob man ihren Sinn verstanden hat oder nicht), denn sie erhalten die Gesellschaft funktionstüchtig. Für esoterische Traditionen sind moralische Richtlinien weniger bedeutend, denn das eigentliche Ziel einer geistigen Schulung besteht ja eben darin, eine Entwicklungsstufe zu erklimmen, auf der Moral etwas ganz Natürliches ist. Man entdeckt sie in sich selbst; eine äußere Autorität ist weder notwendig, noch hat sie irgendeine Bedeutung. Dieses Prinzip ist auch der westlichen Psychologie nicht fremd. Lawrence Kohlberg sagt, daß Menschen, die bereits eine höhere Entwicklungsstufe erreicht haben, nach einem inneren Moralgesetz handeln.[4] Abraham Maslow macht in seinen Ausführungen über gesunde, »selbstbestimmte« Menschen dieselbe Feststellung. Er sagt, daß sie zwar vor Formen und Regeln der Gesellschaft relativ wenig

Respekt haben, sich aber gleichzeitig durch eine starke Fürsorge für ihre Mitmenschen und ihre Umwelt auszeichnen.[5]

Der tibetische Buddhismus nimmt unter den Wegen der Selbstverwirklichung eine Ausnahmestellung ein, denn er negiert jeden Glauben an ein »Selbst« und bezeichnet alles, was wir gewöhnlich mit diesem Wort bezeichnen, als nicht-existent. Das heißt, es gibt keine *A-priori*-Definition dessen, wer oder was wir sind. Der tibetische Buddhismus verlangt vielmehr von uns, daß wir uns einem Entwicklungsprozeß überantworten, bei dem wir ständig dazu bereit sein müssen, alle vorgefaßten Meinungen darüber aufzugeben, wer wir sind oder was wir einmal werden sollten.

Man kann den tibetischen Buddhismus aus der Perspektive der persönlichen Entwicklung betrachten; er ist dann ein Weg, Harmonie in ein individuelles Leben zu bringen. Man kann ihn jedoch auch aus einer kosmischen oder evolutionären Perspektive betrachten; dann ist er ein Aspekt vom Bestreben der Natur, Wesen höherer Ordnung hervorzubringen. Auf den ersten Blick scheint sich dies zu widersprechen, schließlich wird sich der Widerspruch jedoch lösen. Eines der Grundprinzipien buddhistischer Philosophie ist *Samavāya*: Man löst den Widerspruch scheinbar entgegengesetzter Ideen auf, indem man sie von höherer Warte aus betrachtet und damit sieht, daß sie sich eigentlich gar nicht widersprechen. Was den Aspekt der persönlichen Entwicklung angeht, ist aus buddhistischer Sicht die Umwandlung aller Vorstellungen, die man von sich selbst hat, der Maßstab des Erfolges. Eine solche Transformation beinhaltet eine Überprüfung sämtlicher Beziehungsmuster zwischen »Ich« und Außenwelt, »Ich« und anderen und schließlich »Ich« und dem Kosmos.

Der tibetische Buddhismus ist eine ganzheitliche Technologie; kein mechanisches System zur Eroberung der Umwelt – gewöhnlich verstehen wir das Wort Technologie in diesem Sinn –, sondern ein System, welches eine spontane Entwicklung hin zur Selbstverwirklichung ermöglicht. Es ist eine Art Technologie, wie Lewis Mumford sie im Sinn hatte, als er von einer umfassenderen und organischeren Betrachtungsweise des Fortschritts sprach:

Maschinen-Technik ist ja nicht mehr als nur ein kleiner Teilbereich der Biotechnik, der vollständigen Ausrüstung, die dem

Menschen zur Bewältigung seines Lebens zur Verfügung steht... Ich möchte behaupten, daß die menschlichen Erfindungen und die damit verbundenen Veränderungen jeder Epoche weniger deswegen zustande gekommen sind, weil die Nahrungsmittelproduktion gesteigert oder die Natur beherrscht werden sollte, sondern eher, weil der Mensch von seinen ungeheuren organischen Kraftquellen und seinen latenten Möglichkeiten Gebrauch machen wollte, um damit den Wunschträumen seiner Seele Ausdruck zu verleihen... Man übersieht die wichtigsten Momente der Geschichte des Menschen, wenn man ihn in erster Linie als ein »Tier« betrachtet, das sich durch seine Fertigkeit im Umgang mit Werkzeugen vor anderen Tieren auszeichnet... Der Mensch ist hauptsächlich ein geistig schöpferisches, zur Selbstbeherrschung fähiges und aus sich heraus planendes Tier; an wichtigster und zentralster Stelle aller seiner Aktivitäten steht sein eigener Organismus und der Sozialorganismus, durch den er zu vollerer Entfaltung kommen kann.[6]

Für Mumford war die Entwicklung der Sprache eine der größten technologischen Leistungen unserer Vorfahren; die langwierige und langsame kooperative Bemühung zu lernen, wie die Organe, die man vorher nur zum Essen und Atmen benutzte, neuen Zwecken dienstbar zu machen und damit die bisher gesetzten Grenzen zu sprengen seien, veränderte die Gattung Mensch so vollständig, daß sie mit dem, was sie zuvor gewesen, nicht mehr verglichen werden konnte. Zu dieser Großtat waren keinerlei äußere Werkzeuge nötig. Wir können sie deshalb mit dem Anliegen des tibetischen Buddhismus vergleichen, unsere geistigen und körperlichen Möglichkeiten, zu neuen Ufern zu gelangen, voll zu nutzen. Sehen wir »Technologie« im Sinne von Mumford als Ausdruck unserer »geistig schöpferischen, zur Selbstbeherrschung fähigen und selbständig planenden« Natur, dann sind alle Systeme, die der Entwicklung des Bewußtseins dienen, Technologien.

Mumfords Ansatz ist nicht so leicht zu begreifen; er spricht mit der Stimme eines Außenseiters und läßt sich deswegen schwer einordnen; was er zu sagen hat, paßt nicht in den Rahmen der üblichen Diskussion für und wider die Technologie. Trotzdem ist es der Mühe wert, darüber nachzudenken. Wir erhalten dadurch einen viel besseren Zugang zum tibetischen Buddhismus als durch die üblichen Klischees über den »Osten« und seine Religionen. Wir werden den Westen dann nicht länger als technologisch fortschrittlich und den Osten als technologisch rückständig ansehen, sondern in ihnen vielmehr verschiedene Wege des Fortschreitens erkennen – der Westen ganz auf die »äußere« Technologie der Werkzeuge und Maschinen konzentriert, mit deren Hilfe sich die Umwelt bearbeiten und verändern läßt, und der Osten ganz in die »innere« Technologie von Praktiken versunken, die zu einer Veränderung und Umwandlung des Organismus selbst führen. Osten und Westen haben sich dabei auf ihren jeweiligen Wegen überspezialisiert und machen nun Anleihen beim anderen, um diesen Mangel zu kompensieren.

Der tibetische Buddhismus wird nicht weniger geheimnisvoll, wenn wir ihn als Technologie ansehen. Wir erhalten durch diese Sicht jedoch ein klareres Bild von der Art des »offenen Geheimnisses«. Bei irgendeiner Gelegenheit sagte der Buddha seinen Anhängern, er habe ihnen keine Lehre vorenthalten, er würde nichts in seiner geschlossenen Faust verbergen. Obwohl unserem westlichen Denken einige Aspekte der Lehre des Buddhismus schwer verständlich erscheinen mögen und die Lehrer ihr Wissen nur zögernd mitteilen – zumindest solange sie daran zweifeln müssen, daß ein Schüler auch tatsächlich reif dafür ist –, sind die Lehrinhalte des Buddhismus jedermann zugänglich. Das Geheimnis liegt nicht irgendwo »da draußen«, genausowenig wie die Erleuchtung irgendwo »da draußen« zu finden ist. Der Schlüssel zu den esoterischen Inhalten ist die Erkenntnis, daß wir uns selbst nur oberflächlich kennen. Der uns unbekannte Teil ist zwar vorhanden, doch Ängste, Ignoranz, unser Ich und alle Vorstellungen, die wir uns aufgrund sozialer Konditionierung von unserem wahren Wesen machen, hindern uns, ihn kennenzulernen.

2. Buddhistisches Grundwissen

Obwohl ich vom tibetischen Buddhismus bisher als einer Religion gesprochen habe und auch zukünftig zuweilen zu dieser Betrachtungsweise zurückkommen werde, sollten wir uns doch darüber klar sein, daß er keine Religion in unserem Sinn des Wortes darstellt. Gott ist nicht Gegenstand seines Interesses; der Buddhismus ist nicht-theistisch. Der Glaube an einen Schöpfergott, der das Universum in Gang setzte, wird in den Schriften des tibetischen Buddhismus nicht ausdrücklich angegriffen – sie gehen auf dieses Thema erst gar nicht ein. Sie zielen auf eine andere Art der Erkenntnis. Das buddhistische Denken widersetzt sich jeder Vergegenständlichung, es will nicht aus Vorgängen Dinge machen und aus Ereignissen Objekte. Deswegen macht es auch aus der Schöpfung keinen Schöpfer. Die buddhistische Position besagt deutlich: Ganz gleich, ob man seine Zeit damit verbringt, Gott anzubeten, oder damit, seine Existenz zu leugnen, man verschwendet dabei wertvolle Energie an etwas, das man gar nicht erkennen kann, und läßt sich dadurch von den ehrfurchtgebietenden – und dem Menschen zugänglichen – Geheimnissen seines eigenen Lebens ablenken.

Legen wir also für einen Augenblick alle Gottesbegriffe beiseite. Obwohl im tibetischen Buddhismus Gottheiten und kosmische Mächte auftreten, die unseren westlichen Gottesvorstellungen ähneln, haben diese doch einen ganz anderen Sinn. Diese Vorstellungen bezeichnen keine »Dinge«; das buddhistische Denken hütet sich davor, aus wirkenden Kräften Objekte machen zu wollen.

Der tibetische Buddhismus geht davon aus, daß es *Buddhas* gibt; dies ist wohl die wichtigste Prämisse. Und mit dieser Idee werden wir schon auf ganz andere Wege geführt, als wir sie von Religionen wie dem Islam oder dem Christentum gewohnt sind,

Religionen, die davon ausgehen, daß es *einen* Gott gibt und *ein* außergewöhnliches menschliches Wesen, daß in einem besonderen Verhältnis zu ihm steht. Da dem Buddhismus der Gott fehlt, kennt er auch keinen Propheten oder Messias. Die Bedeutung der historischen Erscheinung des Gautama Buddha ist anderswo zu suchen; dies wird um so verständlicher, wenn wir bedenken, daß »Buddha« für die Tibeter ein Ehrentitel für eine ganze Klasse von Wesen ist und nicht nur eine andere Bezeichnung für Siddharta Gautama.

Das Wort *Buddha* geht auf die sanskritische Verb-Wurzel *budh,* »erwachen«, »erkennen«, zurück. Die tibetische Entsprechung dafür ist *Sang-yas.* Sie impliziert zwei Bedeutungen: eine Beseitigung geistiger Schranken und eine Ausweitung von (positiven) Eigenschaften. Dieser Begriff bringt also zum Ausdruck, daß ein Buddha etwas erkennt, daß er sich einer Sache bewußt ist und daß diese Bewußtheit Weiterentwicklung und Wachstum mit sich bringt.

Die Tibeter halten den historischen Buddha Gautama nicht für eine Ausnahmeerscheinung wie einen Messias, sondern für eine Manifestation eines evolutionären Prinzips, ein Beispiel dafür, was im Menschen alles steckt. Buddhaschaft ist eine ganz natürliche Seinsweise; alle Menschen können Buddhas sein. Die tantrischen Schriften betonen, daß es weniger darum geht, Buddhaschaft zu erlangen, als vielmehr darum, sie zu entdecken, sie einfach *zu sehen* und in die Betrachtung der Welt zu integrieren.

Die buddhistischen oder tantrisch-buddhistischen Texte sagen damit nicht, daß Buddhaschaft oder Erleuchtung ganz leicht kommen; wie nah sie uns auch sein mögen, die zu überwindenden Schranken sind riesig. Denken Sie an eine Fliege, die in einem stickigen, von Spray-Dunst verpesteten Zimmer umherkreist. Die Fliege verläßt den Raum nicht, auch wenn die Luft einen bestimmten Giftgehalt aufweist und es außerdem kein besonders angenehmer Ort ist. Warum nicht? Die Tür ist offen, sie braucht nur in ihre Richtung zu fliegen. Trotzdem zieht sie weiterhin ihre Kreise. Die Tür ist nicht weit, Frischluft nah erreichbar, die Fliege kann den Ausgang sogar optisch wahrnehmen, fliegt aber trotzdem nicht dorthin. Ein normal denkender und mitfühlender Beobachter würde den Kopf schütteln: Für die Fliege muß es doch die leichteste Sache in der Welt sein, durch die Tür hinauszufliegen! Ja, es *ist* leicht, aber auch wiederum nicht. Das hängt vom Auge des Betrachters ab.

Dieses Bild tut der tibetischen Vorstellung von der Buddhaschaft unrecht, denn es impliziert, Erleuchtung befände sich »in einem anderen Raum« und sei nicht unmittelbar in jeder Situation gegenwärtig. Aber es verdeutlicht zumindest, daß Buddhaschaft weder außergewöhnlich noch außer Reichweite ist. »Alles ist Buddha, ausnahmslos«, sagt Saraha.

Zum Grundstein aller buddhistischen Schulen gehören die sogenannten »Vier Edlen Wahrheiten«, die der Überlieferung nach Gegenstand jener ersten Diskussion waren, die der Buddha nach seiner Erleuchtung mit einer kleinen Gruppe von Freunden hatte. Diese vier Wahrheiten sind am deutlichsten durch die vier dazugehörigen Sanskritbegriffe charakterisiert: *Duhkha, Samudaya, Nirodha, Mārga*. Das Wort *Duhkha* bedeutet sowohl physisches Leid als auch seelische Unzufriedenheit; die erste Wahrheit besagt, daß das Leben voller Leid und Unzufriedenheit ist. *Samudaya* heißt »Grund«, »Ursache«; die zweite Wahrheit besagt, daß Leid und Unzufriedenheit eine Ursache haben. *Nirodha* heißt »Erlöschen«; die Ursache des Unbehagens läßt sich also beseitigen. Die letzte Wahrheit kommt in der Bedeutung des Wortes *Mārga*, »Pfad«, »Weg«, zum Ausdruck; es gibt eine Möglichkeit, einen Weg zur Beseitigung des Leides.

Was der Buddha zur ersten Wahrheit der »Unzufriedenheit« sagte, hätte wohl kaum als Grundlage für eine neue, große Religion ausgereicht: Er sprach von Krankheit und Tod, von Sorgen und Trauer, vom Zusammensein mit Dingen, die wir nicht mögen, und vom Getrenntsein von Dingen, die wir liebhaben – er erwähnte damit also durchaus nichts Außergewöhnliches. Auch was die zweite Wahrheit angeht, sind westliche Denker zu ähnlichen Schlüssen gelangt: Das Leid hat eine Ursache, und die Ursache ist in der unseligen Veranlagung des Menschen zu übersteigerten Wünschen, Gier und Begehrlichkeit zu suchen. Niccolò Machiavelli kommt in seinen *Gesprächen* der zweiten Wahrheit sehr nahe:

Wenn der Mensch nicht mehr aus Notwendigkeit kämpfen muß, dann kämpft er aus Ehrgeiz. Diese Leidenschaft besitzt eine solche Macht über das Herz des Menschen, daß sie ihn niemals verläßt, und sei er zu den höchsten Höhen aufgestiegen. Der Grund dafür ist, daß die Natur den Menschen in einer Gestalt erschuf, die ihn zwanghaft dazu treibt, alles zu erwünschen, doch nicht alles zu erlangen. Da das Begehren also immer die Möglichkeiten des tatsächlichen Erwerbens überschreitet, ist der Mensch mit sich selbst und mit dem, was er besitzt, unzufrieden . . .[1]

Mit der dritten Wahrheit, *Nirodha,* geht der Buddha jedoch über uns vertraute westliche Vorstellungen hinaus: Damit lehrt er das Erlöschen des Leidens. Nach christlicher Anschauung setzt der Tod dem irdischen Jammertal ein Ende, und man hofft auf eine Wiedergeburt im Himmel. Iß dich satt, werde reich und berühmt, mach' mal Urlaub, nimm schnell eine Tablette . . . lautet die Devise all jener, die nur noch eine oberflächliche Beziehung zu ihrem Glauben haben; alles, was Wohlbehagen verschafft, ist als Heilmittel gegen das Leiden der Welt geeignet. Oder man fällt in einen Zustand der Empfindungslosigkeit, trottet, alle Hoffnung auf ein erfülltes Leben aufgebend, wie im Schlaf durch das Dasein und vermeidet damit möglichst jede Leidenserfahrung. Die buddhistische Lehre legt uns einen Weg aus der existentiellen Unzufriedenheit nahe, zu dem weder der Tod noch materielle Güter, noch der Rückzug in die Empfindungslosigkeit notwendig sind. Dieser Weg besteht darin, auf eine andere Weise in der Welt zu sein, anders zu leben. Die vierte Wahrheit ist *Mārga,* der Weg – der eigentliche Inhalt aller buddhistischen Praxis. Der Buddha selbst hat sich darüber nicht allzu ausführlich ausgelassen. Er gab einige Hinweise darauf, was der Weg nicht ist, und spärliche Information darüber, was er ist.

Zuerst, was er nicht ist: Der Buddhismus ist trotz seiner entschiedenen Verurteilung aller Gier keine Religion der Selbstkasteiung. Zu Lebenszeiten des Gautama gab es in Indien viele heilige Männer, die ihre Heiligkeit durch (um es einmal auf christliche Begriffe zu bringen) »Demütigung der Hoffart des Fleisches« unter Beweis stellten, und der Buddha sagte dazu, dies sei nicht der geeignete Weg. Er nannte solche Praktiken »schmerzhaft, unwürdig und nutzlos«. Auf der anderen Seite sagte er, pure Genußsucht und rückhaltlose Schwelgerei in Sinnesfreuden seien nicht mit dem

Weg vereinbar. Statt dessen bot er den »mittleren Weg« zwischen diesen beiden Extremen an.

Damit kommen wir zum eigentlichen »Weg«, manchmal als »Edler Achtfacher Pfad« beschrieben, da der Buddha ihn mit Hilfe von acht Verhaltensweisen charakterisiert, zu deren Verwirklichung man sich im Leben durchringen muß, soll die Kette des Leidens durchbrochen werden: rechte Anschauung, rechte Zielsetzung, rechte Rede, rechte Tat, rechter Lebenserwerb, rechte Anstrengung, rechte Achtsamkeit und rechte Sammlung.

»Rechte Anschauung« heißt, eine Lebenshaltung einzunehmen, in der man bereit ist, die »Vier Wahrheiten« fürs erste gelten zu lassen und sie im Alltag zu überprüfen. Es wird nicht verlangt, an sie zu glauben; der größte Unterschied zwischen Buddhismus und Christentum liegt vielleicht darin, daß der Buddhismus *ausdrücklich keinen* Glaubensakt verlangt. Der Buddha sagt selbst in einem *Sūtra*:

> Glaubt nicht an irgendwelche Überlieferungen, nur weil sie für lange Zeit in vielen Ländern Gültigkeit besessen haben. Glaubt nicht an etwas, nur weil es viele dauernd wiederholen. Akzeptiert nichts, nur weil es ein anderer gesagt hat, weil es auf der Autorität eines Weisen beruht oder weil es in einer heiligen Schrift geschrieben steht. Glaubt nichts, nur weil es wahrscheinlich ist. Glaubt nicht an Einbildungen oder Visionen, die ihr für gottgegeben haltet. Glaubt nichts, nur weil die Autorität eines Lehrers oder Priesters dahintersteht. Glaubt an das, was ihr durch lange Prüfung für richtig erkannt habt, was sich mit eurem Wohlergehen und dem der anderen vereinbaren läßt.[2]

Die Aspekte Zielsetzung, Rede, Tat, Lebenserwerb und Anstrengung skizzieren eine realistische, lebensorientierte Ethik. Ein Mensch, der den Weg des Buddha zu seinem Lebensweg machen will, sollte möglichst vermeiden zu stehlen, zu töten, zu lügen, sexuellen Mißbrauch zu treiben und einem unangemessenen Lebenserwerb nachzugehen. Diese Gebote sind nicht gottgegeben wie die christlichen Gebote, sondern Richtlinien für einen Lebensstil, der für einen selbst und für andere gleichermaßen befriedigend ist und in die richtige Richtung führt.

Ich finde es bemerkenswert, daß die Vorstellung vom »rechten Lebenserwerb« im Amerika von heute zu einem Schlagwort werden konnte. Immer mehr Menschen stellen betroffen fest, daß sehr viele Wege, seinen Lebensunterhalt zu verdienen, unproduktiv oder sogar zerstörerisch sind, der Gesellschaft, der Umwelt, zukünftigen Generationen, anderen Mitbürgern oder ihnen selbst schaden. Das Schlagwort vom »rechten Lebenserwerb«, einem buddhistischen *Sūtra* entnommen, ist also Sinnbild für die Sehnsucht nach sinnvolleren und Harmonie schenkenden Beschäftigungen und Berufen.

»Rechte Achtsamkeit« ist ein weiterer Bestandteil des Achtfachen Pfades, der auch bei uns bereits bekannt ist, wenn auch unter anderem Namen. Die westliche Version davon heißt Gestalt-Therapie, der Weg, durch Bewußtheit zu seelischer Gesundung zu gelangen. Ich will damit nicht sagen, daß Gestalt-Therapie und buddhistische Achtsamkeitsübungen genau dasselbe sind – im nächsten Kapitel werden wir die grundlegenden Unterschiede kennenlernen. Trotzdem gibt es starke Ähnlichkeiten, die uns das Verständnis dieses wichtigen Teilbereichs der buddhistischen Lehre erleichtern.

Ähnlich sind sich der tibetische Buddhismus und die Gestalt-Therapie darin, daß sie nach dem *Wie* des Lebens fragen und nicht nach dem *Warum*. Die Gestalt-Therapie arbeitet, anders als die klassische Psychoanalyse, mit dem »Hier und Jetzt« und nimmt den Patienten nicht mit auf die lange Reise durch die Vergangenheit, um dort die Wurzeln gegenwärtiger Verhaltensmuster ausfindig zu machen. In den *Sūtras* rät Gautama Buddha seinen Anhängern oft, nicht länger nach Erklärungen dafür zu suchen, wie die Dinge geworden sind, was sie sind, und sich statt dessen den momentanen Problemen zu widmen. In einem *Sūtra* gibt es eine Passage, die ich besonders mag; der Buddha ist dabei in einen langen Dialog mit einem Gelehrten namens Potthapada verwickelt. Zuerst fragt Potthapada, ob Bewußtsein und Seele zwei verschiedene Dinge seien. Der Buddha hat darauf keine Antwort. Dann fragt Potthapada: »Ist die Welt ewig? Ist dies allein wahr und jede andere Ansicht unsinnig?«

»Dies, Potthapada«, erwidert der Buddha, »ist ein Problem, zu dem ich keinerlei Meinung geäußert habe.«

Potthapada, ganz Feuer und Flamme, wirft dem Buddha weitere Fragen hin:

»Ist die Welt endlich?«

»Ist die Welt unendlich?«

»Sind Seele und Körper dasselbe?«

»Ist die Seele eine Sache und der Körper eine andere?«

»Lebt einer, der die Wahrheit erlangt hat, nach dem Tode weiter?«

»Lebt er nach dem Tode nicht weiter?«

»Lebt er sowohl weiter als auch nicht weiter?«

»Lebt er weder weiter noch nicht weiter?«

Auf jede dieser Fragen antwortete der Buddha: »Auch dies, Potthapada, ist ein Problem, zu dem ich keinerlei Meinung geäußert habe.« Auf die Frage, warum er dazu nichts sagen könne, antwortete der Buddha: »Diese Frage hat keinen praktischen Wert; sie beschäftigt sich nicht mit dem *Dharma;* für die rechte Lebensführung bringt sie keinerlei Vorteil; sie bewirkt weder Loslösung, noch Läuterung von Begierden, noch Gemütsruhe, noch Besänftigung des Herzens, noch wirkliche Erkenntnis, noch eine Einsicht in die höheren Stufen des Weges, noch *Nirvāna.* Deswegen äußere ich dazu keinerlei Meinung.« Auf die Frage, wozu er sich denn äußern würde, kommt der Buddha auf die fundamentalen Fragen zurück: *Duhkha, Samudaya, Nirodha, Mārga.*[3] Das ähnelt durchaus einem Wortwechsel zwischen einem Gestalt-Therapeuten und seinem kopflastigen Patienten.

Der andere Berührungspunkt zwischen Gestalt-Therapie und dem buddhistischen Weg ist ihrer beider Betonung von Bewußtheit beziehungsweise Achtsamkeit. Das Ziel der Gestalt-Therapie ist seelische Gesundheit; sie behauptet, daß wir nur dann an unseren Neurosen hängenbleiben können, wenn wir uns mit Erfolg *un*bewußt halten, wenn wir nicht bewußt wahrnehmen, was wir eigentlich tun, was wir wirklich empfinden: sich dessen bewußt zu werden heißt, sich zu verändern. Deswegen die sogenannte »paradoxe Theorie der Veränderung«, wie sie ein Gestalt-Therapeut nannte:

Veränderung tritt ein, wenn man wird, was man ist, nicht wenn man versucht, etwas zu werden, was man nicht ist. Veränderung kommt nicht durch den gemeinsamen Versuch eines Individuums und einer anderen Person zustande, eine Veränderung zu bewirken, sondern nur dann, wenn man sich die Zeit nimmt und die Energie aufbringt, das zu sein, was man ist – wenn man sich ganz seiner gegenwärtigen Position widmet. Indem wir die Rolle des Verändernden ablegen, ermöglichen wir eine sinnvolle und der Person auch wirklich entsprechende Veränderung.[4]

Zwei Komponenten des Achtfachen Pfades beschäftigen sich mit dieser Bewußtheit: rechte Achtsamkeit und rechte Sammlung. Achtsamkeit, das ist dauerndes Gewahrsein dessen, was in Körper und Bewußtsein vorgeht; Sammlung *(Samādhi)* ist der in einen Punkt gesammelte Zustand des Geistes, wie er in der Meditation erlangt wird.

Ziel des buddhistischen Weges ist das Erlöschen des samsarischen, »ich-zentrierten« Bewußtseinszustandes, der alles Leid verursacht; dieser Bewußtseinszustand wird durch Eigenschaften wie »Begierde«, »Anhaften«, »Leidenschaft« charakterisiert. Trotzdem verlangt der Buddha von uns genausowenig, unsere Gefühle zu unterdrücken, wie ein Gestalt-Therapeut inneren oder äußeren Zwang für die Veränderung voraussetzen würde. Beide sagen sie, daß Problem bestehe im Verlust des direkten Kontaktes: Sei achtsam, nimm wahr, was tatsächlich geschieht, und du bist frei. »Entstellung und Verzettelung, die Wurzeln der Leidenschaft, müssen durch scharfe Aufmerksamkeit ersetzt werden«, schreibt Lama Mi-pham, ein tibetischer Meister des neunzehnten Jahrhunderts. »Die Übung wachsamer Beobachtung zerstört, wie ein Licht die Dunkelheit, die letzten Festungen schädlicher Neigung.«[5]

Die Einübung von Achtsamkeit ist für die tibetische Tradition so wichtig, daß die Vier Edlen Wahrheiten damit eine Ähnlichkeit mit der Gestalt-Therapie bekommen und auf diese Weise für unsere Mentalität vertrauter werden. Ich lernte die Vier Edlen Wahrheiten bei einem Lehrgang über tibetischen Buddhismus von einem amerikanischen Lehrer in verwestlichter Terminologie als die »Vier Allgemeingültigen Beobachtungen« kennen: Erstens, das Leben hat viele unangenehme Seiten und ist voller Leiden; zweitens, diese unangenehmen Seiten entstehen durch ein festgefügtes Lebensmuster, haben eine Ursache – sie formieren sich nicht rein zufällig; drittens, eine grundlegende Veränderung wird möglich, wenn man die Gesetze, nach denen sich die Lebensmuster bilden, gründlich erforscht; viertens, es gibt einen Weg zur Herbeiführung dieser Veränderung.

Trotz aller Ähnlichkeit zwischen der Gestalt-Therapie und buddhistischer Achtsamkeitsübung gehen die beiden Ansätze in ihrem philosophischen Unterbau von zwei grundverschiedenen Voraussetzungen aus. Die Gestalt-Therapie wurde maßgeblich von der Ganzheitstheorie beeinflußt und von der Gestalt-Psychologie, die sich mit der Fähigkeit des Gehirns beschäftigt, vereinzelte oder sich gar wirr überschneidende Sinnesdaten zu sinnvollen Einheiten (Gestalten) zu organisieren. Fritz Perls, der Vater der Gestalt-Therapie, war hauptsächlich durch die Arbeiten des Gestalt-Psychologen Kurt Goldstein geprägt; Kurt Goldstein hatte mit Soldaten gearbeitet, die Hirnverletzungen davongetragen hatten, und hatte die Fähigkeit zu Selbstorganisation und Funktionstüchtigkeit bei ernsthaft geschädigten Personen untersucht. Perls berichtet, daß er das erste Mal während seiner Zusammenarbeit mit Goldstein daran gedacht hatte, den menschlichen Organismus als eine Ganzheit zu betrachten und nicht nur als ein Bündel von Funktionen und Eigenschaften.

Der Buddhismus jedoch sagt, der Mensch sei ein Bündel von Eigenschaften, oder nicht einmal dies, denn dies wäre noch zu dauerhaft – eher ein Fluß von Ereignissen. Das menschliche Dasein ist in jedem Augenblick nicht mehr als eine Ansammlung von *Dharmas*, psychophysischen Prozessen, die zumeist unter fünf Hauptgruppen subsumiert werden: Gefühl, Wahrnehmung, Impulse, Bewußtsein, Form. Der Buddhismus akzeptiert als einzige Ganzheit nur die Ganzheit des Kosmos, oder vielleicht die Totalität unserer Erfahrung in einem gegebenen Augenblick, solange diese Erfahrung nicht durch die Vorstellung eines dauerhaften Selbst, welches den Erfahrenden darstellt, gefiltert wird.

Diese Idee, der radikalste Grundgedanke und zugleich der Angelpunkt des Buddhismus, entstand als Antithese zur hinduistischen *Ātman*-Lehre von der unzerstörbaren persönlichen Seele als dem Nukleus der menschlichen Existenz. Der Buddhismus lehrt *Anātman*, »kein *Ātman*«, keine Seele, kein auffindbares »Ich«, kein Selbst.

Das mag auf den ersten Blick als unverständliche metaphysische Behauptung erscheinen, abstrakt wie die Fragen Potthapadas. Aber alle buddhistischen Lehrer sagen, es sei eine einfache, leicht erkennbare Wahrheit, eine Grundtatsache der menschlichen Existenz, die durch systematische Untersuchung des eigenen Lebens – Achtsamkeit und *Samādhi* – auf ihren Wahrheitsgehalt überprüft werden kann. Aus buddhistischer Sicht ist die Vorstellung von der Unwirklichkeit eines Selbst weder negativ noch nihilistisch, sondern eine realistische Einschätzung der Dinge, wie sie nun einmal sind. In einer Darstellung des buddhistischen Denkens heißt es:

> Nach den Lehren des Buddha ist die Meinung »Ich habe kein Selbst« (die Theorie der vollkommenen Vernichtung) ebenso falsch wie die Meinung »Ich habe ein Selbst« (die Theorie der ewigen Existenz), denn beide sind sie Fesseln, beide entstehen aus der falschen Vorstellung des *»ich bin«.* Nur wenn wir die Dinge objektiv betrachten, sie projektionslos als das sehen, was sie wirklich sind, können wir zur Frage des *Anātman* die richtige Position der Unvoreingenommenheit beziehen. Alles, was wir als »Ich« und als »Seiendes« bezeichnen, sehen wir dann als Kombination von psychophysischen Aggregaten, die nach dem Gesetz von Ursache und Wirkung in einem Fluß dauernden Wandels in gegenseitiger Abhängigkeit wirken, und entdecken, daß es in aller Existenz nichts Dauerhaftes, Immerwährendes, Unwandelbares und Ewiges gibt...[6]

Diese Idee durchzieht die gesamte 2500jährige Geschichte des Buddhismus. Sie hat alle Wanderungen und kulturell bedingten Modifikationen überstanden.

Die *Anātman*-Lehre hat über die Jahrhunderte viele philosophisch interessierte Menschen fasziniert, ist heiß umstritten und oft mißverstanden worden. Der Buddhismus ist jedoch weit mehr als nur ein philosophisches System. Die Herausforderung liegt nicht in einem Beweis oder Gegenbeweis, der die Idee des *Anātman* auf der intellektuellen Ebene endgültig klären würde, sondern darin, *Anātman zu erfahren,* zu jener Wirklichkeit zu erwachen. Nimmt man das Wesen der eigenen Erfahrung ungetrübt wahr, dann, so heißt es, löst sich darin alle Begierde, alle Unzufriedenheit. Befreiung wird nicht durch zwanghafte Unterdrückung aller Wünsche erlangt, sondern nur durch einen klaren Blick auf den, der wünscht, und auf das, was er erwünscht. Natürlich gibt es wirkliche Bedürfnisse, und wir müssen sie befriedigen, aber es gibt unzählige andere Wünsche, die nicht mehr sind als die konfusen Begierden eines Bündels von Ereignissen, das sich selbst für eine Person mit einem festen Wesenskern hält.

Der Buddhismus akzeptiert kein dauerhaftes Selbst. Alles ist in ständigem Wandel begriffen. Mit seinen letzten Worten erinnerte der Buddha seine Schüler daran, daß alle Dinge vergehen, daß alles, was einmal zusammenkam, sich auch wieder trennen wird. Das Individualbewußtsein reflektiert einen Kosmos, der sich in ständigem Fluß befindet, dessen Elemente sich ständig neu gruppieren und umgruppieren. Was immer wir auch zu einem bestimmten Augenblick sein mögen oder zu sein denken, es ist eine jener momentanen Gruppierungen von Daseinsfaktoren. Alexandra David-Neel erwähnt in einem ihrer Bücher eine tibetische Parabel für die Funktionsweise des menschlichen Bewußtseins:

Eine »Person« ist wie eine beratende Körperschaft, die aus einer Anzahl von Mitgliedern besteht. Die Diskussionen dieser Versammlungsrunde haben kein Ende. Dann und wann erhebt sich ein Mitglied, hält eine Rede und empfiehlt eine Handlung; die Kollegen stimmen zu, und man entscheidet, den Vorschlag in die Tat umzusetzen. Zuweilen erheben sich einige Mitglieder der Gesellschaft gleichzeitig und schlagen dabei ganz verschiedene Dinge vor, und jeder von ihnen stützt aus Eigeninteresse seinen Vorschlag. Diese Meinungsverschiedenheiten und die Leidenschaftlichkeit, mit der die Redner ihre unterschiedlichen Ansichten vertreten, können manchmal auch zu Streit oder gar gewaltsamen Auseinandersetzungen führen, so daß die Mitglieder untereinander handgemein werden.
Von Zeit zu Zeit scheiden Gesellschaftsmitglieder auf ihren eigenen Wunsch aus der Körperschaft aus; andere werden nach und nach herausgedrängt; mancher wird auch von seinen Kollegen gewaltsam ausgeschlossen. Und immer wieder gibt es neue Gesichter in der Runde. Entweder sie haben sich durch die Tür hereingeschlichen oder sich gewaltsam Zutritt verschafft.

Es kommt auch vor, daß gewisse Mitglieder der Gesellschaft allmählich verblassen; ihre Stimme wird schwächer, bis sie schließlich nicht mehr vernehmbar ist. Gleichzeitig werden andere, die zuerst schwach und zurückhaltend schienen, stärker und fordernder, sie werden ungehalten und brüllen ihre Meinung in die Runde; sie terrorisieren ihre Kollegen, beherrschen sie und enden schließlich als Diktator.

Die Mitglieder dieser beratenden Körperschaft sind niemand anderes als die physischen und geistigen Elemente, aus denen sich eine »Person« konstituiert; sie sind unsere Instinkte, unsere Neigungen, unsere Vorstellungen, unsere Weltanschauungen, unsere Wünsche. Jedes Element, jeder einzelne Daseinsfaktor, ist aufgrund seiner Ursachen Abkömmling vieler davon ausgehender untergründiger Strömungen und Erbe ganzer Ereignisketten, die weit in die Vergangenheit zurückreichen und deren Spuren sich in den schemenhaften Weiten der Unendlichkeit verlieren.[7]

Das Prinzip, das diesem Ereignisfluß Zusammenhang und Bedeutung verleiht, ist *Karma*, »Tat« oder »Ursache und Wirkung«: Eine Situation oder Kombination von Ereignissen läßt eine folgende Situation oder Kombination von Ereignissen ins Dasein treten.

Der Buddhismus betrachtet *Karma* als einen unpersönlichen und völlig unvoreingenommenen Vorgang. *Karma* ist die Quelle buddhistischer Sittenlehre und buddhistischer Moral, einer Moral, die nicht von einem Gott und seinem Postulat ausgeht, daß gewisse Dinge eine Sünde darstellen und andere eine Tugend. Das Prinzip des *Karma* besagt nur, daß jede Lebenssituation Ergebnis anderer Lebenssituationen ist, und daß jede Tat Folgen hat. Die Wirkungen sind nicht zeitlich begrenzt. Ja, man kann seine persönliche Situation auch unter der weiten Perspektive der gesamten Evolution betrachten, als Produkt allen Geschehens, das sich seit dem Urknall im Kosmos zugetragen hat, und kann damit weiter davon ausgehen, daß die Wirkungen der eigenen Taten in vielen Jahrtausenden widerhallen werden.

Karma beinhaltet alles, was wir als »Erbgut« bezeichnen – unsere gesamte genetische Entwicklung – und auch die sogenannte »Umwelt«. Unsere soziale Stellung ist Folge unseres *Karma* und ebenso unser Individualbewußtsein. Samsarisches Bewußtsein – der Glaube an ein separates »Ich« – ist ein Ergebnis gesellschaftlichen *Karmas*. Auch in der westlichen Psychologie und Soziologie gibt es Schulen, die das »Selbst« als Produkt der Gesellschaft ansehen und sagen, daß unser »Ich« das Ergebnis unserer Interaktion mit Eltern, Vorbildern und den Besonderheiten des jeweiligen Kulturkreises ist. Wir »verinnerlichen« gesellschaftliche Werte und Denkmodelle, bis sie schließlich wie ein Teil von uns sind. Das gesellschaftliche *Karma* konditioniert unsere intimsten Gedanken. Lassen wir zu diesem Thema einmal zwei westliche Denker zu Wort kommen; zuerst Erich Fromm:

Jede Gesellschaft entwickelt durch ihren Lebensstil, durch die Art der Verwandtschaftsverhältnisse, durch ihr Empfinden und Wahrnehmen ein System von Kategorien, welche die möglichen Bewußtseinsformen bestimmen. Dieses System wirkt wie ein *gesellschaftlich konditionierter Filter;* keine Erfahrung dringt ins Bewußtsein ein, bevor sie nicht durch diesen Filter gelaufen ist.[8]

Und Nolan Jacobson:

Durch diese Kanalisierung verfestigt sich ein Lebensstil in den Gehirnen jener, die ihn als Rolle spielen . . . Er verbirgt sich hinter allen Vorstellungen, mit denen man das Leben betrachtet, und hinter Grundwerten, die bei der Kindererziehung weitergegeben werden. Er verbindet Individuen zu Familien und anderen gesellschaftlichen Gruppen. Er haftet jedem Mitglied einer bestimmten sozialen Ordnung an, so daß sich niemand völlig davon lösen und radikale soziale Veränderungen durchführen kann, denn jede Person oder Gruppe, die die vorherrschende Ordnung durch eine andere ersetzen möchte, verkörpert selbst die von ihr bekämpfte Ordnung . . .[9]

Samsāra heißt wörtlich übersetzt »sich im Kreise drehen«; das Bewußtsein kreist in den engen Grenzen sozialer Wirklichkeit und bleibt in gesellschaftlich vorprogrammierten Gewohnheiten, Verhaltensmustern und Denkschemata hängen; der Prozeß des Erwachens, meist als »Erleuchtung« bezeichnet, ist ein Durchbruch zu einer immer unverstellteren Wahrnehmung der Wirklichkeit, die nicht mehr so vollkommen von gesellschaftlichen Wertvorstellungen und Vorurteilen überdeckt ist.

Damit erscheint die buddhistische Ethik in einem neuen Licht. Die *Sūtras* sind nicht übermäßig mit Moral befrachtet. Die Erklärungen zum Achtfachen Pfad geben einige Hinweise darauf, was man tun und was man lassen sollte, doch werden sie vor allem als Richtlinien auf dem Weg zur Erleuchtung verstanden. Wir können also leicht erkennen, warum der Buddhismus häufig als überaus praktische Religion bezeichnet wurde. Aldous Huxley nannte ihn gar »transzendentalen Pragmatismus«.

Der mönchische Lebensstil, den sehr viele Buddhisten als Lebensweg gewählt haben, ist ein Weg der Entsagung: Zölibat, in den meisten Ländern vegetarische Ernährung, ein spartanischer Lebensstil. Der buddhistische Mönch muß unter erheblich strengeren Bedingungen leben als der buddhistische Laie. Man hält dies für einen besonders wirkungsvollen Weg zur Erleuchtung. Strenge Disziplin hilft, Anhaften und die beschränkte Weltsicht, die das unerleuchtete Bewußtsein des *Samsāra* charakterisieren, zu durchbrechen. Das Verhalten eines Mönchs wird an höheren Maßstäben gemessen als an dem der allgemeinen Moral. Es gibt jedoch auch andere Buddhisten, wie die wilden und unbändigen Außenseiter des Tantrismus, die sich den entgegengesetzten Weg ausgesucht haben: Sie leben *unter* der von der Gesellschaft geforderten Moral, befreien sich von ihren Begierden, indem sie diese befriedigen, und zerbrechen so den subtilen Egoismus, der dem Wunsch innewohnt, besser als andere zu sein. Und es gibt Buddhisten, die leben wie jeder normale Bürger, sind verheiratet, befolgen die Regeln der Gesellschaft und vermeiden den Anschein des Besonderen. Diese drei Lebensstile besitzen nur eine Gemeinsamkeit: Sie sehen in den sozialen Moralvorstellungen nicht mehr als eine Bezugsgröße und niemals eine endgültige Wahrheit. Man wählt seinen Verhaltenskodex, indem man sich fragt: »Welcher Lebensstil ist für mich praktikabel und bringt mich weiter auf dem Weg?«

Die buddhistische Ethik wird oft mit der Lehre von der Wiedergeburt in Verbindung gebracht und mit einem darin enthaltenen Vergeltungsprinzip: Es gibt ein »Du«, das seinem *Karma* entsprechend in verschiedenen Formen wiedergeboren wird. Vergehst du dich in deiner jetzigen Existenz, so mußt du in einer künftigen Wiedergeburt die Wirkungen deiner Taten tragen, wie du momentan die Wirkungen der Taten in vergangenen Existenzen ausbaden mußt. Die Lehre von der Wiedergeburt entstammt jedoch nicht dem Buddhismus. Sie ist Allgemeingut des indischen Kulturkreises, der Wiege des Buddhismus. Für die Menschen dort war sie eine Selbstverständlichkeit und ist es noch heute. Obwohl Gautama, wie wir aus dem *Potthapada-Sutra* ersehen konnten, nicht ausdrücklich von Reinkarnation sprach, entwickelte sich der Buddhismus doch auf dem Boden dieser Lehre.

Manche Lehrer des tibetischen Buddhismus verstehen die Lehre von der Wiedergeburt wörtlich, andere raten ihren Schülern, sie nicht ganz so ernst zu nehmen. Sie gehört dem exoterischen Bereich an. Man kann daran glauben – vielleicht entspricht sie auch den Tatsachen –, aber sie ist ebenso Sinnbild und Echo einer subtileren und komplexeren esoterischen Überlieferung.

Die landläufigen Vorstellungen von der Wiedergeburt stimmen nicht mit der *Anatman*-Lehre überein: Gibt es keine feste Ich-Entität, keine Seele, dann kann es auch keine Seelenwanderung von einem zum anderen Leben geben. In gewisser Hinsicht – und dies ist der Teil der esoterischen Interpretation der Wiedergeburtslehre, der sich noch relativ leicht verstehen läßt – sind viele Leute in jedem von uns »reinkarniert« und haben »Sitz und Stimme« in jener Körperschaft, die wir »unser persönliches Bewußtsein« nennen. Da der Buddhismus nicht streng zwischen objektiver und subjektiver Wirklichkeit unterscheidet, sind für ihn alle Gestalten, die ein individuelles Bewußtsein bevölkern mögen – Sokrates, Goethe, Karl Marx oder wer auch immer –, wirklich. Und jede dieser Gestalten war auch einmal eine ganze Versammlung, ein Bündel karmischer Einflüsse, bestehend aus Faktoren, die in vergangenen oder gegenwärtigen Leben ihre Wurzeln hatten.

Die esoterische Seite der Reinkarnationslehre hat auch noch einen »übernatürlichen« Aspekt. Es wird allgemein angenommen, zum Beispiel im Tibetischen Totenbuch*, daß ein Teil des individuellen Bewußtseins auch nach dem Tode weiterlebt, weniger als

---

* siehe dazu Kapitel 8

konkretes »Ich«, sondern eher in Form eines Energiestromes, der sich aus dem Bewußtsein fortsetzt und auch nach dem physischen Tod noch weitergärt, wie das unverdaute, noch nicht wiedergekäute Futter einer Kuh.

Außerdem wird allgemein angenommen, daß es eine Kontinuität über mehrere Menschenleben geben kann, wenn eine Aufgabe nicht in einem einzigen Leben bewältigt werden kann. Diese Vorstellung entspricht jedoch noch längst nicht jenem tibetischen Volksglauben, nach dem die Seele eines Lama nach seinem Tod automatisch in der Person eines Kindes wiedergeboren wird, nach dem man sucht, um es zum Nachfolger dieses Lama zu proklamieren. Die Lamas mögen darunter vielleicht eine Art Energieübertragung verstehen, mit der Vorstellung einer »Individualseele« hat dieser Vorgang jedoch nichts gemein. Für den Buddhismus ist eine Person, die eine bestimmte Rolle ausfüllt, nicht sehr vom vorangegangenen Träger dieser Rolle verschieden; eine besondere, von der sozialen Rolle zu unterscheidende Identität gibt es nicht.

Die esoterische Seite der Reinkarnationslehre ist wesentlich vielschichtiger als die einfache exoterische Vorstellung und mindestens ebenso geheimnisvoll. Sie zieht die Vielfalt der Verbindungen zwischen einem individuellen Bewußtsein und anderen Formen von individuellem Bewußtsein in Vergangenheit und Gegenwart in Betracht, welche miteinander verbunden sind, wie etwa ein Faden einer Spinnwebe mit jedem anderen Faden dieser Spinnwebe verbunden ist. Einige dieser Verbindungen lassen sich auch mit unseren westlichen Vorstellungen von der Wirklichkeit vereinbaren, andere erstrecken sich in den Bereich des sogenannten »Übernatürlichen«. Damit ist nicht ausgeschlossen, daß man sich an vergangene Leben erinnern kann, wie es einige Menschen von sich behaupten. Damit ist nur gesagt, daß man einer falschen Ich-Vorstellung verhaftet ist, wenn man ein vergangenes Leben als »*meine frühere Existenz*« bezeichnet.[10]

Zwei weitere Begriffe müssen noch geklärt werden, damit wir wenigstens die allerwichtigsten Grundgedanken des Buddhismus kennengelernt haben: *Karunā* (Mitgefühl) und *Shūnyatā* (gewöhnlich als »Leerheit« übersetzt). Diese Begriffe gehören zum *Mahāyāna* und sind auch im tibetischen Buddhismus von großer Bedeutung. Es sind eigentlich sehr einfache Vorstellungen, und doch können sie – oft gerade dann, wenn man meint, sie nun endgültig verstanden zu haben – immer wieder neue Aspekte und Dimensionen offenbaren, wie das mit so vielen buddhistischen Vorstellungen der Fall ist.

Der *Arhant*, der Heilige, der durch Willenskraft und Tugend über seine Begierden triumphiert, war für die ältere, die *Hīnayāna*-Tradition, das Ideal eines religiösen Suchers. Typisch für das *Mahāyāna* ist seine Relativierung des *Arhant*-Ideals, dem man vorwarf, es fehle ihm an sozialem Verantwortlichkeitsgefühl, so bewunderungswürdig es auch sein möge. Einige der Streitfragen, die die Entstehung des *Mahāyāna* begleiteten, erinnern stark an die gegenwärtigen Auseinandersetzungen über den latenten Narzißmus der »alternativen Bewegung«, der man manchmal eine Überbetonung der Selbstverwirklichung einiger weniger und Vernachlässigung von Belangen der Gesellschaft oder der Menschheit allgemein nachsagt. Im *Mahāyāna*-Buddhismus verlor das *Arhant*-Ideal an Anziehungskraft; der *Bodhisattva*, ein Wesen, das sich durch sein großes Mitgefühl auszeichnet und, obwohl selbst schon an der Schwelle zum endgültigen *Nirvāna*, eine Existenz in der gewöhnlichen Welt in Gemeinschaft mit gewöhnlichen Menschen wählt, um für die Erleuchtung anderer zu wirken, war jetzt das allgemein anerkannte Ideal. Das *Bodhisattva*-Ideal findet in dem Gelübde, alle Wesen zur Erleuchtung zu führen, konkreten Ausdruck. In Klöstern vieler buddhistischer Schulen wird dieses Gelübde täglich rituell erneuert. Wenn die Aussage dieses Gelübdes auch ein wenig hochgegriffen klingen mag, so erinnert es uns doch immer wieder daran, daß der Buddhismus uns niemals erlaubt, uns an irgendeinem Punkt unserer geistigen Entwicklung bequem niederzulassen in dem Gedanken: »Nun habe ich endlich Erleuchtung erlangt.«

Leicht ließe sich der Eindruck gewinnen, *Karunā*, das Mitgefühl (Mitleid, Erbarmen) sei im Buddhismus ein zentrales moralisches Prinzip und seine Verwirklichung sei eine Art »kategorischer Imperativ« für den Buddhisten. Das ist nicht ganz falsch, doch ist der Buddhismus, wie schon erwähnt, mehr als nur eine Sittenlehre; er ist vielmehr eine Aussage über den menschlichen Geist und Grundlage für eine systematische Schulung des menschlichen Bewußtseins. Der Buddhismus lehrt, daß wir in eine erleuchtete Seinsweise eintreten, wenn wir nur das Wesen der Erfahrung des

Menschseins richtig erfassen; Mitgefühl ist natürlicher Bestandteil dieser Seinsweise, es gehört zu ihr, wie Gier und Unzufriedenheit zum Bewußtsein des *Samsāra* gehören. Da die erleuchtete Seinsweise in jedem Augenblick der Erfahrung latent vorhanden ist, folgt daraus, daß auch Mitgefühl latent vorhanden sein muß. Mitgefühl befindet sich also nicht außerhalb von uns, es ist nicht etwas, das man erwerben müßte, um ein guter Mensch zu werden. Nein, es ist schon hier, wir sind uns dessen nur nicht so recht bewußt. Die westliche Psychologie spricht von verdrängten Gefühlen und bietet Wege an, diese verdrängten Gefühle – meist sexueller Natur oder Aggressionen – wiederzuentdecken. Der Buddhismus lehrt, daß wir auch unsere Liebe und unser Mitgefühl verdrängen.

Der Begriff Mitgefühl tritt meist in Zusammenhang mit jener Vorstellung auf, die mit dem Sanskritwort *Shūnyatā* umschrieben wird. Es ist eine der am schwersten zu verstehenden Vorstellungen des Buddhismus. Das Sanskritwort *Shūnya* heißt »leer«; jahrzehntelang haben uns die Übersetzer buddhistischer Schriften also wissen lassen, das Ziel des Buddhismus sei es, einen geistigen Zustand der »Leerheit« zu erreichen. Da man »hohle Köpfe« im Westen nicht besonders schätzt, haben andere Übersetzer den Begriff »Leerheit« bemängelt und statt dessen vorgeschlagen, *Shūnyatā* als eine Erfahrung des »Nichts« oder der »Leere« zu verstehen. Nun, wie man es auch übersetzt, immer scheint es, als lege der Buddhismus einen völligen Rückzug aus aller bewußten Erfahrung nahe – doch wie soll man das mit der »Erleuchtung« oder dem »Erwachen« vereinbaren?

Der buddhistische Gelehrte Herbert V. Guenther versucht, uns mit Hilfe einiger Bindestriche aus der Klemme zu helfen; er sagt, *Shūnyatā* ließe sich am exaktesten mit »Nicht-Dingheit« (engl.: *no-thing-ness*)* übersetzen.[11] Das heißt, daß in der auf dem buddhistischen Weg zu erlangenden Bewußtheit Wahrnehmung und Erfahrung durchaus differenziert und »Ereignis-reich« sind, daß es in ihr jedoch keine dauerhaften und voneinander trennbaren Einheiten mehr gibt. Jedes »Ding« ist ein Ereignis in jenem Fluß, der

---

* Das englische Wortspiel: *nothingness* = »Leere« *no-thing-ness* = »Nicht-Ding-heit« läßt sich im Deutschen nicht nachvollziehen. (Anm. d. Übs.)

von Augenblick zu Augenblick in ein weiteres Ereignis übergeht; wir werden damit in eine Welt geführt, in der es nur noch Verben und keine Substantive mehr gibt.

Shūnyatā zu erfahren – zu entdecken, daß Gedanken keine Dinge sind –, führt, so sagen die tibetischen Texte, ganz natürlich zum Pfad der Erleuchtung und ist wirkungsvoller, als sich mit einem der »Probleme« herumzuschlagen, die unsere Gedanken uns ständig präsentieren.

Nichts kann durch eine Lehre erreicht werden, die sich mit dem Vorgehen vergleichen ließe, Fett auf eine Wunde aufzutragen, in der noch die Pfeilspitze steckt. Auch eine Lehre, die die Fußspuren eines Diebes bis zu den Klostermauern verfolgt, wenn er schon längst in Berge und Wälder entkommen ist, führt zu nichts. *Hat man jedoch den eigenen Geist seinem Wesen nach als nicht dinglich erkannt*, fallen die Fesseln der Welt von selbst ab, denn alles ist Shūnyatā.[12]

Shūnyatā ist eng verbunden mit den Grundprinzipien »Ich-Losigkeit« und Unbeständigkeit. *Shūnyatā* und *Karunā* sind sehr wichtig; vereint führen sie zu einem Zustand höchster Bewußtheit, einem Zustand, in dem es keine Vorstellungen von festen und dauerhaften Objekten gibt: Damit ist das *Denken* dieser Seinsweise charakterisiert. Das *Fühlen* ist durch *Karunā* charakterisiert: Man fühlt Mitgefühl und Liebe. Es ist typisch für den tibetischen Buddhismus, eine philosophische Aussage mit einem konkreten Gefühl in Verbindung zu bringen. Diese Verbindung führt über jene oft starrköpfig behauptete Position hinaus, die besagt, man brauche Begriffe allein logisch und »objektiv« zu verstehen; statt dessen entdeckt man einen warmherzigen, menschlichen Weg, die Wahrheit zu erfahren.

Das sind, kurzgefaßt, einige der grundlegenden Ideen des Buddhismus. Einiges von diesem Grundwissen – die Vier Edlen Wahrheiten, der Achtfache Pfad, die *Anātman*-Lehre und die Auflösung aller scheinbar festen Einheiten – wird von allen buddhistischen Schulen vertreten. *Karma* und Wiedergeburt gehören zum indischen Kulturkreis und sind keine rein buddhistischen Vorstellungen; einige buddhistische Traditionen verstehen diese ganz wörtlich, andere nicht. Die Idee der Erleuchtung ist der Schlüssel zum Buddhismus, und doch wurde diese Idee zu verschiedenen Zeiten und an verschiedenen Orten verschieden verstanden. Einige Schriften lassen die Erleuchtung als etwas Übernatürliches erscheinen, andere als etwas zutiefst Menschliches.

Einer der meiner Meinung nach gefährlichsten Aspekte des Buddhismus – ich spreche jetzt über den Buddhismus im Westen, seine Wirkung auf Europäer und Amerikaner – ist, daß er es seinen Anhängern erlaubt, ein Ideal der Erleuchtung aufzubauen, dem wir zu entsprechen hätten, dem wir nachjagen müßten, um besser zu sein, als wir jetzt sind. Die Erleuchtung ist dann nur ein Ding mehr, das wir begehren und das wir »haben« müssen, um nicht unglücklich zu sein. So reihen wir dieses Ideal nur allzu leicht in das Pantheon der erstrebenswerten Dinge ein, wie den »perfekten Orgasmus«, das »Traumhaus« oder »akademische Ehren«. Selbst das *Zen*, im großen und ganzen eine Bereicherung unserer Kultur, trägt viel zu wenig dazu bei, die Menschen von dieser fixen Idee zu heilen.

Sobald wir uns jedoch auf eine Vorstellung davon versteifen, wie wir sein sollten, verlieren wir den Kontakt zu dem, was wir sind, und es geht im Buddhismus darum, zu erkennen, was man ist.

Meiner Erfahrung nach bleiben die Lehren des tibetischen Buddhismus, besonders, wenn sie in einer direkten Lehrer-Schüler-Beziehung übermittelt werden, dieser Grundidee ziemlich treu. Das Wort *Nirvāna* ist selten zu hören, höchstens als Hinweis auf einen älteren buddhistischen Text. Anstatt Erleuchtung gebrauchen die Tibeter zumeist das Wort *Tharpa*, »Befreiung«. Wer erleuchtet ist, ist frei von allen einengenden begrifflichen Vorstellungen, also auch den Vorstellungen von der Erleuchtung.

Die tibetischen Lehrer setzen gerne allen hochfliegenden Vorstellungen über die Erleuchtung einen Dämpfer auf. Meist raten sie, den Richtlinien des Achtfachen Pfades zu folgen, ein einigermaßen gesundes und maßvolles Leben zu führen, was das für den einzelnen auch immer bedeuten mag, und bewußt zu betrachten, was dabei geschieht. Beobachten Sie Ihre Alltagserfahrungen (einige nützliche Hilfsmittel dazu werden in den folgenden Kapiteln beschrieben) und, wenn Ihnen das liegt, betrachten Sie Ihren Geist in stiller Meditation.

Der Buddhismus ist nicht unbedingt gleichbedeutend mit der Übung der Meditation. Der buddhistische Heilige Saraha verspottet in seinen Gesängen jene Yogis, die als Meditationshilfe ihre Nasenspitze anstarren, und lacht über den Irrsinn, durch Meditation etwas erlangen zu wollen, was ohnehin schon im Bewußtsein vorhanden ist. Meditation ist nur ein Werkzeug – ein Werkzeug allerdings, das die meisten tibetischen Lehrer auf vielfältige Art und Weise anwenden.

In ihrer einfachsten Form führt Meditation zur Beruhigung des Geistes. Sie ist – um zu unserem Gleichnis vom Bewußtsein als einer lärmenden Gesellschaft aus sich ständig streitenden Mitgliedern zurückzukommen – ein Weg, die Stimmen ein wenig leiser werden zu lassen und die folgende Stille bewußt wahrzunehmen. In dieser Stille entdeckt man vielleicht eine Wahrheit, die sich zwar nicht in Worte fassen läßt, die aber eine Antwort auf die Fragen in unserem tiefsten Inneren sein mag.

3. Das Bewußtsein: Mal siehst du es, mal siehst du's nicht

Der Buddhismus ist sehr komplex und vielseitig. Er umfaßt Rituale und Sittenregeln, heilige Schriften und esoterische Praktiken, die nur mündlich vom Lehrer an den Schüler weitergegeben werden. Er ist reich an Malereien, Skulpturen und Architektur; so unterschiedliche Kunstwerke wie die schlichten Tuschemalereien des *Zen*, die vergoldeten Pagoden Thailands und die tibetischen Fresken und Bronzen mit ihrem verwirrenden Symbolismus sind aus ihm entstanden. Über die Jahrhunderte sind viele verschiedene buddhistische Schulen und Sekten in Erscheinung getreten. Jedes neue Land, in dem der Buddhismus Fuß fassen konnte, fügte ihm neue Traditionen hinzu, so daß der kulturelle Überbau kaum noch zu überschauen ist. Man kann sein Leben damit verbringen, den Buddhismus zu erforschen, in Höhlen herumzustöbern, den Pfaden seiner Wanderungen zu folgen, und wird trotzdem nicht mehr als einen geringen Teil des Ganzen erfassen. Im Kern bleibt seine Lehre jedoch klar, einfach und verständlich. Halten wir uns vor allem an diesen Kern, dann wird alles, was wir sonst noch mit dem Buddhismus anfangen, eine gesunde und sinnvolle Basis haben.

Der Buddhismus befaßt sich mit unseren Erfahrungen – nicht etwa mit irgendwelchen klugen Gedanken zum Thema »Erfahrung«, sondern mit dem, was in diesem Augenblick in meinem, in Ihrem Körper, in unserm Bewußtsein vorgeht. Das herauszufinden ist das Hauptanliegen des Buddhismus; jede Beschäftigung mit dem Buddhismus muß schließlich dahin führen. Der buddhistische Weg beschäftigt sich im wesentlichen mit unserem Alltagsbewußtsein, damit, wie es von Minute zu Minute funktioniert. Wenn man dies im Auge behält, verläuft man sich nicht so leicht in den labyrinthischen Gängen des Überbaus.

Als »Psychologie« unterscheidet sich der Buddhismus erheblich von dem, was wir im Westen zumeist unter dieser Disziplin verstehen. Die buddhistische Psychologie will nicht, wie die meisten westlichen Psychologien, das Bewußtsein anderer (womöglich kranker) Menschen studieren. Insbesondere die Verhaltenspsychologie ist Zeugnis dafür, wie weit wir uns unserer eigenen Erfahrung entfremdet haben. Sie konzentriert sich auf Äußerlichkeiten, auf meßbares Verhalten, und betrachtet alles, was sich nicht durch objektive Beobachtung verifizieren läßt, als unwirklich. Buddhistische Psychologie ist genau das Gegenteil: Hier muß alles durch eigene Erfahrung geprüft werden.

Die buddhistische Psychologie will uns Methoden in die Hand geben, mit deren Hilfe wir herausfinden können, was in unserem eigenen Bewußtsein vorgeht.

Dies mag zuerst ein wenig seltsam klingen. Schließlich bin ich doch der Besitzer meines Bewußtseins! Ich war ja nie ohne mein Bewußtsein – und so meint man dann im allgemeinen, sich sehr wohl dessen bewußt zu sein, was im eigenen Bewußtsein vorgeht. Diese Annahme könnte sich aber als völlig falsch erweisen. Wendet man einige der Techniken der buddhistischen Psychologie an, so wird man wahrscheinlich bald feststellen können, daß der Fluß von bewußten Gedanken, Sinneswahrnehmungen und Gefühlen – alles, was uns bisher höchst gewöhnlich und vertraut erschien – ein fremdes unerforschtes Territorium darstellt, in das man bisher noch niemals systematisch eingedrungen ist. Ja man wird vielleicht sogar feststellen, daß man diesem Bereich noch nie rechte Beachtung geschenkt hat, auch dann – oder vielleicht sogar gerade dann –, wenn man besonders intensiv mit Denken beschäftigt war.

Stellen Sie sich selbst einmal Fragen zum Ablauf der Gedankenprozesse, Fragen, wie sie auch ein tibetischer Lehrer stellt, wenn er seine Schüler mit der buddhistischen Psychologie vertraut machen will: Wie lange dauert ein Gedanke? Wie viele Gedanken denken Sie in einer Minute? An einem Tag? Können Sie aufhören zu denken? Wie fühlen Sie sich, wenn Sie nicht denken? Gibt es verschiedenartige Gedankenintervalle und wenn ja, fühlen sie sich auch verschieden an? Wie lange können Sie sich auf ein Objekt konzentrieren?

Und einige Fragen zu den Gefühlen: Wie lange dauert ein Gefühl? Wenn Sie etwas fühlen, wo fühlen Sie es? Haben Sie beobachten können, daß bestimmte Emotionen in Gruppen auftreten oder in Sequenzen? Welche? Können Sie beschreiben, wie es sich anfühlt, wenn Sie glücklich sind?

Diese Fragen kommen Ihnen vielleicht kindisch vor oder sogar völlig sinnlos. Bemühen Sie sich jedoch ernsthaft darum, sie zu beantworten, dann werden Sie nicht mehr so denken. Wahrscheinlich werden Sie sie zuerst auch gar nicht beantworten wollen. Sie wehren sich dagegen. Das ist ganz natürlich; das Bewußtsein ist ganz wild auf großartige Abstraktionen und überraschende Einsichten; es fiebert dem nächsten Augenblick entgegen, hängt einer lebhaften Erinnerung an die Vergangenheit nach – beschäftigt sich mit allem, nur nicht mit der Wirklichkeit des gegenwärtigen Moments. Fanatisch glauben wir daran, daß »das Leben« doch etwas anderes sein müßte als das, was momentan geschieht, und wir suchen überall nach seinem Geheimnis, nur nicht direkt vor unseren Augen.

Der Buddhismus sagt, das Geheimnis – nicht nur die zentrale Frage unseres Lebens, sondern gleichzeitig auch ihre Antwort – liege direkt vor uns, offen und für jeden erreichbar. Wenn es unauffindbar ist, dann nicht etwa, weil es raffiniert verborgen wäre, sondern weil wir uns selbst dafür systematisch blind gemacht haben. Wir müssen lernen zu sehen. Wir können dazu in westlichen Begriffen die folgende Hypothese aufstellen: Genaue Beobachtung der Abläufe im eigenen Bewußtsein ist ein wirkungsvolles Hilfsmittel zu persönlichem Wachstum und innerer Reifung. Durch genaue Beobachtung des Bewußtseins lassen sich persönliche Probleme besser lösen; sie führt außerdem dazu, daß man sich plötzlich mit ganz anderen Augen sieht, seine wahren Bedürfnisse erkennt und seine Beziehung zu Umwelt und Mitmenschen versteht.

Lassen Sie uns die Übereinstimmungen zwischen dem Buddhismus und der Gestalt-Therapie noch etwas näher betrachten. Die Gestalt-Therapie basiert auf folgenden grundlegenden Ideen: Was wir als Geisteskrankheit (als Neurose oder einfach als Unreife) bezeichnen, hat mit dem Verlust des Kontaktes zu uns selbst zu tun; die Wiedererlangung unserer Bewußtheit ist der Weg zu Wachstum und Gesundheit. Den Versuch, diesen Weg zu gehen, sabotiert unser Bewußtsein immer wieder und legt uns Steine in den Weg. Wir brauchen uns über diese Ähnlichkeit zwischen einer östlichen Religion und einer westlichen Therapieschule gar nicht zu wundern; wenn an gewissen Vorstellungen etwas Wahres dran ist, dann treten sie ganz natürlich zu verschiedenen Zeiten und an verschiedenen Orten in Erscheinung.

Bis hierhin deckt sich die Gestalt-Theorie mit den Lehren des Buddhismus. In der Praxis ist die Gestalt-Therapie jedoch stark auf sinnliche Erfahrung und nicht-intellektuelle Wege der Selbsterforschung fixiert. Fritz Perls' berühmter Ausspruch »Verliert den Verstand und kommt zu Euren Sinnen!« hat bei seinen Anhängern großen Eindruck hinterlassen; die Gestalt-Therapie geht also eher den Weg des »Fühlens und Anfassens« und will den »Gehirn-Trip« vermeiden. Auch der Buddhismus wird im Westen oft für anti-intellektuell gehalten, doch dies ist ein Mißverständnis. Auf den *Zen*-Buddhismus mag dies ja noch zutreffen, nicht jedoch für die buddhistische Tradition insgesamt, die unter anderem auch die hochdifferenzierte *Abhidharma*-Psychologie hervorgebracht hat. Der tibetische Buddhismus verwendet das ganze Arsenal von Techniken: nicht-kognitive Praktiken wie *Mantra*-Singen und Körperübungen, aber auch den Weg der Erkenntnistheorie, das Bewußtsein mit Hilfe des Bewußtseins zu erforschen, scharf über das Denken nachzudenken.

Das Abhidharma-System der Geistesfaktoren

Die frühen Buddhisten entwickelten eine Phänomenologie, ein Begriffssystem zur Erfassung der Denkvorgänge, welches bei der Selbsterforschung von Nutzen sein kann. Ihre Mühen, in den Schriften des sogenannten *Abhidharma* festgehalten, waren eine Gemeinschaftsleistung der brillantesten und kreativsten Denker, die Indien über mehrere Jahrhunderte hervorbrachte. Das Ergebnis war eine mehrbändige Beschreibung elementarer Geistesfaktoren, der sogenannten *Dharmas*, die man als eine Art »Elementarteilchen« der Existenz ansah.

Die Liste der *Dharmas* umfaßt relativ einfache Faktoren wie Sinneswahrnehmungen und Gefühle, aber auch komplizierte geistige Prozesse wie Stadien der kontemplativen Versenkung und Erleuchtungserfahrungen. Sie ist eine Art Perioden-Tafel der psychologischen Elemente. Die *Dharmas* lassen sich zwar identifizieren und einordnen, werden aber nicht als statische Größen verstanden, die ständig neue Verbindungen eingehen.

Das *Abhidharma*-System beginnt sehr einfach mit den Bestandteilen der sinnlichen Wahrnehmung: zuerst die Sinnesorgane und dann die entsprechenden Wahrnehmungen wie etwa Klänge und Formen, die von dem jeweiligen Sinnesorgan aufgenommen werden. Auch die »Elemente ohne direkt wahrnehmbare Evidenz« haben in diesem System ihren Platz, denn es gehören auch Sinneswahrnehmungen ohne äußere Stimuli, wie etwa Erinnerung und Vorstellung, dazu. Der *Manas* genannte *Dharma* steht in enger Beziehung zu den Sinneswahrnehmungen; er bezeichnet die ganz im Bereich des Mentalen vor sich gehende Verarbeitung der Sinneseindrücke.

Alle Abläufe, die mit der Verarbeitung von Sinneseindrücken zusammenhängen, spielen sich nach buddhistischer Anschauung sehr schnell ab. In Sekundenbruchteilen springt der Geist von einem Objekt zum anderen und nimmt dabei jeden Sinneseindruck für sich wahr. Wenn Sie Ihr Essen schmecken, dabei Ihr Gegenüber betrachten, sich an etwas erinnern und meinen, dies alles gleichzeitig zu tun, dann springt Ihre Aufmerksamkeit in Wirklichkeit ganz schnell von der Geschmacksempfindung zur visuellen Empfindung, von der visuellen Empfindung zur Erinnerung und von der Erinnerung wieder zur Geschmacksempfindung; darüber hinaus geht sie bereitwillig auch auf alle weiteren Sinneseindrücke ein, die außerdem noch auftauchen mögen. Für einen unkalkulierbar kleinen Augenblick schmecken Sie etwas, während einer ebenso kurzen Zeitspanne sehen Sie Ihren Tischgenossen, achten auf andere körperliche Empfindungen und auf das, was Sie riechen, hören, andere Bilder und Töne, die in Ihrem Bewußtsein auftauchen.

Der Bewußtseinsstrom ist damit weniger einem Fluß vergleichbar als vielmehr einem Film, bei dem der Ablauf einer Vielzahl von statischen Einzelbildern den Eindruck eines einzigen bewegten Bildes hervorruft, oder den pointillistischen Gemälden von Seurat, bei denen sich viele winzige Punkte zu einem Gesamtbild zusammenfügen. Der Geist verweilt nie lange bei einem »Film«, schaut sich selten das ganze Gemälde an, und trotzdem schafft er sich ständig die Illusion zeitlicher und kausaler Abläufe. Wenn Ihnen die Bedeutung dieser »hier-und-jetzt«-Perspektive für die Wahrnehmungsauffassung der buddhistischen Psychologie einsichtig ist, werden Sie leichter begreifen, was die Buddhisten über das »Selbst« zu sagen haben. Der springende Punkt dieser Auffassung ist, daß unser Bewußtsein auf der Grundlage der *Vorstellung* von dauerhaften Bildern pausenlos neue Wirklichkeiten erschafft, wobei den Vorstellungen selbst nur eine kurze Lebensdauer beschieden ist. Sie werden immer wieder neu formuliert, indem Gegenwart, Vergangenheit und Zukunft ununterbrochen neu erschaffen werden.

Bevor wir mit unserer Darstellung fortfahren, versuchen Sie doch einmal, Ihre Sinneswahrnehmung genau zu verfolgen, und sehen Sie, ob Sie die buddhistische Wahrnehmungstheorie widerlegen können. Können Sie sich auf ein Bild konzentrieren und genau *gleichzeitig* etwas mit Ihrer Hand ertasten? Können Sie sich darüber hinaus an einen bestimmten Ton erinnern, ohne daß Ihre Konzentration auf das Bild und die Tastempfindung nachläßt? Wenn nicht, können Sie bewußt erfahren, wie Ihre Aufmerksamkeit von einem Gegenstand zum nächsten hüpft? Es lohnt sich schon deshalb, dies herauszufinden, weil Sie damit Ihre Fähigkeit steigern, Sinneseindrücke wahrzunehmen. Wenn Sie Ihr Leben lang bestimmten Geschmacksempfindungen, Anblicken und Berührungen nachjagen, lohnt es sich schon, genau zu wissen, wie sich die Dinge, die Sie damit assoziieren, anfühlen, wie sie aussehen und schmecken. Erforschen Sie wirklich einmal eine Sinneserfahrung gründlich, wie zum Beispiel den Geschmack einer delikaten Süßspeise, dann werden Sie sie vielleicht noch köstlicher finden, oder Sie entdecken vielleicht, daß Sie sehr gut darauf verzichten können. Sie mögen in der Tat das eine wie das andere entdecken.

Die buddhistische Psychologie lehrt, daß einige Geistesfaktoren in jedem Denkvorgang und in jeder Empfindung enthalten sind. Wenn wir uns nun einige Teile der *Abhidharma*-Psychologie genauer ansehen, sollten Sie außerdem immer daran denken, daß wir uns die Geistesfaktoren besser als Verben denn als Substantive vorstellen sollten; sie sind weniger »Dinge« als vielmehr Kräfte im Bewußtseinsprozeß. Fünf Geistesfaktoren, so wird gelehrt, wirken in jedem Gedanken, bei jeder Empfindung. Im Sanskrit nennt man sie *Sarvatranga,* wörtlich übersetzt »geht überall hin«. In der westlichen buddhistischen Literatur werden sie gewöhnlich als »allgegenwärtige Geistesfaktoren« bezeichnet. Die fünf allgegenwärtigen Geistesfaktoren sind im einzelnen: *Sparsha, Vedanā, Samjñā, Cetanā* und *Manaskāra.*

1. *Sparsha*

Sparsha, zumeist als erster der »fünf allgegenwärtigen Geistesfaktoren« angeführt, heißt soviel wie »Berührung« oder »Kontakt«. Dieser Begriff verweist auf das Prinzip (welches wir auch in der westlichen Psychologie der Wahrnehmung kennen), daß nicht eigentlich die Sinnesorgane die äußeren Sinnesobjekte wahrnehmen, sondern vielmehr der Teil des Gehirns, der die entsprechende Sinnestätigkeit verarbeitet. So »sehen« wir zum Beispiel sowohl mit dem Sehkortex als auch mit unseren Augen. In den *Abhidharma*-Schriften werden *Sparsha* häufig drei Elemente zugeschrieben: Sinnesobjekt, Sinnesorgan und Sinnesbewußtsein. Das klingt zweifellos vertraut, vielleicht sogar ein wenig simpel. Der typisch buddhistische Dreh dabei ist jedoch die Behauptung, daß die tatsächliche Erfahrung allein in dieser Interaktion von Sinnesobjekt, Sinnesorgan und Sinnesbewußtsein besteht. Weder das Sinnesobjekt noch das wahrnehmende Subjekt sind für sich erfahrbar. Wenn diese Annahme richtig verstanden wird – und sie ist nur durch ständiges Testen an der eigenen Erfahrung zu verstehen –, dann findet eine Transformation des Bewußtseins statt, in der die gewohnte Subjekt-Objekt-Spaltung verschwindet.

2. *Vedanā*

»Berührung« führt zur »Gefühlsfärbung«, *Vedanā.* Jeder Sinneseindruck wird von einer Gefühlsfärbung begleitet. Diese Färbung kann positiv, negativ oder neutral sein.

> Was ist Fühlen? Es sind drei Arten, etwas zu erfahren – als angenehm, unangenehm oder neutral. »Angenehm« ist etwas, wenn man das Gefühl (ist es einmal vergangen) gern wieder

haben würde. Ist etwas »unangenehm«, dann wünscht man, sich dessen zu entledigen, sobald es auftritt. Eine Erfahrung ist »neutral«, wenn keiner der beiden Wünsche auftaucht.[1]

Um diesen Geistesfaktor zu erfahren, versuchen Sie einmal, Ihrer Aufmerksamkeit zu folgen, wenn sie von einer Sinneswahrnehmung zur nächsten wandert, und stellen Sie fest, ob die jeweilige Erfahrung angenehm, unangenehm oder neutral ist; dann werden Sie verstehen, was mit *Vedanā* gemeint ist. Da dieser *Dharma* auch in rein mentalen Vorgängen enthalten ist, schließen Sie Ihre Augen und lassen Sie Gedanken, Erinnerungen und Bilder an sich vorüberziehen. Achten Sie dabei auf Ihre jeweilige Reaktion. Ist das Gefühl, welches Sie dabei haben, angenehm, unangenehm oder keins von beiden?

Die Gefühlsfärbung ist eine innere Erfahrung, die zu einer Handlung führen kann (aber nicht muß), welche auch von einer anderen Person wahrgenommen oder einem Instrument registriert werden kann. In C. G. Jungs *Die psychologischen Typen* finden wir eine ausgezeichnete Zusammenfassung dieses Prozesses aus westlicher Sicht. Jung beschreibt das Fühlen als

eine Art des *Urteilens*, das aber insofern vom intellektuellen Urteil verschieden ist, als es nicht in Absicht der Herstellung eines begrifflichen Zusammenhanges, sondern in Absicht eines zunächst subjektiven Annehmens oder Zurückweisens erfolgt. Die Bewertung durch das F. erstreckt sich auf *jeden* Bewußtseinsinhalt, von welcher Art er immer sein mag. Steigert sich die Intensität des F., so entsteht ein *Affekt*, d. h. ein Gefühlszustand mit merklichen Körperinnervationen.[2]

3. Samjñā

Das Klassifizieren und Definieren von Ereignissen und Gegenständen ist ein weiterer allgegenwärtiger Geistesfaktor; damit geben wir den ungeordneten Eindrücken einen Sinn. Dies ist *Samjñā*. *Samjñā* erfaßt einfache und auch sehr komplizierte Zusammenhänge. Zum Beispiel, Sie sehen aus einem Flugzeugfenster auf die Erde hinab, identifizieren die Farbe Grün, erkennen dieses

Meer von Grün als einen Wald und registrieren, gesetzt den Fall, Sie verfügen über die dazu notwendige Ortskenntnis, daß der Wald aus den zahllosen riesigen Rotholzbäumen eines kalifornischen Nationalparks besteht. Hauptcharakteristikum von *Samjñā* ist nach einem *Abhidharma*-Text das »Erkennen durch Assoziieren«. Damit ist es eine Funktion, die sich mit zunehmendem Alter entwickelt und wandelt, denn wir nehmen mit der Zeit ja immer mehr Informationen auf, auf denen dann unsere begrifflichen Vorstellungen basieren.

Samjñā steht in enger Beziehung zur Ich-Funktion und zum Prozeß der Sozialisation. Hinter jeder Vorstellung ist auch etwas von demjenigen erkennbar, der sich die Vorstellung macht, und verschiedene Gesellschaften denken in verschiedenen Bahnen. Man wird sich kaum eines Objektes oder einer Erfahrung bewußt werden, für die die Gesellschaft, in der man lebt, keinen Begriff kennt. Auch fällt man mit der Zeit vielleicht so vollständig auf die gesellschaftlich genormte Definition einer Sache oder Erfahrung herein, daß man sie im Moment der eigentlichen Erfahrung kaum mehr unverstellt wahrnehmen kann. Man sieht eine kleine Pflanze, erkennt in ihr ein Unkraut, reagiert deswegen mit einer negativen oder indifferenten Gefühlsfärbung und macht sich deswegen gar nicht erst die Mühe, ihren ganzen Formenreichtum zu beachten oder sich mit dem Mysterium ihrer Existenz zu befassen. Diese Gefahr der Abtötung der Erfahrung ist in jedem Vorgang der Verbegrifflichung vorhanden, und trotzdem ist dieser Prozeß für unser Zurechtkommen in dieser Welt sehr wichtig.

Don Juan, der alte Krieger aus Carlos Castanedas Büchern, spricht offensichtlich von demselben geistigen Vorgang, wenn er den *Tonal* als »Baumeister der Welt« bezeichnet, dessen schwere Aufgabe es ist, Ordnung in das Chaos der Welt zu bringen. Aber Don Juan warnt auch vor dem *Tonal,* der zwar unser Überleben in der Welt ermöglicht, der sich gleichzeitig jedoch leicht von einem großzügigen Helfer in einen kleinlichen und despotischen Aufpasser verwandelt.

In der *Girlande reinen Wissens*, einem tibetischen Text aus dem achtzehnten Jahrhundert, heißt es, unser begriffliches Denken habe genau die Reichweite, die wir selbst ihm geben: ganz auf die kleinen Freuden oder üblichen Vorstellungen begrenzt, auf einen ästhetischen und philosophischen Bezugsrahmen erweitert oder, noch umfassender, »weit und offen wie der unendliche Himmel«.[3]

Samjñā läßt sich, wie bereits der Prozeß der Gefühlsfärbung, am besten durch praktische Versuche begreifen: Versuchen Sie einmal, Ihrem Bewußtsein zu folgen, wenn es irgendein Objekt »aufschnappt«, und beobachten Sie, wie es einen Komplex von Begriffen um das herum aufbaut, dessen Sie sich bewußt werden. Sehen Sie genau zu, wie Ihr Denken verschiedene Stufen von Kompliziertheit durchläuft, wie es zum Beispiel von der Farbe eines bestimmten Objekts zu differenzierteren Unterscheidungen kommt. Versuchen Sie dies auch mit nicht »greifbaren« Dingen, wie Bildern, die zufällig in Ihrem Bewußtsein aufsteigen. Oder betrachten Sie eine Person, stellen Sie fest, wie Sie diese Person benennen und einordnen, und vergessen Sie dann Namen und Einordnung, versuchen Sie einmal, dieselbe Person ganz anders zu erfahren.

4. Cetanā

Wenn Sie obiges Experiment durchgeführt haben und bewußt von einem Sinneseindruck zum nächsten übergegangen sind, dann haben Sie auch einen weiteren allgegenwärtigen Geistesfaktor angewendet, *Cetanā*, gewöhnlich als »Wille« übersetzt. Damit ist nicht nur der Wille zum Handeln gemeint, sondern schon der dem Handeln vorausgehende Antrieb, die eigenen geistigen Prozesse um ein gegebenes Objekt herum zu organisieren. Die buddhistische Psychologie ist aktiv und dynamisch; sie betrachtet den Menschen nicht als passiven Empfänger und Verarbeiter von Sinneseindrücken.

Da die Buddhisten *Cetanā*, »Wille«, den allgegenwärtigen Geistesfaktoren zurechnen, betrachten sie es schon als eine *Handlung*, wenn unser Geist einem Objekt Aufmerksamkeit widmet und Gedanken darauf verwendet. Man hat damit eine Entscheidung getroffen, wie unwesentlich sie auch sein mag, und es gibt Gründe für diese Entscheidung. Einige Übersetzer ziehen deswegen Begriffe wie »Motiv« oder »Antrieb« als Übersetzung für *Cetanā* vor. Sie wollen damit betonen, daß es nicht nur eine Art geistiger Reflex ist, wenn Sie sich dazu entscheiden, etwas zu beachten – es zu betrachten, mit einer Gefühlsfärbung darauf zu reagieren, es begrifflich einzuordnen –, sondern eine Tat, hinter der eine Absicht steht. Die Absicht kann alles mögliche sein: ein straff durchorganisiertes und diszipliniertes Vorgehen oder auch nur die bloße Begierde nach Sinnesreizen. Meist überwiegt das letztere. Bei den meisten von uns ist die *Cetanā*-Kraft außer Kontrolle – man kann auch von niemandem erwarten, etwas zu kontrollieren, von dessen Existenz er nicht einmal weiß – und taumelt wie betrunken von einem Objekt zum nächsten. Deshalb vergleichen die Buddhisten einen solchen Geist mit einem Affen, der ziel- und ruhelos durch die Bäume turnt – mal hierhin, mal dorthin.

In positiveren Umschreibungen der *Cetanā*-Kraft vergleichen die buddhistischen Gelehrten sie mit einem Vorarbeiter, der mit der Arbeit beginnt, bevor die anderen einsetzen, oder mit einem Heerführer, der an der Spitze seiner Soldaten in den Kampf zieht. Diese Gleichnisse charakterisieren *Cetanā* als eine Kraft des Bewußtseins, deren Funktion es ist, an einem Objekt festzuhalten und andere Kräfte des Bewußtseins zu mobilisieren.

Wenn Sie erkennen wollen, was *Cetanā* ist, versetzen Sie sich am besten in einen Zustand der Konzentration (oder Meditation) und beobachten Sie, was geschieht, wenn Sie abgelenkt werden. Das Bewußtsein wird plötzlich zu irgendeiner Vorstellung, dann zu dieser oder jener Erinnerung oder irgendeinem belanglosen Gedanken hingezogen. Bilder und Töne drängen sich Ihrem Bewußtsein auf, wie es scheint aus eigener Kraft. Aus buddhistischer Sicht ist das alles jedoch ein Spiel Ihrer *Cetanā*-Kraft. Sie lenken sich selbst ab.

5. Manaskāra

Als Gegengewicht gegen diese Tendenz verfügt Ihr Bewußtsein über eine Kraft, die man als *Manaskāra* bezeichnet. *Manaskāra* wird ganz verschieden übersetzt: »Aufmerksamkeit«, »Konzentration«, »Stabilität« oder auch »Wachheit«. Aufmerksamkeit hat in der buddhistischen Psychologie einen hohen Stellenwert, und das System des *Abhidharma* macht feine Unterscheidungen zwischen den verschiedenen Kräften, die dazu gehören, die Aufmerksamkeit auf etwas zu richten, und kennt verschiedene Bewußtseinszustände, bei denen der Aufmerksamkeit die Schlüsselstellung zukommt. *Samādhi* und *Prajñā* sind zwei weitere *Dharmas*, die mit Aufmerksamkeit in Zusammenhang stehen. *Samādhi* ist das versunkene Verweilen des Bewußtseins bei einem einzigen Objekt, *Prajñā* die Fähigkeit, in jeder Situation den klaren und untrüglichen Durchblick zu behalten. Diese beiden werden jedoch nicht zu den allgegenwärtigen Geistesfaktoren gezählt, und selbst *Manaskāra,* die einfachste, rudimentärste Form der Aufmerksamkeit, gehört in vielen *Abhidharma*-Texten nicht zu dieser Kategorie. Die buddhistische Psychologie ist sehr vorsichtig und hält Aufmerksamkeit nicht bei jedem Bewußtseinsprozeß für gegeben; sie hält die verschiedenen Arten von Aufmerksamkeit für temporäre Erscheinungen, die nur manchmal auftreten, für Kräfte, die man bewußt pflegen und entwickeln sollte.

Prajñā nimmt in der Skala buddhistischer Wertvorstellungen einen sehr hohen Rang ein und steht nur dem Mitgefühl an Wertschätzung nach. *Prajñā* ist zwar ein Geistesfaktor, hat jedoch einen besonderen Platz in der Liste der *Dharmas*. Es ist sozusagen der *Dharma*, dessen Aufgabe es ist, das Wirken der anderen *Dharmas* zu beobachten und zu verstehen. Seine Funktion wird nicht überall gleich definiert: In den eher auf Nüchternheit und Strenge bedachten Schulen des Buddhismus wird die unterscheidende Funktion von *Prajñā* betont: *Prajñā* ist, so sagen sie, die Fähigkeit, sich einer Erfahrung genau bewußt zu sein, genau zu wissen, welche Sinneswahrnehmung in jedem Augenblick aktiv ist, mit welchen Objekten man in Kontakt ist, welche Gefühlsfärbung diese Erfahrung hervorruft und welchen Sinn wir ihr beimessen, woher sie kam und wohin sie führt. In anderen Schriften wird *Prajñā* ein wenig anders verstanden; sie sehen darin mehr eine Art dankbar anerkennendes Gewahrsein. Ist diese Fähigkeit hoch entwickelt, dann wissen wir nicht nur um das Wesen unserer Erfahrung, sondern können sie außerdem noch in ihrer Einmaligkeit und Vergänglichkeit mit Freude genießen. *Prajñā* befähigt also dazu, das Leben klar und unverzerrt zu erfahren und uns gleichzeitig daran zu freuen.

Das Wort *Samādhi* wird häufig – und auch völlig zutreffend – dazu verwandt, einen Zustand tiefer Meditation zu beschreiben. Die *Samādhi*-Kraft kann jedoch auch dann wirksam sein, wenn man sich in einem Zustand voller und trotzdem entspannter Konzentration auf ein Objekt der Aufmerksamkeit befindet. Dies sind die Augenblicke künstlerischen Schaffens, produktiver Arbeit, Höhepunkte athletischen Wettstreits. Man gibt sich dabei ganz in sein Tun hinein; Handelnder und Handlung sind nicht mehr voneinander zu trennen. Wir alle haben bereits das Glück gehabt, Momente von *Samādhi* zu erfahren, und wir können ein sicheres Gefühl dafür entwickeln, was der Buddhismus unter Aufmerksamkeit versteht, wenn wir den Unterschied zwischen den Augenblicken mühelosen *Samādhis* und jener anderen uns vertrauten Art der Konzentration entdecken, bei der man sich mit aller Gewalt zwingt, bei der gerade vorliegenden Aufgabe zu bleiben. Was die Momente wahren *Samādhis* auszeichnet, das werden Sie dann bemerken, ist, daß alle fünf allgegenwärtigen Geistesfaktoren harmonisch zusammenwirken: 1. Sie sind in Kontakt mit dem, was Sie tun; 2. es ist von einer positiven Gefühlsfärbung begleitet; 3. Sie haben eine klare Vorstellung davon; 4. Sie sind mit einer gewissen Absichtlichkeit darauf ausgerichtet; und 5. Sie können Ihre Aufmerksamkeit darauf richten, ohne abgelenkt zu werden.

Sich intellektuell zu entwickeln, seinen Verstand zu entfalten, bedeutet für die buddhistische Psychologie, den »Affengeist« zu überwinden, der in uns allen vorhanden ist und dessen Vorherrschaft so typisch für den ungeschulten Geist ist. Die Buddhisten vergleichen das menschliche Dasein manchmal mit dem Los eines Mannes, der sich in der Wüste verirrt hat: Er irrt dahin und dorthin, rennt hinter Phantasiebildern und Fata Morganas her, legt sich immer neue Pläne zurecht, nur um sie ebenso schnell wieder zu verwerfen, und läuft dabei die ganze Zeit im Kreis herum. Eine Möglichkeit, aus solch einer verfahrenen Lage zu entkommen, besteht darin, sich auf Gedeih und Verderb einem Führer auszuliefern, wenn man ihn nur findet. Eine andere Möglichkeit ist, das Territorium kennenzulernen, ein mit allen Wassern gewaschener Wanderer zu werden, der die Wüste genauestens studiert und seine Sinne so weit geschärft hat, daß er auch die winzigen Hinweise und Ereignisse wahrnimmt, die dem konfusen Irrläufer entgehen.

Das gilt natürlich nicht nur für die Suche nach Erleuchtung, sondern auch für den Alltag. Wenn Sie so wollen, können Sie den Buddhismus auch aus der Sicht eines Dale Carnegie sehen, als ein System, Klarheit des Denkens und Willensstärke zu entwickeln, die Sie dazu befähigen, erfolgreich zu sein, reich und berühmt zu werden, oder Ihnen zu dem verhelfen, was Sie sonst noch in der Welt erreichen möchten. Die älteren buddhistischen Traditionen würden dies entschieden mißbilligen; nicht so die Tantriker. In der Sicht des *Tantra,* von dem der tibetische Buddhismus ganz und gar durchdrungen ist, ist eine Stärke eine Stärke. Ganz gleich, was man mit ihrer Entwicklung bezweckt, sie kann einem höheren Ziel nutzbar gemacht werden. Dieselben Geisteskräfte, die uns dabei helfen können, unser Selbstbild aufzublasen, können es auch transzendieren.

Die gesamte *Abhidharma*-Psychologie verfolgt nur ein Ziel: das menschliche Bewußtsein von der Illusion eines Ego zu befreien. Das gesamte System mit seiner präzisen und subtil differenzierten Terminologie der Geistesfaktoren ist eine Falle, in der sich das Ego verfangen soll. Es beweist, daß ein dauerhaftes Selbst nirgends zu finden ist, wenn man die Bewußtseinsabläufe nur gründlich genug erforscht. Es gibt nur Bewegung, die ewig wechselnden Muster der Bewußtseinsabläufe, den Fluß der *Dharmas.*

Die Lehre von den *Dharmas* ist damit mehr als nur ein psychologisches System, sie ist das Fundament der buddhistischen Weltsicht. Sie ist für den Buddhismus so wichtig wie die Gottesvorstellung für Islam, Judentum und Christentum. Die Weltsicht, die durch die Lehre von den *Dharmas* repräsentiert wird, ist von lebendiger Direktheit; jedes Phänomen, jeder Moment ist eine einmalige Kombination von Geistesfaktoren, Elementen, die niemals wieder in genau derselben Weise zusammenkommen werden. Das trifft auf die Welt, die wir erfahren, genauso zu wie auf uns selbst. Aus dieser Sicht ist die Frage, welche Person man darstellt, nicht mehr so wichtig. Wichtiger ist die Frage: Was bin ich und wie bin ich in diesem Augenblick? Die *Dharma*-Sprache ersetzt die Sprache des Ich.

Obwohl die Entwicklung des *Abhidharma*-Systems eine gewaltige Anstrengung darstellte, das Bewußtsein des Menschen aus seinen eigenen Fallstricken zu befreien, meinten die ersten Vertreter der neuen Richtung, die sich später zum *Mahāyāna*-Buddhismus weiterentwickelte, auch die Lehre von den *Dharmas* begrenze die Erfahrungsmöglichkeiten, da sie die Erfahrung auf die Kombination einer bestimmten Anzahl von Geistesfaktoren reduziere.

Die *Hīnayāna*-Philosophen hatten das Ego als Illusion entlarvt, das *Mahāyāna* ging noch einen Schritt weiter und erklärte die *Dharmas* ebenfalls für illusionär; sie seien nur ein weiterer Versuch, das Unbegreifliche zu begreifen. Die *Dharmas* wurden durch die Lehre von *Shūnyatā* relativiert; alles, so hieß es nun, ist leer, nicht wißbar, unaussprechlich, geheimnisvoll.

Diese Aussagen fanden in einer der klassischen *Mahāyāna*-Schriften, dem *Prajñā-Pāramitā-Hridaya-Sūtra*, dem Herzstück des großen Weisheits-*Sūtra*, Ausdruck: »Form ist Leere, Leere ist Form. Leere ist nicht verschieden von Form, Form nicht verschieden von Leere. Was immer Form ist, ist Leere; was immer Leere ist, ist Form. Ebenso ist es mit Gefühlen, Wahrnehmungen, Antrieben und Bewußtsein. Alle *Dharmas* sind charakterisiert durch Leerheit. Sie sind weder erzeugt, noch vergehen sie, sie sind nicht befleckt und nicht rein, nicht fehlerhaft und nicht vollkommen.«[4]

Obwohl mehrere *Mahāyāna*-Schulen, insbesondere das *Zen*, nicht mehr auf die *Abhidharma*-Psychologie als Mittel der Selbsterforschung zurückgreifen, blieb es doch in Indien ein wichtiger Bestandteil der Hauptströmungen des Buddhismus. Die tibetischen Lehrer schätzen das System der *Dharmas* immer noch sehr hoch ein, und es wird bei der Schulung häufig verwandt. Die *Dharmas* verloren zwar ihren Status als die letzten Bausteine und die absolute Wirklichkeit des Universums, sie blieben jedoch ein wichtiges Werkzeug der Selbsterforschung.

Für einen Menschen aus dem Westen mag dies schwer verständlich sein, aber es ist typisch für das buddhistische Denken, daß es größeren Wert auf die Nützlichkeit einer Idee legt, als darauf, ob sie nun eine absolute Wahrheit darstellt. Da alle Wahrheiten Manifestationen des Bewußtseins sind, ist ihr Wert für eine konkrete Person in einem bestimmten Augenblick ihrer Entwicklung das einzige Bewertungskriterium. Man benutzt die *Dharmas* wie eine Leiter, um damit zu einem anderen Ort zu gelangen; ist man schließlich dort angekommen, kann man die Leiter zurücklassen und sieht vielleicht sogar, daß sie von Anfang an entbehrlich war.

Das ist für uns wahrscheinlich die vorteilhafteste Einstellung zum *Abhidharma*. Man sollte die darin enthaltenen Lehren als praktisch und nützlich betrachten, weniger als absolute Wahrheit. Sie sind eine exakte und einsichtsvolle Beschreibung von Bewußt-

seinsfunktionen und darauf abgestimmt, einer anhaltenden Selbst-
analyse und Selbstbefragung dienlich zu sein.

Das klingt sehr nach Psychotherapie, und eine sorgfältige Be-
standsaufnahme der Inhalte des Bewußtseins mit Hilfe des Systems der Geistesfaktoren hat sicherlich einen vergleichbaren Stellenwert und eine ähnliche Funktion. Der Buddhismus kennt keine
scharfe Trennung zwischen Therapie und Religion; der geistige
Weg besteht auch darin, seine emotionalen Schwierigkeiten zu
überwinden; Gesundheit ist die Voraussetzung für die Erleuchtung.

Die therapeutische Kraft einer entwickelten Selbstbeobach-
tungsgabe liegt darin, daß viele emotionale Probleme im Grunde
durch ein falsches Bild entstehen, das wir uns vorsätzlich von
unserer Erfahrung machen. In unserem verzweifelten Kampf ums
Überleben und um unser Glück versuchen wir immer und immer
wieder dieselbe Kombination von Umständen herbeizuführen, unter denen wir irgendwann einmal ein lebhaftes Glücksgefühl erfahren durften. Aber diese Situation ist unwiederbringlich, und wir
verlieren den Kontakt zu der Wirklichkeit des gegebenen Augenblicks, indem wir starrsinnig an einer illusionären Vorstellung
festhalten. Wie das Ego vergeblich versucht, den Wind mit einem
Seil festzubinden, um das sich seinem Wesen nach ständig Wan-
delnde festzuhalten und dauerhaft zu machen, so entstehen unsere
emotionalen Probleme aus dem Versuch, unsere Erfahrung auf
starre und überschaubare Programme festzulegen. Das Bewußtsein fängt an, dem verrückten Computer Hal in dem Film *2001,
Odyssee im Weltraum* zu ähneln, der seine Mission im All, für die
er eigentlich geschaffen worden war, schließlich völlig sabotierte.

Wenn Sie lernen, das Bewußtsein bei seiner Arbeit zu beobachten und zu erkennen, welche festgefahrenen Vorstellungen Sie darüber haben, wer Sie sind, was Sie zu tun haben, um glücklich zu
werden, wie alles sein muß, was alles Schreckliches passieren kann,
wenn man sich so-und-so verhält, dann können Sie Ihre Einsichten
in dem Licht der tatsächlichen Erfahrung kritisch betrachten. Und
oft werden Sie dabei entdecken, daß viele dieser Einsichten nur
Einbildungen sind, fadenscheinige Phantasien, die keinerlei Bezug
zu dem haben, was Sie momentan wirklich fühlen und erfahren.
Bei jeder Entdeckung dieser Art werden die Pforten der Wahrneh-

mung gereinigt, und Sie erwachen zur Frische und zum Reichtum der Gegenwart.

Ich kenne einen amerikanischen Psychologen, der eine ganz einfache Übung zu dieser Problematik gefunden hat. Er rät, allen Behauptungen darüber, wer man ist, welche Persönlichkeit man hat, was man glaubt, was man mag oder nicht mag und was man nicht kann, die Wörter »bis jetzt« hinzuzufügen. Zu dieser Übung muß man weder Teile von sich ableugnen, noch sich bewußt ändern; sie hilft uns jedoch, uns auf die gegenwärtige Erfahrung zu besinnen und das Bild, das wir von uns selbst haben, im Lichte dieser Erfahrung zu betrachten – dieses Vorgehen ist einfach ein Trick.

Viele Europäer und Amerikaner scheinen die Ansicht zu teilen, der Buddhismus halte das Ich für etwas Böses, das man vernichten müsse. Das ist nicht ganz richtig. Grundlage des Buddhismus ist die Einsicht, daß das Ich eine Einbildung ist, eine Lüge, mit der wir uns selbst belügen, und daß die Wahrheit entdeckt werden kann. Der Buddhismus rät niemandem, grundsätzlich auf weltliches Glück zu verzichten, er empfiehlt uns jedoch, genau darauf zu achten, wie wir uns selbst elend und unglücklich machen. Er sagt, das Hauptproblem liege in einer falschen Identität: Man geht durchs Leben und hängt dabei an seinen billigen, entstellenden und verbrauchten Vorstellungen von sich selbst, und dabei ist das, was man tatsächlich ist, groß, unendlich und geheimnisvoll. Die Ich-Verblendung ist machtvoll und trotzdem verwundbar; dem scharfen Blick der Selbsterforschung hält sie nicht stand.

Man kann sich durch Meditation aber auch bei seinen alltäglichen Tätigkeiten selbst erforschen. Die Meditation – still sitzen, das Bewußtsein zur Ruhe kommen lassen, es beobachten – ermöglicht einen gewissen Grad der Konzentriertheit und der Befreiung von äußeren Ablenkungen. Sie werden noch früh genug bemerken, daß es auch in der Meditation immer noch genug Ablenkungen gibt. Es ist nicht so einfach, wie es klingt. Wenn Sie sich darum bemühen, Ihr Bewußtsein auf irgend etwas zu richten, dann werden Sie schnell entdecken, daß Ihre Aufmerksamkeit immer wieder abschweift. Sie lernen jedoch, es immer wieder behutsam zum Objekt der Meditation zurückzuführen. Versuchen Sie, einen Gedanken zu beobachten, dann erfahren Sie sich anfangs zumeist als

Beobachter – und dann schweifen die Gedanken ab; *sind* Sie jedoch der Gedanke, dann ist der Beobachter verlorengegangen.

Ich hörte einmal, wie ein buddhistischer Lehrer das Bewußtsein mit einem Vogelschwarm verglich. Es ist ein gutes Beispiel für die *Abhidharma*-Sicht des Denkens: ein Vogelschwarm, der sich als Einheit durch die Lüfte bewegt, dabei jedoch hierhin und dorthin schießt, dauernd Form und Richtung ändert. Er führte dieses Bild noch näher aus und schloß dann den Beobachter auf dem Boden mit ein, der den Schwarm mit seinen Augen verfolgt. Wenn wir mit der Selbstbeobachtung beginnen, dann springt das Bewußtsein vor und zurück, hin und her: Mal siehst du es, mal siehst du's nicht. Manchmal sind wir der Beobachter und manchmal der Vogelschwarm. Es geht darum zu lernen, beides gleichzeitig zu sein. Damit entwickeln wir *Prajñā*, manchmal auch als »Kraft gleichzeitiger Bewußtheit« definiert.

Das *Abhidharma*-System ist eine Kiste mit Werkzeugen zur Selbsterforschung. Wir haben in diesem Kapitel einige Werkzeuge kennengelernt; später, wenn wir über Emotionen und höhere Bewußtseinsstufen sprechen, werden wir andere kennenlernen. Ich glaube nicht, daß das gesamte System den Sprung in den Westen unbeschadet überleben wird; es wird sich mit Sicherheit verändern. Momentan jedoch experimentieren viele Schüler mit diesem System und übernehmen Teile davon. Einige lernen sogar Sanskrit oder Tibetisch, um die tiefere Bedeutung der verschiedenen Begriffe zu begreifen.

Wollen Sie wirkungsvoll mit der Psychologie des *Abhidharma* arbeiten, dann ist ein Übungsprogramm, bei dem Selbsterforschung und Studium des Systems Hand in Hand gehen, zu empfehlen. Das ist nicht ganz einfach, denn einige Teilbereiche dieses Systems sind nur schwer zu verstehen, und die in westlichen Sprachen vorhandene Literatur ergeht sich oft in kleinlichen philologischen Zänkereien darüber, wie ein bestimmter Begriff aufzufassen ist. Man wird dadurch leicht verwirrt und kann deswegen nicht mehr praktisch mit dem System arbeiten. Diese Klippe läßt sich nur umschiffen, wenn man nahe bei der eigenen Erfahrung bleibt. Die persönliche Erfahrung ihrer Erfinder war das Rohmaterial der *Abhidharma*-Psychologie; über die Jahrhunderte wurde daraus schließlich durch inneres Suchen, gemeinsame Anstrengung und intellektuelle Auseinandersetzung ein System, das als Bewußtseinslehre Allgemeingültigkeit erlangte. Die Begriffe dieses Systems bildeten den zur Verständigung über die Selbsterforschung notwendigen Wortschatz.

Die Anthropologen haben entdeckt, daß alle Gesellschaften für Ereignisse und Dinge, die ihnen besonders wichtig sind, ein besonders differenziertes Vokabular entwickeln. Die Bewohner der Trobriand-Inseln kennen erstaunlich viele Wörter für die Yams-Wurzel, die allen ihren Wachstumsstadien und Verwendungsmöglichkeiten Rechnung tragen; die Eskimos kennen zahllose Wörter für Schnee. Wenn wir die Eskimowörter in unsere Sprache übersetzen wollen, müssen wir improvisieren und unser Heil in Wortkombinationen suchen: »kalter Schnee«, »blau-weißer Schnee«, »nasser Schnee« . . . Alle diese Wortkombinationen geben den ursprünglichen Sinn des Wortes nur annähernd wieder. Natürlich könnte man sich nun an die Definitionen machen, philologische Auseinandersetzungen führen und sich den Kopf darüber zerbrechen, was die Eskimos wohl gemeint haben könnten. Wollen wir jedoch wirklich verstehen, dann brauchen wir nur nach draußen zu gehen und uns den Schnee genau anzusehen.

4. Vajrayāna: Das Diamant-Fahrzeug

Das *Vajrayāna*, die Hauptkraft der religiösen Strömungen Tibets, ist »tantrischer« Buddhismus. Dazu sind einige Erklärungen notwendig. Der Tantrismus ist eine sehr alte, weitgefächerte religiöse Bewegung, die gleichermaßen in Hinduismus und Buddhismus Eingang gefunden hat. Der Tantrismus stand ursprünglich außerhalb organisierter Religionsformen und wurde offiziell nicht als Heilsweg anerkannt. Tantrismus ist also nicht immer buddhistischer Tantrismus. Auch der Buddhismus ist eine weitgefächerte religiöse Bewegung, und so ist durchaus nicht aller Buddhismus tantrisch. Die *Hīnayāna*-Schulen lehnen tantrische Praktiken und Ideen entschieden ab, und auch das *Mahāyāna* ist dem *Tantra* nicht immer sonderlich gewogen. Im Gegensatz dazu haben die Anhänger des *Tantra* immer große Hochachtung vor den anderen Formen des Buddhismus bezeugt; das *Vajrayāna* setzt bei der Interpretation von *Hīnayāna*- und *Mahāyāna*-Gedankengut vielleicht etwas andere Akzente, es lehnt jedoch kaum etwas rundheraus ab. Die Tibeter scheinen eine besondere Vorliebe für Eklektizismus zu haben, und so haben sie sich von Anfang an darum bemüht, *jede* Form des Buddhismus kennenzulernen und zu studieren. Die tibetischen Klöster beherbergen deshalb riesige Bibliotheken mit Schriften aller philosophischen Schulen des Buddhismus.

Wie ich eingangs bereits erwähnte, wurden die meisten tibetischen Mönche dazu angehalten, in ihren jungen Jahren die klassischen Schriften des Buddhismus zu studieren und sich erst als Erwachsene mit tantrischem Wissensgut zu beschäftigen, da sie in reifem Alter weniger in Gefahr waren, es mißzuverstehen. Andere Mönche wurden, da man sie für eine Gelehrtenlaufbahn für ungeeignet hielt, als Maler ausgebildet oder als Musiker oder als Meister in tantrischen Ritualtänzen. Es gab auch Laien, die verheiratet waren und einer gewöhnlichen weltlichen Beschäftigung nachgingen. Sie übten, wann immer sie Zeit für Meditation und Studium hatten, und hielten sich in ihrem Sexualleben an tantrische Praktiken. Der Tantrismus durchdrang die gesamte tibetische Kultur, allerdings in einer gemäßigten Form.

In vielen anderen Teilen des Orients geriet die tantrische Tradition in Verruf. In einem indischen Drama aus dem zehnten Jahrhundert, dem *Rajasekhara*, besingt ein Tantriker seinen geistigen Weg:

> Schriften und Mantras, zur Hölle damit!
> Mein Lehrer entband mich vom Üben der Meditation.
> Mit Frauen und Wein, da geht es mir gut,
> Im Tanzschritt gehe ich den Weg zur Erlösung.
> Eine junge Dirne auf dem Altar mit mir,
> Ich esse Fleisch und nehme manchen starken Schluck.
> Mein Bett ein weiches, warmes Fell –
> Und alles ohne einen Pfennig Geld!
> Eine bessere Religion – wer könnte sie erdenken?[1]

In seiner extremsten Form, gewöhnlich mit gewissen Kulten in Bengalen in Verbindung gebracht, lehrte der Tantrismus, absichtlich gegen alle Regeln der Gesellschaft und des geistigen Lebens zu verstoßen. Der Sucher sollte sich jeden Genuß verschaffen, jedes erdenkliche Verbrechen begehen. Die Trennung zwischen esoterischem und exoterischem Bereich wird zum vollständigen Bruch; alles, was gesellschaftlich achtbar ist, wird verschmäht und verspottet. Alle Tabus gewöhnlicher Spiritualität stehen hoch im Kurs – Sex, Alkohol, Fleischgenuß und materieller Reichtum. Wenn diese Form des Tantrismus auch eine Randerscheinung ist – für den tibetischen Buddhismus ist sie sicherlich nicht typisch –, so gibt es doch auch bei den milderen Spielarten des Tantrismus die rituelle geschlechtliche Vereinigung.

Sex als Ritual – Atemübungen, Meditation und die verlängerte sexuelle Vereinigung, unter dem Sanskritwort *Maithuna* bekannt – ist im Orient seit langem bekannt und wird schon viele Jahrhunderte praktiziert. Natürlich ist das nicht der ganze Tantrismus, wie einige hierzulande meinen, aber doch ein wichtiger Bestandteil im hinduistischen und im buddhistischen *Tantra*. Der Tantrismus ist ein geistiger Weg, der die Sexualität von Anbeginn ernstgenommen und sie in seine Sicht des Universums integriert hat.

Natürlich kennen auch die westlichen Religionen erotische Symbole; sie sprechen jedoch keine so deutliche Sprache wie die künstlerischen Darstellungen des Tantrismus, in denen Gottheiten und große religiöse Lehrer häufig in sexueller Vereinigung mit ihrer Partnerin dargestellt werden. Auf einigen Bildern sieht man den Guru mit gekreuzten Beinen in Meditation sitzen, die Weisheitsgefährtin auf seinem Schoß, Auge in Auge, ihre Arme und Beine um seinen Körper geschlungen. Solche bildlichen Darstellungen lassen sich verschieden interpretieren: als getreue Wiedergabe eines tantrischen Rituals oder als Symbol dafür, daß der erleuchtete Mensch zugleich männlich und weiblich ist; die sexuellen Energien sind in ihm zu einer Einheit verschmolzen.

Wie alle Aspekte des *Tantra*, kann man auch das Thema Sexualität auf verschiedenen Ebenen verstehen. Man kann von dem Standpunkt ausgehen, daß alle Bereiche des Lebens heilig sind und daß tiefe erotische Liebe ähnlich wie eine tiefe religiöse Erfahrung das Bewußtsein für die Wunder und ehrfurchtgebietende Größe des Universums öffnet. Eine andere Betrachtungsweise, die das Geschehen beim Sexualakt in Übereinstimmung mit der buddhistischen Philosophie bringt, könnte die von vielen Menschen berichtete Erfahrung hervorheben, daß man dabei sein begrenztes Ich-Gefühl verliert, die Grenzen der Persönlichkeit transzendiert, so daß sich beide Partner als eins empfinden. Außerdem ist es eine Grundidee des *Tantra*, daß man sich aus seiner Verstrickung in eine Leidenschaft – in diesem Fall sexuelle Lust – am besten dadurch befreit, daß man sich in das Erwünschte hineingibt, anstatt es zu vermeiden. Ein tantrischer Text sagt dazu:

Wie man mit Wasser das Wasser herausspült, welches das Ohr verstopft, wie man mit einem Dorn einen Dorn entfernen kann, so können jene, die wissen wie, durch Leidenschaft alle Leidenschaft überwinden. Ein Wäscher entfernt den Schmutz in einem Kleidungsstück, indem er es mit schmutzigem Flußsand bearbeitet. Ein Weiser befreit sich durch Unreinheit von Unreinheit.[2]

Alle diese Ideen sind gültige Aspekte der tantrischen Überlieferungen. Am wichtigsten für ein Verständnis der Sexualphilosophie des *Tantra* ist jedoch die Vorstellung von den männlichen und weiblichen Energien. Diese Vorstellung tritt in mannigfaltiger Form in vielen östlichen Religionen und Philosophien auf. Man kann diese Polarität auch in andere Begriffspaare fassen: aktiv und passiv; positiv und negativ; solar und lunar. Zur Beruhigung all jener, die etwas gegen geschlechtliche Stereotypen haben und sich darüber aufregen könnten, wenn man ein Geschlecht mit »Aktivität« und das andere mit »Passivität« gleichsetzt, sei gesagt, daß die beiden Hauptrichtungen des *Tantra*, die hinduistische und die buddhistische, gerade in diesem Punkt Gegenteiliges behaupten. Die hinduistischen Tantriker setzen das dynamische Prinzip mit dem weiblichen gleich und das statische mit dem männlichen; für die Buddhisten ist es gerade umgekehrt. Die statische Energie entspricht dort solchen eher innerlichen Eigenschaften wie Weisheit und Erkenntnisfähigkeit, wohingegen die dynamische Seite mit mehr nach außen gerichteten Eigenschaften wie Mitgefühl und Kraft gleichzusetzen ist. Das diskursive Denken und Erkennen wird der dynamischen Energie zugeordnet, die intuitive Erkenntnis der statischen Energie. Dies mag uns an die relativ neue Entdeckung der unterschiedlichen Funktionen der beiden Gehirnhälften erinnern. Wie man die Gegensatzpaare auch beschreiben mag, höchstes Ziel des tantrischen Übungsweges ist die Vereinigung beider zu einer neuen Dimension.

Ein Axiom des buddhistischen Denkens, der östlichen Philosophie überhaupt, ist die Annahme, daß alles bereits sein Gegenteil in sich trägt; in jedem Menschen sind männliche *und* weibliche Energien enthalten. Einige tibetische Meditationslehrer vertreten den Standpunkt, daß zu einer Vereinigung dieser Energien eine konkrete Vereinigung von Mann und Frau im Sexualakt nicht notwendig ist, daß die geschlechtlichen Darstellungen in der Kunst des *Tantra* nur symbolischen Wert besitzen und das Ziel durch Yoga-Praktiken in strikter Zurückgezogenheit erreicht werden kann, ja sogar sollte. Obwohl es also ein Grundthema gibt, welches den gesamten Tantrismus durchzieht, wird es ganz verschieden interpretiert oder in die Praxis umgesetzt. *Tantra* kann den rituellen Sexualakt beinhalten, aber auch Keuschheit und einsame Meditation. Alle diese Pfade führen im *Tantra* zum selben Ziel. Man unterstellt der tantrischen Tradition außerdem, sie habe viel mit Okkultismus zu tun, und beurteilt sie deswegen negativ. Zum Tantrismus gehört vieles, was den gängigen westlichen Vorstellungen von Magie nahe kommt: Geheimlehren; Schriften in einer verschlüsselten Sprache; der Gebrauch von Talismanen und Zaubersprüchen, um Gottheiten herbeizurufen, übernatürliche Kräfte, die zum Guten oder zum Bösen verwandt werden können.

Ich glaube nicht, daß wir uns heute vorstellen können, was für einen Schlag es für viele europäische Intellektuelle am Ende des neunzehnten, Anfang des zwanzigsten Jahrhunderts bedeutete, bei ihrem Studium der historischen Entwicklung des Buddhismus auf die späten Formen dieser Lehre zu stoßen. Der Buddhismus, dieses »hehre« Lehrsystem, das seine ersten europäischen Anhänger und Verehrer für nicht mehr als einen vernünftigen, zweckmäßigen und in höchstem Maße moralischen Weg hielten, die rauhe Wirklichkeit des Lebens zu meistern, war hier scheinbar zum bloßen Aberglauben, ja zur Sittenlosigkeit herabgesunken. Das *Vajrayāna*, für die Tibeter Ausdruck einer evolutionären Höherentwicklung des Buddhismus, war in den Augen dieser europäischen Gelehrten eher eine Verfallserscheinung. Und es gibt sie immer noch, diese Gelehrten, die zwar den frühen Buddhismus, die *Sūtras* und den *Abhidharma* hoch verehren, die jedoch schon das *Mahāyāna* für ein Abgleiten in seichte Mystik halten, vom *Vajrayāna* ganz zu schweigen. Dort, so meinen sie, habe die edle Lehre des Buddhismus gänzlich vor den magischen Elementen der indischen Volksreligion und der Wildheit des tibetischen Schamanismus kapituliert.

Ich möchte hier nicht weiter auf diese Auseinandersetzung eingehen. Sie mögen mit der Art von Buddhismus glücklich werden, die Ihnen am meisten zusagt, und wenn Ihnen keine zusagt, dann lassen Sie es eben. Aber ich möchte noch etwas eingehender über den Tantrismus sprechen, damit Sie die Bedeutung ermessen können, die die tantrische Überlieferung und das *Vajrayāna* für den tibetischen Buddhismus haben.

Die Tibeter übersetzen das Sanskritwort *Tantra* mit *Gyud*, »Faden«. Die Symbolik des Fadens und des Webens taucht in vielen geistigen Traditionen des Ostens auf. In der Welt des Islam ist das Weben eine spirituelle Übung, und für die Sufis, die Mystiker des Islam, sind Teppiche eine wichtige Ausdrucksform der inneren Weisheit. Das Weben ist ein Symbol für die tiefe Verbundenheit, die trotz der verwirrenden Vielfalt des Kosmos zwischen allen Lebensformen besteht. Ein deutscher Buddhismusforscher, Helmuth von Glasenapp, faßte dies treffend zusammen. Er schrieb:

> Die eigentliche Grundlage der tantrischen Weltanschauung ist die intuitive Einsicht, daß das Universum mit der Totalität seiner Erscheinungen ein Ganzes bildet, in dem, da unsichtbare Fäden selbst das kleinste Ding mit dem ewigen Grund der Welt verbinden, das kleinste Element das größte beeinflussen kann.[3]

Die tantrische Philosophie verbindet sich harmonisch mit den Grundideen des Buddhismus – *Anātman* (Nicht-Selbst), *Samsāra/Nirvāna*, Befreiung durch Bewußtheit –, schmückt sie bunt aus und führt sie außerdem auf der Ebene eines komplizierten Symbolismus und einer differenzierten angewandten Psychologie weiter.

Der Mensch ist in tantrischer Sicht ein sich ständig erweiternder Kreis von Sinngebung, der ständig neue Verbindungen zu neuen Aspekten des Daseins knüpft. Der tantrische Weg des Buddhismus ist weniger ein Studienprogramm als vielmehr eine Reihe von Experimenten, durch die der Schüler verschiedene Lebensbereiche und Lebensmöglichkeiten kennenlernt. Wenn man auf diesem Weg vorankommen will, muß man große Anstrengungen und Risiken auf sich nehmen. Aus diesem Grund warnen die tantrischen Meister die experimentierfreudigen Abendländer oft davor, sich ohne Anleitung und Hilfe eines geeigneten Lehrers zu weit vorzuwagen.

Das *Vajrayāna* wird manchmal als der »Weg des Kriegers« bezeichnet, eine Terminologie, die uns an Carlos Castaneda erinnert. Das sollte nicht zu dem Mißverständnis führen, den tibetischen Buddhismus für besonders kriegerisch oder kämpferisch zu halten. Das *Vajrayāna* wird deshalb als »Weg des Kriegers« bezeichnet, weil es jede Sekunde des Lebens für etwas Kostbares hält: Jede Sekunde des Lebens können wir als Gelegenheit willkommen heißen, auf dem Pfad voranzuschreiten; jeder Aspekt menschlichen Verhaltens ist heilig, bedeutungsvoll und enthält ungeahnte Möglichkeiten. Man benötigt die dauernde Bereitschaft eines Kriegers, dauernde Aufmerksamkeit, wenn man diese Möglichkeiten nutzen will. Zu Zeiten wird es notwendig sein, Aspekte des Lebens zu berühren, die der religiöse Sucher gewöhnlich aus Angst vor der Gefahr meidet, ohne sich von ihnen einfangen zu lassen. Der Weg des *Tantra* erfordert eine Art »geistigen Stierkämpfer«; man muß dabei absichtlich gewisse Risiken eingehen.

Dem Körper fällt im *Vajrayāna* eine wichtige Rolle zu. »Der Tantrismus«, so schreibt ein indischer Buddhismusforscher, »legt Wert auf die Feststellung, daß die Wahrheit im Körper beschlossen liegt . . . mit anderen Worten, der Körper ist für den Menschen das sicherste Mittel, diese Wahrheit zu verwirklichen.«[4] Allerdings wird auf dem Weg des *Vajrayāna* niemals *nur* mit dem Körper gearbeitet; aus buddhistischer Sicht gibt es ohnehin nicht so etwas wie einen »ausschließlich physischen Akt«. Die Übungen sind integrativ; immer gehören Körper, Geist und, als drittes Element, die »Rede« dazu. Die buddhistischen Texte sprechen manchmal vom »kostbaren Menschenkörper«, was ein Ausdruck der buddhistischen Vorstellung von der kosmischen Bedeutsamkeit des menschlichen Lebens ist – das Leben in einem menschlichen Körper ist eine einzigartige und wertvolle Gelegenheit, die man nicht nutzlos verschwenden sollte.

Die Wichtigkeit des Körpers wird im *Vajrayāna* auch deshalb so betont, weil der tibetische Buddhismus davon ausgeht, daß Erleuchtung – oder lassen Sie es uns meinetwegen auch »höheres Bewußtsein« oder »umfassenderes Erfahren des Lebens« nennen – niemals von außen kommt. Alles ist im Körper/Bewußtsein vorhanden; der Pfad besteht nicht darin, etwas zu erlangen, was man noch nicht hat, sondern vielmehr in einer Erforschung und Entdeckung des eigenen Seins. »Das Vajrayāna«, schreibt Longchenpa, ein tibetischer Meister des vierzehnten Jahrhunderts, »betont das Ziel, das jetzt schon immanent und in unserem Bewußtsein ist.«[5]

Obwohl das *Vajrayāna* ein anstrengender, fordernder Weg ist, hat es auch, betrachtet man es einmal aus einem anderen Blickwinkel, seine nachgebenden, annehmenden, fast schon taoistischen

Seiten. Das *Vajrayāna* lehrt uns, die Dinge sein zu lassen, wie sie sind – sei für das Leben und für alles in dir offen, hebe die Blockaden auf und laß die Wirklichkeit leicht durch dein bewußtes Gewahrsein fließen. Obwohl es möglicherweise harte Arbeit von uns fordert sowie unerschütterliche Konzentration und die Sammlung unserer Energien auf die gestellte Aufgabe, wird es uns ebenso raten, Konflikte mit uns selbst zu vermeiden. Wir haben es mit unserer menschlichen Natur zu tun, und wir können sie nicht einfach wie ein Boxer k.o. schlagen. Wir müssen lernen, mit unseren Energien zu fließen, wie ein Meister der ostasiatischen Kampfkünste.

Die Vorstellung, daß geistige Übung nicht gegen die menschliche Natur angehen sollte, ist vielen östlichen Traditionen gemeinsam, für das westliche Bewußtsein ist sie jedoch nur schwer zu verstehen. Die Schwierigkeit besteht nicht nur in der uns von der Kirche seit langem eingebläuten Vorstellung von der »Verderbtheit des Fleisches«; diese Vorstellung können wir relativ leicht verstehen, belächeln und schließlich als etwas beiseite legen, das wir nun endgültig überwunden haben. Das größere Problem ist der Glaube an unsere eigene Minderwertigkeit; wir alle hegen tief in uns die Befürchtung, daß von Geburt an irgend etwas mit uns nicht stimmt – daß wir irgendeinen Teil von uns eliminieren müssen. Dieser Irrtum kommt durch das egozentrierte *Samsāra*-Bewußtsein zustande, das nicht zwischen einem menschlichen Wesen und seinem künstlichen Selbstbild zu unterscheiden vermag.

In unserer nicht mehr religiös geprägten Alltagssprache kommt dieser Irrglaube in der Behauptung zum Ausdruck, der Mensch müsse seine »niederen Instinkte« durch seine höheren, meist »zivilisiert« genannten Fähigkeiten überwinden. In der Terminologie der Freudschen Psychologie ist dies der Kampf zwischen »Es« und »Über-Ich«, bei dem das Über-Ich, wie es Freud einmal erklärte, die Funktion einer prüden Oberschicht ausübt, die die animalischen und möglicherweise zerstörerischen Energien des Pöbels niederzuhalten hat. Diese schizophrene Haltung ist selbst – sogar sehr deutlich – in der Welle neuer Spiritualität enthalten, die zur Zeit die westlichen Länder überschwemmt. Oft ist dabei von einem Kampf zwischen dem höheren Bewußtsein und richtigen Denken des *new age* einerseits und dem von schlechten Gewohnheiten verdummten Normalbewußtsein andererseits die Rede. Durch welche dieser ideologischen Brillen wir das Ganze auch betrachten, immer gehen wir dabei von der Voraussetzung aus, Hauptcharakteristikum des menschlichen Lebens – insbesondere des geistigen Wachstums und der persönlichen Reifung – sei Konflikt und Kampf. Der Buddhismus sagt, daß dies nicht notwendigerweise so sein muß. Auch wenn wir gewisse Gewohnheiten haben, die unsere Entwicklung untergraben, so müssen wir doch nicht unser eigener Feind werden, um von diesen Gewohnheiten loszukommen. Die menschliche Natur ist auf unserer Seite. Die gesamte Natur ist auf unserer Seite.

Betrachten wir einmal, wie der tibetische Buddhismus mit Problemen umgeht, die unter Kontrolle zu bringen unserer Gesellschaft so schwer fällt – zum Beispiel Drogen- oder Alkoholmißbrauch oder sexuelles Fehlverhalten. Der tantrische Weg bietet drei Möglichkeiten an, mit unerwünschten Verhaltensmustern umzugehen. Man bezeichnet sie als »Bezwingen«, »Veredeln« und »Zulassen«.

»Bezwingen« ist die »harte« Methode der Entziehungskur. In einigen Fällen (wie dem Rauchen) muß das Problem durch einen Willensakt aus der Welt geschafft werden. Man beseitigt sozusagen Unkraut und Wildwuchs, so daß die Pflanzen wieder atmen und sich frei entfalten können – aber nur wenn man die nötige Willenskraft aufbringt. Vielleicht klappt es gar nicht, und vielleicht verursacht diese Art der Therapie auch schlimmere Schwierigkeiten als das »Problem« selbst. Die Schwierigkeit, wie es auch westliche Therapeuten schon entdeckt haben, besteht vielleicht darin, daß das Problem tiefe Wurzeln hat und ihm deswegen durch die Beseitigung des Symptoms nicht beizukommen ist. Und vielleicht ist das »Problem«, wenn man es von einer anderen Warte aus betrachtet, gar kein Problem. Das Vorgehen des *Vajrayāna* unterscheidet sich sehr von dem verhaltenstherapeutischen Irrsinn, jeden persönlichen Ausdruck und jedes abweichende Verhalten zu amputieren, das den Ansprüchen der Gesellschaft nicht entspricht. Das *Vajrayāna* zieht andere Methoden vor.

»Veredeln« kann einfach darin bestehen, die Energie des emotionalen Antriebs von einem Objekt abzuziehen und sie auf sinnvollere Objekte zu lenken. Dieser Vorgang erinnert sehr an das, was wir unter »Sublimierung« verstehen, wenn zum Beispiel zurückgehaltene Sexualenergie in künstlerische Kreativität umgewandelt wird. Zum »Veredeln« gehört auch die Anwendung einer komplizierten und speziell tantrischen Technik, Bilder zu »visualisieren«, sie deutlich vor dem inneren Augen zu sehen, in die hinein die Gefühlsenergien dann kanalisiert werden können. Diese Übung gehört zu den schwerer verständlichen und vielschichtigeren Aspekten der buddhistischen psychologischen Techniken; sie ist nur im Rahmen der buddhistischen Auffassung von Wesen und Art der Begierde verständlich.

Der Buddhismus betont durchweg, daß Begierde sich aus drei Komponenten zusammensetzt: geistig-seelische Disposition; Neigung oder Absicht; und aktive Teilnahme. Wenn Sie sich etwas wirklich wünschen, richten Sie einen Großteil Ihrer Energien darauf; in gewisser Hinsicht schaffen Sie selbst das Bedürfnis und projizieren Ihren Wunsch auf ein Objekt Ihrer Wahl. Der Buddhismus leugnet nicht, daß es Grundbedürfnisse gibt, die man befriedigen muß; er sagt jedoch, daß kein Wunsch, keine Begierde rein physisch ist. Ohne das Zutun des Bewußtseins entsteht im Menschen keine Begierde. Hunger und sexuelles Verlangen zum Beispiel sind komplexe Produkte unseres Geistes, auf deren Hervorbringung gesellschaftliche Wertvorstellungen, unser jeweiliges Selbstbild und andere abstrakte Komponenten prägenden Einfluß haben. Mit Hilfe buddhistischer Achtsamkeitsübungen können wir außerdem feststellen, daß die Entscheidung, ob wir unsere Aufmerksamkeit auf ein Wunschobjekt richten und darauf fixieren, uns jederzeit selbst überlassen ist. Der Buddhismus kolportiert nicht das Bild vom »Gefangenen der Leidenschaften«, das in der westlichen romantischen Tradition so beliebt ist; er lehrt vielmehr, daß sich jeder sein Gefängnis selbst baut, sein eigener Kerkermeister, Wächter und Torhüter ist.

Da er sich dessen bewußt ist, daß sein ego-zentriertes und niemals zufriedenzustellendes samsarisches Bewußtsein daran beteiligt ist, das ganze Drum und Dran von Wünschen und Wunschobjekten hervorzubringen, wendet der Schüler des Tantra also einen jener psychologischen Tricks an, die für den tibetischen Buddhismus so typisch sind: Er (oder sie) visualisiert vor seinem inneren Auge ein Bild, in das er die emotionale Energie investiert, die zuvor das unliebsame Verhaltensmuster aufrecht erhielt; die Energien des Bewußtseins werden von einem Objekt abgezogen und auf ein anderes Objekt übertragen. Das visualisierte Bild wird mit den Jahren der Übung sehr lebendig; es kann das Bild einer traumhaft schönen Frau sein, wenn sexuelle Wünsche das Hauptproblem sind; es kann auch eine rasende, wilde Gottheit sein, will man aggressiven Tendenzen die Wucht nehmen. Die tibetische Kunst ist reich an solchen Bildern, und obwohl ich keinem daran interessierten Abendländer davon abraten will, sie als Kunstwerke zu betrachten, würde ich doch nicht raten, sie zur Meditationspraxis zu verwenden. Sie sind Produkte der tibetischen Kultur, und ich bezweifle sehr, daß es einem Mann unserer Zeit gelingen wird, seine ganze Lust auf eine jener exotisch bunten Damen zu projizieren, die auf den tibetischen Rollbildern in den Wolken schweben, oder daß es ihn zufriedenstellt, seinen im Büro aufgestauten Ärger in das Bild eines mittelalterlichen orientalischen Kriegsgottes abzulassen.

Wie dem auch sei, das visualisierte Bild ist nicht Selbstzweck der »Veredelung«; es ist nur die Vorbereitung des nächsten Schrittes. Ist die Visualisierung klar und in allen Einzelheiten aufgebaut, und hat man die emotionalen Energien in dieses Bild projiziert, dann sollte man die Energie, die man dadurch gezähmt hat, nochmals weiterleiten, um sie voll auf das wesentliche Ziel des menschlichen Lebens zu richten. Die Libido bzw. Sexualenergie fließt dem Streben nach vollständiger Befreiung zu; die Energie, die ehemals in Zorn und Haß gebunden war, wendet sich nun gegen alle Hindernisse auf dem Weg. Es ist ein Hauptprinzip des *Vajrayāna*, keine Emotion zu unterdrücken oder aus dem Bewußtsein zu verdrängen, sondern alle darin beschlossenen Energien früher oder später höheren Lebenszielen dienstbar zu machen. Dies wird erreicht durch den Prozeß des »Veredelns«.

»Zulassen«, die dritte Strategie, führt zu Praktiken wie dem ritualisierten Sex, mit dem man den Tantrismus manchmal fälschlicherweise gleichsetzt. »Zulassen« hat etwas mit Achtsamkeit zu tun, damit, immer bewußt zu sein.

Achtsamkeitsübungen, die von Anbeginn das Herz des Buddhismus waren, zeigen uns etwas, das schon viele von uns unabhängig vom Buddhismus entdeckt haben, nämlich daß das Ergebnis unseres unablässigen Strebens nach Befriedigung der Sinneslust – dem Vergnügen, das wir uns mit aller Kraft gönnen wollen, der Ekstase, die wir gern noch einmal erleben würden – oft recht fade schmeckt, wenn nicht gar unangenehm oder eklig. Wir wissen, daß es dem zwanghaften Esser keinen Spaß macht zu essen; die besten Speisen wandern vom Teller fast ohne Zwischenstation im Mund, wo man sie schmecken und genießen könnte, direkt in den Magen. Wir sehen, wie sich ein Alkoholiker, in dem Verlangen, eine einmal erlebte trunkene Glückseligkeit zu wiederholen, ins Elend säuft. Wir müssen beobachten, wie unser Sexualleben hauptsächlich aus Einbildungen, Erwartungen, Rationalisierungen, falschen Selbsteinschätzungen und herben Enttäuschungen besteht. All dies geschieht nur, weil wir *nicht* hier sind, weil wir uns im Moment des Geschehens des Geschehens selbst gar nicht bewußt sind und weil wir es überhaupt für möglich halten, daß sich eine Erfahrung wieder-erleben ließe, eine Annahme, die der Glaube an ein dauerhaftes Selbst nach sich zieht.

»Zulassen«, das einfachste Rezept, das der Tantrismus dagegen kennt, sähe auf seine einfachste Form gebracht etwa so aus: »Wenn du denkst, du mußt, dann mach', was du willst, gesetzt den Fall, du verletzt damit keinen anderen. Aber sei aufmerksam; sei dir bewußt, was in deinem Körper und in deinem Bewußtsein passiert und wie es sich wirklich anfühlt. Vergiß niemals, daß sich alles wandelt. Du bist nicht derselbe, der du gestern oder gar vor einem Jahr warst. Bleib' locker und beobachte die Wirklichkeit ohne Voreingenommenheit. Freue dich über jede Erfahrung, so wie sie ist, und glaube nicht, sie müsse deinen Vorstellungen entsprechen. Heiße Überraschungen willkommen und sei nicht gierig.«

Das sind ganz elementare Ratschläge, die auch ein Nichtbuddhist verstehen und in seinem Leben erproben kann. Die überlieferten tantrischen Rituale, mit denen dieses »Zulassen« geübt werden soll, sind wesentlich »exotischer«, aber auch sie sind im Prinzip nur Ausdruck der *Vajrayāna*-Haltung zum Leben, die auf Bewußtheit beruht und alle Dinge als heilig ansieht. Ein Ritual ist in erster Linie eine Übung in Achtsamkeit; es stellt eine Möglichkeit dar, die Aufmerksamkeit voll und ganz auf das zu richten, was man gerade tut. Der Tagesablauf eines tibetischen Buddhisten – ganz gleich ob Mönch oder Laie – wurde hauptsächlich von Ritualen bestimmt. Für den Übenden auf dem *Vajrayāna*-Weg kann jede Handlung – zu Bett gehen, aufwachen, essen, ja sogar sich entleeren – durch ein Ritual auf eine Ebene höheren Bewußtseins gehoben werden.

Man sehe sich nur einmal den Ablauf einer Mahlzeit in einem buddhistischen Meditationszentrum an. Jede Mahlzeit gewinnt durch einfache Rituale an Bedeutung: Man singt gemeinsam ein *Mantra* und ißt schweigend. Man setzt sich gemeinsam und erhebt sich gemeinsam. Das ist alles nicht sehr kompliziert, die Mahlzeit erhält jedoch durch diese einfachen Rituale einen Rahmen, und damit richtet sich die Aufmerksamkeit ganz natürlich auf den Ort des Geschehens und das, was dort geschieht. Man ißt und tut dabei nichts anderes. Wie anders fühlt sich das doch an, als auf der Autobahn beim Fahren ein Brötchen zu verschlingen, das Radio dabei auf volle Lautstärke aufgedreht.

Ein Ritual kann eine Achtsamkeitsübung sein, kann sich jedoch auch in das Gegenteil verkehren. Das hängt davon ab, wie man sich als Beteiligter dazu stellt und welcher Tradition das Ritual entstammt. Wir alle wissen, was es heißt, leeren Zeremonien beizuwohnen, die weder einen Sinn haben, noch uns in irgendeiner Weise gefühlsmäßig berühren. Der tantrische Buddhismus hat zwar nichts dagegen einzuwenden, wenn Leute an gewissen Ritualen teilnehmen, die sie (noch) nicht verstehen; die fortgeschrittenen Übungen des *Vajrayāna* sind jedoch nur dann wirkungsvoll, wenn man sie auf allen Ebenen ihrer Bedeutung begreift und nachvollziehen kann.

Auf dem Diamantweg werden zur Erforschung der menschlichen Existenz alle Kräfte des Körpers und des Bewußtseins mobilisiert. Dies ist ein Unternehmen, das in seiner Kompliziertheit der Konstruktion einer Weltraumrakete und der Entwicklung des richtigen Treibstoffgemischs vergleichbar ist. Die *Vajrayāna*-Lehren unterscheiden sich davon jedoch insofern, als sie die Wichtigkeit der inneren Einstellung und des begleitenden Gefühls unterstreichen; Leben und Wachstum eines menschlichen Wesens sind Gegenstand der Lehren des Diamantweges, nicht das unpersönliche Rattern irgendeiner Maschinerie. Auch das *Vajrayāna* betont die alten buddhistischen Grundwerte der Ichlosigkeit und des Mitgefühls; es verlangt außerdem, für das Leben offen zu sein, Toleranz und ein ausgewogenes Verhältnis zwischen Selbstvertrauen und Demut. Buddhistische Moral betrachtet – wie die christliche – den Stolz als Untugend; der Diamantweg hält jedoch sehr viel von einer besonderen Art von Stolz, dem »*Vajra*-Stolz«. *Vajra*-Stolz ist nicht der Stolz des kleinen Ich, sondern eine tiefe Scheu und Hochachtung vor der unermeßlichen evolutionären Kraft, die sich durch das menschliche Leben selbst offenbart. Ein gewisses Selbstvertrauen ist also durchaus angemessen. »Das Universum«, sagt Tarthang Tulku, »ist zuversichtlich.«

Die richtige intellektuelle und emotionale Einstellung zur inneren Odyssee der Selbsterfahrung ist der erste Schritt auf dem Diamantweg. Der zweite Schritt besteht darin, die notwendige Sammlung und Geduld zu entwickeln, um die Technologie des *Vajrayāna* wirkungsvoll anwenden zu können, die ja nicht auf mechanischen Abläufen beruht.

Eine ihrer Techniken ist die Visualisierung, bei der man lernt, bestimmte Formen und Farben vor dem inneren Auge zu sehen. Wie andere Techniken des tibetischen Buddhismus, so bedient sich auch die Visualisierung nur bereits vorhandener natürlicher Fähigkeiten des Menschen. Uns ist allen die Fähigkeit zu bildlicher Vorstellung angeboren, wenn auch einige dafür mehr begabt sind als andere. Bildende Künstler, Designer oder Navigatoren brauchen für ihren Beruf ein gutes visuelles Vorstellungsvermögen. Trotzdem halten wir dieses visuelle Vorstellungsvermögen gemeinhin nicht für ein Tor zu neuen Dimensionen des Bewußtseins, noch wissen wir sehr viel über Techniken, die diese Fähigkeit entwickeln helfen könnten. Für das *Vajrayāna* ist eine Schulung in Visualisierung jedoch unerläßlich.

Wollen Sie Ihre Fähigkeit der Visualisierung entwickeln, dann können Sie mit einer ganz einfachen und angenehmen Übung beginnen. Sie schließen Ihre Augen und stellen sich eine weite Fläche einer angenehmen Farbe – zum Beispiel ein sattes Türkis – vor. Kämpfen Sie nicht mit sich selbst, wenn Sie feststellen, daß die Farbe manchmal völlig verblaßt und manchmal wieder stärker wird. Glauben Sie einfach an ihre Gegenwart und geben sich in die Erfahrung ihrer besänftigenden Kühle hinein.

Beim nächsten Übungsschritt gebraucht man als Hilfsmittel eine Zeichnung oder ein Bild des zu visualisierenden Symbols. (Spä-

Der tibetische Buchstabe Ah, *ein Symbol von* Shūnyatā, *der Leere.*

ter kommt man ohne solche Kunstgriffe aus.) Die Schüler am Nyingma Institute erhalten dafür eine kleine, etwa zehn Zentimeter breite Schwarzweißgraphik des tibetischen Buchstabens *Ah,* eines Symbols von *Shūnyatā.* Man soll täglich sechsmal etwa zwanzig Minuten damit üben, indem man dem Umriß des Buchstabens konzentriert im Uhrzeigersinn nachgeht. Nach zwei Tagen kann man sich dann auf das Gesamtbild konzentrieren. Nach etwa fünfzig Stunden dieser Übung sollte man sich den Buchstaben leicht mit geschlossenen Augen vorstellen können. Später wird man noch lernen, das Bild zu verkleinern und es in einer bestimmten Körperregion zu sehen.

Obwohl es Menschen gibt, die überhaupt nichts mit der Visualisierung anfangen können, entdecken die meisten, daß diese Übung Auswirkungen hat, die sich – ohne daß man gleich die Buddhaschaft erlangt – im täglichen Leben angenehm bemerkbar machen.

Visualisierung macht frisch und entspannt; noch interessanter ist für uns vielleicht, daß die durch Visualisierungsübungen erlangte Konzentrationsfähigkeit sich auch auf andere Tätigkeiten wie Studieren oder Golfspielen übertragen läßt. Zum weltlichen Erfolg gehört zumeist die Fähigkeit zur Konzentration; auch das nichtweltliche Ziel des Buddhismus wird weitgehend dadurch erlangt, daß man lernt, sich zu konzentrieren. Und aus der Sicht des *Vajrayāna* ist es durchaus in Ordnung, wenn man auf dem Weg zur Erleuchtung auch den weltlichen Erfolg anstrebt.

Die Meditation mit Hilfe des *Shūnyatā*-Symboles *Ah* ist ein sehr einfaches Beispiel für eine Visualisierung. Wer auf dem Weg des *Vajrayāna* fortschreitet, muß lernen, so komplizierte Bilder zu visualisieren wie die Gottheiten und *Mandalas,* die wir aus der tibetischen Kunst kennen. Diese Bilder müssen in allen Einzelheiten klar vor dem inneren Auge erscheinen.

Ferner muß der Schüler eine erhöhte Bewußtheit für bestimmte Körperzentren, die *Chakras,* entwickeln, eine Übung, die allen spirituellen Traditionen gemeinsam ist, wenn die verschiedenen Richtungen auch verschiedene Zentren betonen. Die Sufis zum Beispiel messen Nabel-, Herz- und Kopfzentrum besondere Bedeutung bei; deswegen die überall in der islamischen Welt verbreitete Geste, mit der Hand leicht an Kopf, Herz und Magen zu tippen und sie dann im weiten Bogen nach außen zu führen. Im Yoga kennt man sieben entlang der Wirbelsäule angeordnete Körperzentren und einige sekundäre Zentren. Das *Zen,* typisch für seine Einfachheit, arbeitet nur mit einem dieser Zentren; bei der *Zen*-Meditation lernt man, sich auf einen Punkt unterhalb des Nabels, das sogenannte *Hara,* zu konzentrieren. Bei den *Vajrayāna*-Übungen werden vier Körperzentren aktiviert: Nabelzentrum, Herzzentrum, Kehlzentrum und Kopfzentrum. In jedem dieser Zentren sind bestimmte Eigenschaften lokalisiert. Mitgefühl ordnet man gewöhnlich dem Herzzentrum zu, das Denken dem Kopfzentrum usw.

Diese Vorstellung ist uns nicht ganz fremd. Wir glauben ja auch daran, daß wir mit dem Kopf, dem Gehirn, denken, und neurologische Forschungen haben uns sogar so weit geführt, daß wir bestimmte Denkfunktionen in bestimmten Teilen des Gehirns lokalisieren können. Die Wissenschaft ist noch nicht so weit, die Gefühle im Herzen lokalisieren zu können; alle Volkslieder, Schlager und die Glückwunschkarten zu Verlobung und Hochzeit geben jedoch beredtes Zeugnis dafür, daß wir uns dieser Verbindung intuitiv sehr wohl bewußt sind. Ähnlich gibt es Hinweise auf die Bedeutung des Nabelzentrums, wenn wir davon sprechen, daß »Angst und Aufregung uns auf den Magen schlagen« oder daß jemand mehr »aus dem Bauch heraus« reagiert als aus dem Kopf. Hinweise auf das Kehlzentrum fehlen in unserer Volksweisheit.

Mit der für das *Tantra* typischen Multidimensionalität gehören zur *Chakra*-Meditation Klang und Farbe sowie entsprechende Bedeutungsinhalte. So gibt es zum Beispiel eine Meditation, bei der das Kopfzentrum in weißer Farbe mit der Keimsilbe *Om* visualisiert wird – das *Mantra Om* wird dabei laut oder auch lautlos intoniert. Dazu stellt man sich alle *Dharmas* des *Rūpa-Skandha*, alle *Dharmas*, die zum Bereich der »Form« gehören, vor. In gleicher Weise ordnet man dem Kehl-*Chakra* die Silbe *Ah,* die Farbe Rot und das *Samjñā-Skandha* der unterscheidenden Bewußtheit zu. Zum Herz-*Chakra* gehören die Silbe *Hum,* die Farbe Tiefblau und das *Vijñāna-Skandha* der Wahrnehmung. Mit dem Nabelzentrum verbindet man die Silbe *Sva,* die Farbe Gelb und das *Vedanā-Skandha* des Fühlens. Da zum *Abhidharma*-System jedoch fünf *Skandhas* gehören, benötigen wir für diese besondere Meditation ein fünftes Körperzentrum. Deswegen konzentrieren wir uns hierfür auf beide Füße, visualisieren und intonieren die Silbe *Ha,* stellen uns die Farbe Grün vor und assoziieren damit das *Samskāra-Skandha* der Antriebe und Impulse. Wir lernen diese Meditation schrittweise, konzentrieren uns zunächst auf eine Komponente eines Zentrums, dann auf ein Zentrum mit allen seinen Komponenten und schließlich auf alle Zentren gleichzeitig mit allen ihren Klängen, Farben und Bedeutungsinhalten. Wir können diese Meditation noch vielschichtiger gestalten, indem wir jedem *Chakra* zusätzliche Elemente, wie zum Beispiel die entsprechenden Gottheiten des tantrischen Pantheons, zuordnen.

Körperhaltungen und Handgesten, die sogenannten *Mudrās,* stellen die physische Komponente bei der tantrischen Meditation dar. Wir kennen viele dieser *Mudrās* aus der buddhistischen Kunst. Auf einigen Darstellungen sehen wir den Buddha mit seiner linken Hand auf dem linken Oberschenkel in der Meditationshaltung, der

Dhyāna-Mudrā, während seine rechte Hand die Erde in der *Bhū-misparsha-Mudrā* berührt.

Die *Mudrās* sind Symbole; man würde ihrer wahren Bedeutung für die *Vajrayāna*-Praxis jedoch nicht gerecht, wenn man ihnen nicht mehr als nur symbolische Bedeutung zuschriebe. Eine *Mu-drā* steht in einem funktionellen Zusammenhang mit einem bestimmten Bewußtseinszustand; die Ursache-Wirkung-Abfolge ist dabei jedoch nicht eindeutig. Zu sagen, eine *Mudrā* würde einen bestimmten Bewußtseinszustand *ausdrücken,* wäre ebensowenig korrekt wie zu sagen, sie würde ihn *herbeiführen.* Die *Mudrā* ist Zeichen dafür, daß dieser Zustand vorhanden ist. Das *Tantra* kennt sehr viele *Mudrās.* Sie alle haben verschiedene Bedeutungen; ihnen sind verschiedene Farben und Keimsilben oder Kombinationen von Keimsilben zugeordnet. Viele *Vajrayāna*-Rituale beinhalten lange Sequenzen von *Mudrās.*[6] Im Westen kennen wir ebenfalls *Mudrās.* Die Hände zum Gebet zu falten, ist eine *Mudrā,* ebenso, sich zu bekreuzigen. Das Friedenszeichen, das uns aus vielen Indianerfilmen bekannt ist, ist eine *Mudrā;* es ist mit der »Geste der Furchtlosigkeit« *(Abhaya-Mudrā)* des tantrischen Buddhismus identisch.

Häufig werden bei *Vajrayāna*-Meditationen die *Mudrās* im Atemrhythmus mit entsprechenden *Mantras* kombiniert. So gibt es zum Beispiel eine Meditation mit den Silben *Om Ah Hum.* Dabei sitzt man mit verschränkten Beinen, die Hände, mit den Handflächen nach oben, liegen auf den Knien. Mit dem Einatmen stellt man sich die Silbe *Om* vor und dreht gleichzeitig die Handflächen nach unten. Nach dem Einatmen hält man den Atem kurz an (der Moment, in dem Einatmen in Ausatmen übergeht, ist eine gute Gelegenheit, die Wahrheit von *Shūnyatā* zu spüren), führt die Fingerspitzen zur Brustmitte und intoniert dabei innerlich die Silbe *Ah.* Man atmet mit der Silbe *Hum* aus und streckt dabei Arme und Hände, so als würde man etwas von sich geben. Die Hände liegen dann wieder auf den Knien, mit den Handflächen nach oben. Beim nächsten Atemzug dreht man die Hände wieder um und wiederholt die Meditation für insgesamt etwa zwanzig Minuten. Mit Hilfe einer entsprechenden Visualisierung kann man dieser Meditation eine weitere Dimension hinzufügen; man kann sie jedoch auch vereinfachen und ohne Handbewegungen überall für ein paar Minuten üben, wenn es notwendig sein sollte, die innere Ruhe wiederzufinden.

Mantras wie *Om Ah Hum* sind ein weiteres Hilfsmittel auf dem tantrischen Übungsweg. Das berühmteste *Mantra* des tibetischen Buddhismus ist wahrscheinlich das *Om Mani Padme Hum*, oft als »Heil Dir, Kleinod im Lotus!« übersetzt, eine Übersetzung, die nicht gerade treffend ist, denn *Om* ist kein poetischer Gruß, sondern ein Symbol des gesamten Universums und des Prinzips der Erleuchtung. Die beiden zentralen Worte *Mani* (Kleinod, Juwel) und *Padma* (Lotus) beinhalten die eigentliche Botschaft des *Mantra* und können ganz verschieden interpretiert werden, zum Beispiel kann *Mani* für die Potentialität der Erleuchtung und *Padma* für das menschliche Bewußtsein stehen. Da jedes *Mantra* eine ganze Fülle von Bedeutungen übermittelt, lassen sich *Mantras* kaum übersetzen. Anagarika Govinda, ein Deutscher, der in Tibet Lama wurde, hat ein umfangreiches Buch über die Bedeutung des großen *Mantra* »Om Mani Padme Hum« geschrieben.[7] *Om Ah Hum Vajra Guru Padma Siddhi Hum* ist ein anderes wichtiges *Mantra*. Als *Mantra* des Padmasambhava, jenes tantrischen Meisters, der den Buddhismus im achten Jahrhundert in Tibet etablieren half, ist es für die Nyingmapa, die Schule des tibetischen Buddhismus, deren Überlieferungslinie auf Padmasambhava zurückgeht, von besonderer Bedeutung. *Vajra* ist der »Diamant« und ist in der tantrischen Überlieferung gleichzeitig ein Sinnbild für *Shūnyatā;* *Guru* ist der »Wissenshalter«, der »Lehrer«; *Padma* heißt »Lotus« und *Siddhi* ist die Kraft des vollendeten Weges. Viele *Mantras* enden auf die Silbe *Hum,* wie sie mit *Om* beginnen; *Om* steht für eine Öffnung nach außen hin und ein in den Raum Hinausgreifen. *Hum* ist eine Bewegung nach innen, zum Herzzentrum hin.

Obwohl alle *Mantras* eine wörtliche Bedeutung haben, sind diese Bedeutungen niemals die ganze Botschaft. So ist zum Beispiel der Klang, die Schwingung des *Mantra*, mindestens ebenso wichtig. Die Silben zeichnen sich durch charakteristische (physikalisch nicht meßbare) Schwingungen aus, die, sollten alle anderen Voraussetzungen erfüllt sein, einen bestimmten Bewußtseinszustand hervorrufen. Der Wortsinn eines *Mantra* ist von diesem Bewußtseinszustand abgeleitet.

Die Übungen des *Vajrayāna* vereinen alle diese Komponenten, die Klänge, Gesten und Visualisierungen, zu einem fließenden kaleidoskopischen Muster von Sinn und Erfahrung. John Blofeld spricht in einem seiner Bücher davon:

> Tantrische Symbole durchdringen einander gegenseitig. Immer wieder treffen wir auf Symbole, die uns einen Hinweis auf die Bedeutung anderer Symbole geben, welche uns wieder auf weitere Symbole verweisen und damit die gegenseitige Durchdringung aller Aspekte des Universums versinnbildlichen. Tantrische Übungen ähneln in ihrer Wirkung dem Öffnen einer Kugel, in der wir eine weitere Kugel entdecken. Diese zweite Kugel läßt sich ebenfalls aufbrechen und enthält eine dritte und so weiter, bis wir zu etwas vordringen, das uns ein fester Kern zu sein scheint. Doch rühren wir daran, so bricht auch er auf und enthüllt ... genau die Kugel, die anfangs alle anderen enthielt. Der gleiche Vorgang wiederholt sich immer wieder, bis schließlich die Erleuchtung aufdämmert. Man sieht, wie viele Bedeutungen eine Bedeutung haben kann, und bekommt ein Gefühl für die Präsenz des Ganzen in jedem seiner Teile.[8]

All dies ist ein Ausdruck der tantrischen Sicht des Universums: Alles ist lebendig, klangvoll, farbenprächtig und vibriert in der Vielschichtigkeit seiner Bedeutungen. Diese Komplexität kann zuerst überwältigend sein, so daß man Anfängern auf dem Weg des *Vajrayāna* rät, mit einfachen Meditationsübungen zu beginnen und sich erst später an die eigentlichen tantrischen Übungen zu wagen. Mit der Zeit fügen sich die Teile zu einer Einheit, das Muster des Teppichs wird sichtbar, und jede Einzelheit, jedes kleine Hilfsmittel des tantrischen Weges, kann die Rolle des berühmten Teegebäcks in Marcel Prousts *Auf der Suche nach der verlorenen Zeit* übernehmen und der Schlüssel zur Welt reicher innerer Erfahrung werden.

Vergessen Sie dabei jedoch nicht, daß das *Vajrayāna* eine Form des Buddhismus und deswegen nicht darauf angelegt ist, die Empfindsamkeit einer ego-zentrierten Person zu verfeinern. Das *Vajrayāna* will unsere gewöhnlichen Vorstellungen darüber, wer oder was wir sind, wandeln und transzendieren. Es will uns nicht dazu verhelfen, das Universum ein bißchen spannender und interessanter zu finden, es möchte uns vielmehr dazu bringen, uns selbst als das Prisma zu erkennen, durch welches das Universum sich selbst anschaut.

Der Vajra *(das Diamantzepter), der die polarisierten Energien des Bewußtseins repräsentiert, die aus der eigenschaftslosen Mitte ausstrahlen.*

Das Symbol des Diamanten weist auf den Facettenreichtum und die Strahlkraft der Wirklichkeit hin; der *Vajra* steht jedoch auch für *Shūnyatā,* für den offenen Raum, die Leere oder Leerheit, die »Nicht-Ding-heit«. In der tibetischen Kosmologie ist diese jungfräuliche Nicht-Ding-heit die Quelle all der sinnerfüllten Wirklichkeit, die wir um uns herum entdecken und die wir, wenn wir es wünschen, in immer tieferer und lebensvollerer Differenziertheit erfahren können. In dieser Differenziertheit spüren wir immer deutlicher das unbeschreibliche, unaussprechliche Etwas – oder Nichts –, das dieser Wirklichkeit zugrunde liegt und aus dem sie sich entfaltet. Das *Vajrayāna*-Symbol, welches bei vielen Riten verwandt wird und normalerweise auch zur Ausrüstung eines tibetischen Hausaltares gehört, ist der *Vajra*, das Diamantzepter. Die kugelförmige Mitte des *Vajra*, die die beiden Hälften miteinander verbindet, steht für die eigenschaftslose Quelle des Seins und die beiden Arme für die grundlegenden Energien, die dieser Quelle entspringen. Die Kugel öffnet sich zu beiden Seiten in je einen Lotus; aus jedem Lotus entspringen Zacken, die polarisierten Energien, die aus dem allem Sein gemeinsamen Grund ausstrahlen.

Der tibetische Buddhismus betrachtet den Kosmos als ein riesiges magisches Theater, das sich auf dem Grund der Leere spiegelt. Er ist nicht unwirklich, aber er ist auch nicht unbedingt das, als das er erscheint. Er ist nicht das Produkt allein Ihres Bewußtseins, und doch hat Ihr Bewußtsein Anteil an seiner Gestaltung. Die psychophysische Technologie des tantrischen Übungsweges befähigt uns, seine illusorische Natur zu durchschauen und seine Wirklichkeit zu erkennen. Auf dem Weg zu diesem Ziel lernt das Bewußtsein, mit seinen eigenen Inhalten einige gewagte Spiele zu spielen. Als Beispiel dafür seien hier noch zwei *Vajrayāna*-Praktiken für Fortgeschrittene angeführt: das Heraufbeschwören von Schutzgottheiten und die bewußte Umwandlung gewöhnlicher Erfahrung.

Die Visualisierung quasi-menschlicher Wesen, mit deren Hilfe die in den Emotionen enthaltene Energie in andere Bahnen gelenkt werden soll (wir haben dies oben als »Veredeln« kennengelernt), ist ein Sonderfall einer umfassenderen Kategorie von Übungen, deren faszinierende psychologische Gesetze im Westen bisher kaum bekannt sind.

Bevor wir näher darauf eingehen, wollen wir kurz unsere eigenen westlichen Vorstellungen über imaginäre Wesen rekapitulieren. Wir kennen die Geschichte religiöser Visionen in der christlichen Tradition; wir beobachten, daß unsere Kinder manchmal mit imaginären Spielgefährten spielen; wir haben davon gehört, daß seltsame Wesen in das Bewußtsein von Geisteskranken eindringen; und wir alle kennen Gestalten, die in unseren Träumen auftauchen. Wir wissen, daß solche »vorgestellten« Wesen in unserem Leben zuweilen eine größere Rolle spielen können als real existierende Menschen. Wir kennen natürlich auch die Götter und Göttinnen der alten Mythen des Abendlandes, die zu anderen Zeiten und an anderen Orten einmal ziemlich »wirklich« waren, die wir jetzt aber für nicht mehr als Manifestationen des Unbewußten halten. Und dann die Reste von Hexenglauben und magischem Volksbrauchtum, die zur Zeit in einem wahren Boom von Büchern und Filmen über Geister, Dämonen und Exorzisten wieder an die Oberfläche kommen. Wir besitzen zu solchen Phänomenen also eine ziemliche Menge von Informationen, auch wenn wir diese im allgemeinen für wenig glaubhaft halten. Das *Vajrayāna* jedoch macht sich die dem Menschen angeborene Fähigkeit, sich solche Wesen bildlich vorzustellen, nutzbar. Sie wird ausgebildet und zu einem zentralen Faktor des Lebens gemacht.

Die Literatur des tibetischen Buddhismus erwähnt oft weibliche Geister, die entweder spontan oder als Ergebnis einer meditativen Übung in Erscheinung treten. In den frühen Schriften sowie den Biographien der »großen Magier« des *Vajrayāna* treten diese weiblichen Erscheinungen meist von sich aus in erschreckender, rasender Form auf, stellen aber trotzdem eine große Hilfe, eine Quelle neuen Wissens dar. Die späteren Schriften lehren hauptsächlich, wie man die Vision weiblicher Geister meditativ heraufbeschwören kann; außerdem sind die Erscheinungen nun häufig friedlich, wohlwollend und berückend schön. Wir können also annehmen, daß sich das Bild dieser weiblichen Erscheinungen im Laufe der Jahrhunderte verändert hat. Der tibetische Buddhismus entwickelte nach und nach ein ganzes System von Ritualen und Übungen, die diese weiblichen Gottheiten zum Gegenstand haben. Die bekannteste dieser Gottheiten ist die Grüne Tara; viele *Pūjās* (religiöse Zeremonien) sind ihr gewidmet, und sie hat für den tibetischen Buddhismus eine Bedeutung, die der der Jungfrau Maria im katholischen Christentum vergleichbar ist. Das Vorhandensein von weiblichen Schutzgottheiten, die eine besondere Verehrung genießen, im tibetischen Buddhismus ist also nichts Besonderes – man kennt sie in vielen Religionen. Was das *Vajrayāna* hier von anderen Religionen unterscheidet, sind die speziellen Meditationsübungen, mit deren Hilfe der Schüler mit seiner persönlichen Schutzgottheit Kontakt aufnimmt. Es kann die Tara sein oder irgendeine andere

Erscheinung des vielfältigen, vom indischen Tantrismus und tibetischen *Bön* übernommenen Pantheons, und sie kann in rasender oder friedvoller Form auftreten, so, wie es der Lehrer den seelischen Bedürfnissen des Schülers entsprechend bestimmt hat. Der Schüler lernt, seine Schutzgottheit, seinen *Yidam**, zu visualisieren. Täglich beschwört er bei seinen Meditationen ihr Bild, und sie wird für ihn eine Quelle der Inspiration und eine verläßliche Führung. Zwar sollte der Schüler verstehen, daß sie ein Produkt seiner Imagination ist, trotzdem spielt neben dieser intellektuellen Erkenntnis das emotionale Verhältnis zu ihr eine wichtige Rolle. Sie erfüllt einerseits manche der Funktionen jener »Traumfrauen«, die in den sexuellen Phantasien der westlichen Männer eine so große Rolle spielen, sie hat aber auch mit dem etwas gemein, was wir als »Muse« oder auch als Schutzengel bezeichnen – mit dem Unterschied, daß die Heraufbeschwörung eines *Yidam* nichts mit Tagträumerei zu tun hat. Es bedarf großer Anstrengungen des Schülers, bis er vermag, das Bild lebensvoll in sich wachzurufen, und er wird von seinen Lehrern immer wieder darauf hingewiesen, daß er der Schutzgottheit als einem wichtigen Faktor in seinem Leben stets mit großem Respekt zu begegnen hat.

Seitdem dieser Aspekt des tibetischen Buddhismus im Westen bekannt wurde, haben viele Autoren von der offensichtlichen Ähnlichkeit mit einem der Hauptthemen der Psychologie C. G. Jungs gesprochen: der »Anima«, dem »Weiblichen im Männlichen«, der archetypischen, im Unbewußten verborgenen Kraft, die sich in vielen Formen manifestieren kann – als Traumgestalt, als Verursacher von pathologischen Erscheinungen und als Quelle der Inspiration.[9] Wie die Übungsanleitungen des *Vajrayāna,* so rät uns auch die Jungsche Psychotherapie, mit der weiblichen Komponente unseres Bewußtseins in Verbindung zu treten:

Die Kunst besteht nur darin, das unsichtbare Gegenüber laut werden zu lassen, ihm gewissermaßen den Ausdrucksmechanismus auf Augenblicke zur Verfügung zu stellen, ohne dabei vom

---

* *Yidam* ist die tibetische Bezeichnung für Schutzgottheiten beiderlei Geschlechts. Die weiblichen Schutzgottheiten werden auf Sanskrit *Dākinīs*, tibetisch *Khadomas*, genannt.

Ekel, den man natürlicherweise vor einem derart absurd erscheinenden Spiel mit sich selbst empfinden mag, oder vom Zweifel an der »Echtheit« der Stimme des Gegenübers überwältigt zu werden.[10]

Dieses, wie C. G. Jung sich auszudrücken beliebt, »absurde Spiel« stellt für den Schüler auf dem Weg des *Tantra* eine ernste Lebensaufgabe dar; für den in der Meditation Fortgeschrittenen wird der *Yidam* mit der Zeit zu einer Persönlichkeit, die für ihn nicht weniger bedeutend ist als seine »wirklichen« Lehrer.

Ich habe bei diesen Ausführungen ganz bewußt das maskuline Genus verwandt, denn der überwiegende Teil der tantrischen Literatur ist der Visualisierung weiblicher Schutzgottheiten durch Männer gewidmet. Das *Vajrayāna* kennt jedoch auch männliche Schutzgottheiten, wie auch die Psychologie C. G. Jungs neben der »Anima« vom »Animus« spricht, dem »Männlichen im Weiblichen«. Nicht immer wird eine Gestalt des anderen Geschlechts visualisiert. Manchmal lernen weibliche Schüler weibliche Schutzgottheiten anzurufen, oder Männer arbeiten mit männlichen Schutzgottheiten. Dies hängt allein von der Veranlagung und den Erfordernissen des einzelnen ab.

Sowohl C. G. Jung als auch die Tradition des *Vajrayāna* legen uns nahe, bei dem Kontakt mit diesen Bildern Vorsicht und Behutsamkeit walten zu lassen. Die Anima kann, wird sie nicht richtig ins Bewußtsein integriert, Neurosen, ja sogar Psychosen verursachen. Die Schriften des tibetischen Buddhismus warnen immer wieder davor, sich ohne die Leitung eines erfahrenen Lehrers zu intensiv mit solchen Übungen zu befassen. Diese Warnungen sind unschwer zu begreifen: Vorgestellte Wesen als wirklich zu betrachten, würde man in westlicher Psychologie als »psychotische Form der Halluzination« bezeichnen! Was die aktive Visualisierung von der psychotischen Halluzination unterscheidet, ist der Bewußtseinszustand, der diese Erfahrung hervorbringt. »Der Yogi«, schreibt ein westlicher Schüler des tibetischen Buddhismus, »geht einen Schritt weiter und bereichert sein Bewußtsein um eine neue Wirklichkeitsebene; er flüchtet sich nicht voller Schrecken aus einer Welt in eine selbstgeschaffene andere Welt.« Sein Vermögen, mächtige Wesen zum Leben zu erwecken, beruht also »auf seiner Erkenntnis und damit auf seiner Kontrolle über sich und seine Wirklichkeit; das Vermögen des Schizophrenen beruht auf Chaos, nicht auf Kontrolle.«[11]

In dem Bemühen um ein Verständnis dieser Praktiken liegt die Schwierigkeit für uns nicht so sehr darin, zu akzeptieren, daß tibetische Meditationsmeister Schutzgottheiten in allen Einzelheiten visualisieren können und ihnen in ihrem täglichen Leben eine wichtige Rolle einräumen. Was uns Schwierigkeiten bereitet, ist die Frage, ob diese Erscheinungen tatsächlich *wirklich* sind.

Wir fühlen uns bei all diesen Vorstellungen so lange nicht unbehaglich, solange wir uns darüber einig sind, daß wir über psychologische Phänomene sprechen, daß diese also nicht beanspruchen können, *wirklich* zu sein. Wie C. G. Jung einmal bemerkte: »Dem abendländischen Geiste klingt das Wort ›psychologisch‹ immer, wie wenn man gesagt hätte, ›*nur* psychologisch‹.«[12] Haben wir einmal etwas als Produkt der Imagination oder des Unbewußten erkannt, so gehen wir davon aus, daß es nicht »wirklich« in der äußeren Welt existiert.

Haben wir andererseits eine Vorliebe für das Okkulte, so mögen wir annehmen, daß all die Götter und Dämonen tatsächlich die Welt bevölkern, unsichtbar zwar für die meisten von uns, doch durchaus in der Lage, manchmal aus eigenem Entschluß, manchmal weil sie angerufen wurden, gewissen Menschen zu erscheinen.

Für das *Vajrayāna* jedoch ist das Bewußtsein aktiv an der Hervorbringung der inneren und äußeren Phänomene beteiligt, und selbst die greifbaren, für alle Welt sichtbaren »objektiv« existierenden Bewohner unseres Universums sind in gewisser Hinsicht nicht mehr als unwirkliche Traumbilder. Alle Wirklichkeit ist relativ, eine Interaktion zwischen unserem Bewußtsein und Faktoren, die sich nicht anders definieren lassen als in Begriffen unserer Erfahrung von ihnen. Der Tibeter, der bei seiner Meditation seinen *Yidam* beschwört, vollführt einen Akt der Imagination und tritt gleichzeitig in Kontakt mit einer Wirklichkeit.

Die Kraft der Imagination kann auch bewußt dazu eingesetzt werden, Alltagserfahrungen zu transformieren. Grundlage für diese Übung ist die Psychologie des *Abhidharma*, und die ersten Schritte in diese Richtung können durch meditative Übungen vorbereitet werden. Bei Ihrer Meditation entdecken Sie vielleicht, daß

Sie von Zeit zu Zeit in Bewußtseinszustände eintreten, die Ihnen unangenehm erscheinen, nur weil sie Ihnen nicht vertraut sind. Das *Vajrayāna* kennt Übungen, die uns – beinahe so, als verlagerten wir unser Gewicht mal auf einen, dann auf den anderen Fuß – lehren, denselben Zustand mal als unangenehm und dann wieder als angenehm zu erfahren. Mit einem ähnlichen Umschalten der Stimmung können Sie auch in Ihrem alltäglichen Leben experimentieren. Stellen Sie sich angesichts einer bestimmten Situation vor, wie Sie diese erfahren würden, wenn Sie sich gerade besonders wohlfühlen und in überschwenglicher Stimmung sein würden. Stellen Sie sich dann besonders unangenehme Voraussetzungen vor, unter denen Sie die gleiche Situation erfahren könnten, und beobachten Sie, was geschieht, wenn Sie zwischen beiden Möglichkeiten hin und her springen.

Der tibetische Buddhismus verfällt damit nicht dem naiven Optimismus zu glauben, durch einen bloßen Akt der Vorstellung könnten wir uns ewiges Glück sichern. Mit Versuchen wie diesem testen Sie nur eine Grundthese der buddhistischen Psychologie, die besagt, daß die Gefühlsfärbung einer jeden Situation weitgehend davon abhängt, welche Vorstellungen wir ihr überstülpen. Indem wir bewußt mit unseren Gemütszuständen experimentieren, können wir sehen, wie dieser Prozeß funktioniert. Außerdem machen wir unseren Geist damit beweglich für weitere Experimente.

Ein Schüler auf dem Weg des tibetischen Buddhismus lernt, die Alltagswirklichkeit durch eine absichtlich herbeigeführte Veränderung seines Bewußtseins umzuwandeln. Jedes Wesen wird für ihn zu einer verehrungswürdigen Gottheit; jede Stimme zur Stimme des Lehrers; jeder Ton zum *Mantra;* jeder Augenblick zu einer Gelegenheit, neue Tiefen zu entdecken; jeder Teil der Umwelt zu einer vollkommenen Manifestation des demantenen Wesens der Wirklichkeit. Natürlich ist dies ein Trick; aus buddhistischer Sicht ist es jedoch ein Trick, der einen anderen Trick entlarven soll. Durch diesen Trick wird unsere Aufmerksamkeit von dem samsarischen Bewußtsein abgelenkt, das uns in unbefriedigenden Erfahrungsmustern gefangenhält und verhindert, daß wir den Kosmos als Sinn- und Wunder-volles Ganzes sehen – genau so, wie ein Schüler des *Tantra* ihn sich vorstellt.

5. Der Einklang von Körper und Geist: Entspannung, Gesundheit und Heilkunst

Hören wir zum ersten Mal von den grundlegenden Ansichten des tibetischen Buddhismus über den Körper, so wird uns manche davon an die Reichsche Psychotherapie erinnern. Seine Arbeit auf dem Gebiet der Charakteranalyse[1] führte Wilhelm Reich zu dem Schluß, der Charakter selbst sei eine Störung des psychischen Gleichgewichts, denn in ihm habe sich die Existenz des Menschen, ihrem Wesen nach ein ständiges Fließen, zu einem begrenzten und festgefahrenen Verhaltensmodus verhärtet. Dies muß zu seelischen und körperlichen Beschwerden führen. Der Körper gibt der seelischen Verhärtung Ausdruck, indem er sich als Abwehr gegen die beängstigenden Unsicherheiten des Lebens einen »Charakterpanzer« zulegt und damit unvermeidlich auch die eigenen Gefühle und Empfindungen blockiert. Reich gelangte zu der Überzeugung, man könne mit Körpertechniken an emotionalen Problemen arbeiten, da diese sich ja auch auf körperlicher Ebene manifestieren. Deswegen führte er Atemübungen und Massage in die Psychotherapie ein.

Nach buddhistischer Anschauung stellt das Ich eine Begrenzung der Wirklichkeit des menschlichen Seins dar und wirkt sich nicht nur auf geistiger, sondern auch auf emotionaler und physischer Ebene störend aus. Es ist nicht leicht, an einem fest definierten Selbstbild festzuhalten, mit aller Kraft darum zu kämpfen, alle Erfahrungen zu zensieren und zu manipulieren, damit sie nur ja den Erfordernissen dieses Selbstbildes entsprechen. Körperliche Verspannung und körperlicher Schmerz sind die Folge. Die erste von den drei Ebenen des Leidens, auf die sich der Buddha in der ersten der Vier Edlen Wahrheiten bezieht, ist leicht als ein körperlicher Zustand zu verstehen: als die ständigen körperlichen Verspannungen, die wir alle in mehr oder weniger chronischer Form mit uns herumschleppen. Und wie ließe sich *Samsāra*, das »endlose im Kreis Herumirren« alles übermäßig ichzentrierten Lebens, besser verstehen, als durch einen Blick auf die Charakterisierung der besonders herzinfarktgefährdeten Person durch zwei bekannte amerikanische Ärzte:

> Er wird immer den Zwang fühlen, etwas leisten zu müssen, sich in Aktivitäten stürzen, die er für notwendig hält, so als dürfe er keine Minute seiner kostbaren Zeit vergeuden. Einem besonders herzinfarktgefährdeten Patienten ist die Zeit zum Feind geworden, denn er will sie bezwingen, indem er sich völlig unrealistische Termine setzt. Er setzt sich selbst unter unnötigen Zeitdruck, ob er nun einen Bericht abzuliefern hat, auf seinem Speicher aufräumen will, im allabendlichen Pendlerverkehr der erste zu sein hat oder seine täglichen Fitness-Runden im Swimming-pool absolviert. Sein Wettlauf mit der Uhr hat kein Ende ...[2]

Der tibetische Buddhismus befaßt sich also nicht bloß mit körperlosen, philosophischen »ewigen Fragen«, sondern ebensosehr mit den Problemen und Leiden des Körpers. Warum er das tut, das verstehen wir im Westen heute besser denn je. Die westliche Medizin wird sich immer klarer darüber, welchen Schaden wir unserem Körper durch Unsicherheit, Angst und Streß zufügen; sie hat sogar entdeckt, daß viele Menschen sich im wahrsten Sinn des Wortes »selbst kaputtmachen«. Wir beginnen zu begreifen, wie Menschen, die durch die gesellschaftlich konditionierten Ansprüche, die sie an sich stellen, getrieben und von verblendeten Vorstellungen über das, was sie sind und sein sollten, eingezwängt sind, emotionale Kräfte in sich erzeugen, die zum Entstehen von Herzkrankheiten, Magengeschwüren, Krebs, Diabetes und einer Reihe von anderen Leiden beitragen. Diese Einsichten lassen uns den Buddhismus viel besser verstehen. Wir haben inzwischen selbst erkannt, daß die Ich-Krankheit weh tut, daß *Samsāra* tödlich ist!

Der Pfad zur Erleuchtung beinhaltet also sowohl physische als auch geistige Aspekte. Er will uns nicht nur weiser und einsichtsvoller machen, sondern auch entspannter und sensibler. Entspanntheit und körperliche Gesundheit werden als Voraussetzung für die Erleuchtung angesehen; oder, anders herum gesagt, Erleuchtung ist ein entspannter, gesunder Seinszustand. Durch die Erleuchtung erwacht man erst völlig zum Leben, sie läßt uns zu dem zurückfinden, was wir im Grunde sind und sein sollten. Aus der Sicht des *Vajrayāna* ist der Körper eine Quelle tiefer, genetisch verschlüsselter Weisheit, eine Möglichkeit, sich selbst zu erforschen und zu erfahren. Der Körper ist also ein wertvolles Instrument, um das man wohl Sorge tragen sollte.

Die Lehre des tibetischen Buddhismus, besonders wenn sie sich an einen Anfänger richtet, betont die Wichtigkeit von Selbstachtung und Mitgefühl für die eigene Existenz. Es werden keine Schuldgefühle angesichts der eigenen »Sündhaftigkeit« kultiviert; genausowenig wird man dazu gedrängt, sich ab sofort unter größten Anstrengungen auf ein geistiges Abenteuer einzulassen. Man wird im Gegenteil dazu eingeladen, sich zu entspannen, sich ein wenig Ruhe zu gönnen, zu betrachten, wie man mit sich selbst umspringt, genau zu verfolgen, was der Körper empfindet. Der tibetische Buddhismus beschreibt die Stufen höheren Bewußtseins nicht als psychedelische Trips und Super-Orgasmen, sondern als Zustände des Friedens, der Offenheit und Klarheit. Longchenpa, ein bedeutender Meister des tibetischen Buddhismus, spricht von der Erleuchtung häufig als der »Erquickung und Besänftigung« des Geistes.

Das interdisziplinäre Nyingma Institute in Berkeley, Kalifornien, lehrt ein System von Entspannungsübungen, *Kum Nye*, das diese Philosophie in bewundernswürdiger Weise in die Praxis umsetzt. *Kum-Nye*-Übungen können der Selbstheilung dienen oder der Vorbereitung der Meditation.

Da bei vielen Menschen die ersten Versuche zu meditieren durch körperliche Spannungen vereitelt werden, stellt die vorbereitende Arbeit mit dem Körper eine wirkungsvolle Methode dar, eine tiefe Sammlung während des Sitzens in Meditation zu ermöglichen. *Kum-Nye*-Übungen sind jedoch nicht ausschließlich für diesen Zweck gedacht, noch müssen sie aus einer ganzen Folge bestehen. Sie können eine halbe Stunde *Kum Nye* üben, bevor Sie sich zur Meditation niedersetzen; Sie können sich ebenso gut fünf Minuten durch *Kum Nye* entspannen, bevor Sie in eine wichtige geschäftliche Besprechung gehen.

Ich werde im folgenden einige einfache *Kum-Nye*-Übungen beschreiben. Sie können von jedem leicht ausgeführt werden und vermitteln vielleicht eine Ahnung davon, wie *Kum Nye* wirkt.[3] Die Übungen sollten sehr langsam ausgeführt werden; man benötigt etwa eine halbe Stunde für die hier beschriebene Folge von Übungen; danach sollte man etwa eine halbe Stunde lang in stiller Meditation sitzen. Man wird dadurch in einen Zustand tiefer Ruhe gelangen, der möglicherweise den ganzen Tagesablauf durchdringt. Übt man gar regelmäßig, dann wird man diesen Zustand immer häufiger und durchgängiger erfahren. Ich will natürlich nicht behaupten, mit einer Stunde *Kum Nye* und Meditation täglich könnten Sie für immer und ewig alle Spannungen loswerden. Zweifellos führen die Übungen jedoch zu spürbaren Ergebnissen, eine Tatsache, die mit dem Gesetz des *Karma* übereinstimmt: Alle Taten haben Wirkungen.

Unser jeweiliger Geisteszustand ist ein wichtiger Faktor für die Wirksamkeit der *Kum-Nye*-Übungen. Obwohl zu einigen Übungen kraftvolle, energische Bewegungen gehören, sollte man sich niemals mit Macht zu diesen Übungen zwingen und sie als einen Wettkampf mit sich selbst oder anderen ansehen. Ja man sollte sie nicht einmal als eine Fertigkeit betrachten, die man erworben hat. Man lernt einfach, sie auszuführen, nicht anders als man gelernt hat, sich die Zähne zu putzen. Man ist gewissenhaft dabei, aber trotzdem sind die Übungen nichts »Besonderes«. Man führt sie in dem Bewußtsein aus, sich selbst etwas Gutes zu tun. Ein wenig Mitgefühl für den eigenen verspannten Körper kann nicht schaden. In keiner buddhistischen Schrift habe ich jemals eine Passage gefunden, die es verbietet, Mitgefühl für sich selbst zu haben. In diesem Geist mögen Sie einige der folgenden Übungen versuchen.

1. *Streckung.* Stehen Sie aufrecht und bequem. Strecken Sie Ihre Arme aus den Schultern nach oben, so als würden Sie ein Gewicht stemmen. Dabei sind die Finger entspannt, der Druck nach oben geht von den Handinnenflächen und den Handballen aus. Strecken Sie die Arme möglichst weit nach oben. Dann lassen Sie die Arme wieder sinken, die Handflächen bleiben jedoch nach oben gekehrt. Wiederholen Sie diese Bewegung ungefähr fünf Mal, jede Wiederholung kräftiger und energischer als die vorausgegangene. Stellen

Sie sich vor, Sie hätten jedes Mal ein schwereres Gewicht zu stemmen. Danach lassen Sie Ihre Arme aus den Schultern ganz locker nach unten hängen; etwa eine Minute lang. Beobachten Sie aufmerksam, wie sich die Arme währenddessen anfühlen, welche Empfindungen aufsteigen.

Nach dieser Pause gehen Sie zu einer anderen Streckung über. Ihre Finger sind auch dabei entspannt, die Kraft geht in die Handflächen und Handballen. Sie strecken Ihre Arme nun nach vorn, so als müßten Sie etwas von sich wegschieben. Wiederholen Sie diese Streckung mehrmals und variieren die Intensität. Gehen Sie von einer sanften, feinen und mühelosen Streckung zu einer kraftvollen Bewegung über, bei der auch die Brust- und Schultermuskulatur beteiligt ist. Entspannen Sie sich schließlich, richten Sie Ihre Aufmerksamkeit auf die Muskelpartien, mit denen Sie soeben gearbeitet haben, und beobachten Sie, welche Empfindungen dabei aufsteigen.

Zuletzt strecken Sie Ihre Arme nach den Seiten. Sie halten die Arme in Brusthöhe, drehen sich in der Hüfte, so daß die Hände dicht beieinander liegen können, und strecken sie zuerst nach links und dann nach rechts (oder umgekehrt). Variieren Sie auch hierbei die Intensität. Wenn Ihr Körperbewußtsein durch die Übungen ein wenig geschult ist, werden Sie ganz von selbst wissen, welche Intensität für Ihr gegenwärtiges Befinden angemessen ist. Manchmal werden Sie eine sanfte, gleitende Bewegung vorziehen, manchmal lieber energische und spannungslösende Bewegungen ausführen.

Entspannen Sie sich nach dieser Übungsfolge und folgen Sie mindestens eine Minute lang den Empfindungen, die dadurch entstanden sind.

2. *Hängen lassen und nach hinten beugen.* Stehen Sie aufrecht, die Füße etwa in Schulterbreite auseinander. Beugen Sie sich aus der Hüfte nach vorn, so daß Arme und Kopf nach unten hängen. Atmen Sie in dieser Stellung tief und sanft. Arme und Kopf hängen lose herab und schwingen ein wenig hin und her. Spüren Sie die ganze Schwere Ihrer Arme, die ganze Schwere Ihres Kopfes. Bleiben Sie für einige Minuten in dieser Stellung, geben Sie sich völlig entspannt in sie hinein.

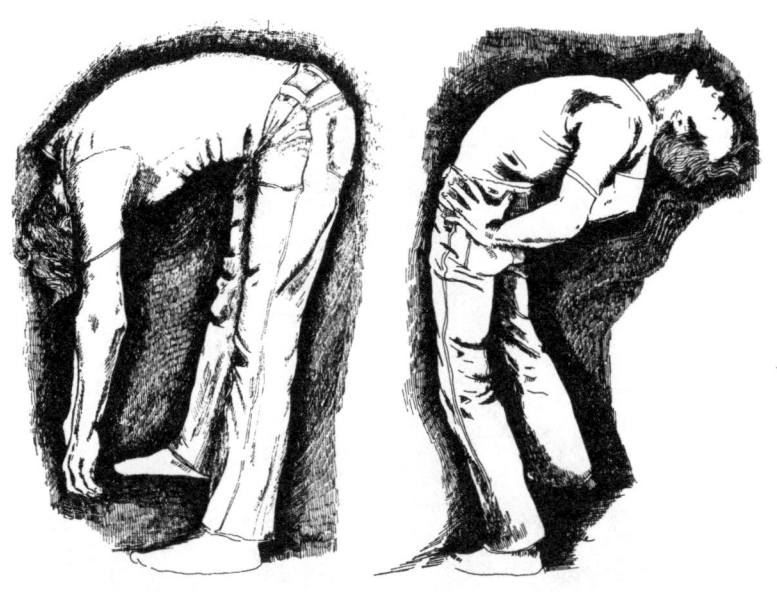

Nun beugen Sie sich nach hinten. Stemmen Sie Ihre Hände gegen das Gesäß oder den Rücken (in Höhe des Kreuzbeins), um sich den Positionswechsel zu erleichtern. Beugen Sie die Knie ein wenig, lassen Sie den Kopf nach hinten kippen (soweit, wie es Ihnen angenehm ist), so daß Sie hinter sich blicken. Bewegen Sie den Oberkörper in dieser Stellung ganz leicht auf und ab, in einer sanften, federnden Bewegung, und beugen Sie den Rücken bei jedem Abschwung ein wenig mehr zurück, ohne daß Ihnen die Bewegung unangenehm wird.

Beugen Sie sich nun wieder nach vorn und wiederholen Sie den Bewegungsablauf mindestens noch zwei weitere Male. Stehen Sie dann eine Minute oder länger aufrecht mit geschlossenen Augen, sanft atmend.

3. *Boxen und Springen.* Dies ist die anstrengendste Übung dieser Übungsfolge, und man sollte seine ganze Energie hineinlegen. Stehen Sie wiederum aufrecht, die Füße schulterbreit auseinander.

Setzen Sie dann mit einem raschen Sprung den linken Fuß nach vorn und den rechten Fuß mit gestrecktem Bein nach hinten. Gleichzeitig stoßen Sie Ihren rechten Arm mit geballter Faust nach vorn und halten die linke Faust mit angewinkeltem Arm schlagbereit in Höhe der Hüfte. Sie sollten sich jetzt in einer etwas übertriebenen Boxerhaltung befinden. Bringen Sie den linken Fuß weit genug nach vorn, damit Sie in Ihren Beinen eine wirkliche Spannung fühlen.

Kehren Sie die Position durch einen schnellen Sprung um. Nun steht Ihr rechter Fuß vorn, der linke ist nach hinten gestreckt. Der linke Arm geht wie bei einem Boxhieb nach vorn, die rechte Faust ruht schlagbereit in Hüfthöhe. Wiederholen Sie diese Übung, bis Sie sie in beiden Varianten fünf Mal ausgeführt haben. Haben Sie dabei ein gutes Gefühl, dann können Sie sie auch fünfzehn oder zwanzig Mal wiederholen. Sie können zudem versuchen, sich bei den Sprüngen im Kreis zu drehen, so daß sich Ihre Position auf dem Boden bei jedem Sprung um etwa 45 Grad verschiebt. Wenn Sie dabei eine volle Umdrehung durchlaufen, entdecken Sie vielleicht, daß das Gefühl bei dieser Übung besonders angenehm ist, wenn Sie in eine bestimmte Richtung blicken.

Bleiben Sie nach dem Ende dieser Übung eine Weile stehen, und achten Sie auf Ihre Empfindungen und Gefühle.

4. *Selbstmassage der Hände und Unterarme.* Die *Kum-Nye*-Methode beinhaltet eine ganze Reihe von Selbstmassage-Übungen. Die Hand- und Unterarmmassage berührt einige wichtige Akupressurpunkte; sie ist zudem auf Körperpartien gerichtet, in denen wir leicht Verspannungen aufbauen, ohne uns dessen bewußt zu sein.

Setzen Sie sich bequem hin; entweder auf den Boden, die Beine verschränkt, oder auf einen Stuhl. Lassen Sie die linke Hand mit der Handfläche nach oben lose auf Ihrem Schoß ruhen und massieren Sie sie mit Ihrer rechten Hand. Gehen Sie dabei sanft, langsam und gründlich vor, so als würden Sie einen Freund oder Partner massieren. Beginnen Sie bei den Fingern, und massieren Sie jeden Finger für sich. Gehen Sie danach zur Handinnenfläche über und probieren Sie dabei verschiedene Methoden der Massage aus. Machen Sie von den Fingern, den Knöcheln, den Handballen Gebrauch und versuchen Sie es mit verschieden starkem Druck. Wie fühlt es sich an, wenn Sie starken Druck ausüben? Und wie ist es, wenn Sie nur ganz leicht, fast streichelnd massieren? Gehen Sie danach zum Handrücken über und drücken dabei stark genug in die Zwischenräume zwischen den Sehnen, um die Knochen, die zu den Fingern führen, leicht auseinanderzudrücken. Widmen Sie sich nun dem Handgelenk und dem Unterarm. Wenn Sie dort alle Stellen gewissenhaft massieren, behandeln Sie damit viele wichtige Akupressur-Punkte. Versuchen Sie, einen Muskel zu erspüren, und folgen Sie ihm dann den Arm entlang aufwärts, bis Sie seine gesamte Fläche erfaßt haben. Sehen Sie, ob Sie die Zwischenräume zwischen den Muskeln aufspüren können, und massieren Sie sie sanft. Lassen Sie keine Partie des Unterarms aus. Kneten Sie mit den Fingerspitzen sanft die empfindliche Nervenkonzentration am Ellenbogen; achten Sie dabei auf Empfindungen, die möglicherweise in entfernten Körperpartien entstehen. Haben Sie die linke Hand und den linken Arm massiert, dann gehen Sie nun zur Massage der rechten Hand und des rechten Unterarms über. Bevor Sie mit der nächsten Massage (Nacken und Schultern) beginnen, sollten Sie noch Ihre beiden Oberarme massieren.

5. Selbstmassage des Nackens und der Schultern. Massieren Sie mit der rechten Hand kräftig den linken Bizeps, und gehen Sie dann über die Schulter bis zum untersten Nackenwirbel vor. Beginnen Sie danach wiederum beim Bizeps, und arbeiten Sie sich diesmal über die Schultern bis zur Wirbelsäule vor. Bearbeiten Sie danach mit der linken Hand den rechten Bizeps und die rechte Schulter. Massieren Sie Ihren Nacken mit beiden Händen. Beginnen Sie an der Wirbelsäule, so weit unten, wie Ihre Hände auf den Rücken herabreichen. Drücken Sie fest zu und bewegen Sie Ihre Hände von der Wirbelsäule in Richtung Schultern. Wiederholen Sie dies mehrmals und bewegen Sie Ihre Finger dabei entlang der Wirbelsäule aufwärts, so daß Sie dem Nacken immer näher kommen. Bearbeiten Sie mit Ihren Fingerspitzen sorgfältig die Gegend, in der der Nacken in den Schädel übergeht.

6. Rückenmassage. Es ist nicht leicht, sich selbst den Rücken zu massieren. Damit ist jedoch nicht gesagt, daß wir diesen wichtigen

Körperteil bei unserer Selbstmassage aussparen müßten. Wir machen dabei einfach von unserer Umwelt Gebrauch. Legen Sie ein Kissen auf den Boden, und legen Sie sich dann mit dem Rücken darauf, das Kissen etwa in Höhe der Schulterblätter. Ihr Rücken ist dadurch etwas angehoben, die Arme können entspannt auf den Boden sinken. Auch die Beine sind entspannt und liegen locker ausgestreckt. Bleiben Sie ein Weilchen still liegen und entspannen sich in dieser Position, bis Sie sich daran gewöhnt haben. Rollen und rutschen Sie dann auf dem Kissen herum – eine herrliche Rückenmassage. Haben Sie durch diese Vorübung ein Gefühl für die Rückenmassage mit einem Hilfsmittel bekommen, dann können Sie es auch mit anderen Gegenständen versuchen. Reiben Sie Ihren Rücken an einer Sessellehne, an einem Türpfosten, oder massieren Sie Ihre Unterarme einmal an der Stuhllehne. Katzen, die von Natur aus *Kum-Nye*-Meister sind, tun dies instinktiv. Dies sind nicht nur hilfreiche und nützliche Entspannungsübungen und eine ganz neue Art, Ihre Umwelt zu erleben (die »Welt« ist Ihr Masseur), Sie schulen damit außerdem Ihre Fähigkeit, die Methoden der Selbstheilung richtig anzuwenden.

7. Tiefes Atmen und Anheben der Beine. Legen Sie sich auf einen weichen Teppich oder auf eine dünne Schaumgummi-Matte (Matratzen sind für diese Übung meist zu weich). Die Arme sollten in einem Winkel von etwa 45 Grad zum Körper auf dem Boden liegen, die Handflächen nach unten. Die Beine sind angewinkelt, die Fußsohlen ruhen flach auf dem Boden. Machen Sie es sich in dieser Position möglichst bequem, denn Sie sollten ganz entspannt sein. Folgen Sie aufmerksam Ihrem Atemfluß, bis er schließlich tief und langsam wird. Beginnen Sie dann mit der eigentlichen Übung; bewegen Sie dabei jeweils ein Bein, bringen Sie die Bewegung in Einklang mit dem Atemfluß.

Heben Sie beim Ausatmen die linke Ferse; Fußballen und Zehen bleiben auf dem Boden. Heben Sie dann den ganzen Fuß und ziehen Sie das linke Knie auf Ihre Brust zu. Das Knie bleibt dabei angewinkelt, so daß Sie in Unterschenkel und Fuß keinerlei Spannung fühlen. Beim Einatmen senkt sich der Fuß wieder auf den Boden, zuerst die Zehen, dann der Ballen und zuletzt die Ferse. Wiederholen Sie die Übung mit dem rechten Fuß und Bein.

Es wird eine Weile dauern, bis Sie mit dieser Übungsfolge vertraut sind, haben Sie sich jedoch einmal hineingefunden, dann wird sie ganz einfach und tief entspannend. Achten Sie darauf, daß Sie das Bein beim Ausatmen anheben und beim Einatmen senken. Durch diese Übung kommt der Fluß der Lebenskraft in Ihrem Körper in ein Gleichgewicht.

Wiederholen Sie den Ablauf der Übung mit dem rechten und dem linken Bein jeweils zehn Mal. Strecken Sie sich danach eine Minute lang auf dem Boden aus, bevor Sie zur Meditation im Sitzen übergehen.

8. Meditation im Sitzen. Haben Sie bereits etwas Meditationserfahrung, dann benötigen Sie dazu keine weiteren Anweisungen. Sitzen Sie wie gewohnt für etwa eine halbe Stunde. Sie sollten jedoch nicht vergessen, daß diese Meditation wichtiger Bestandteil der ganzen Übungsfolge ist. Die Übungen sind nicht einfach rein zufällig zusammengestellt, mit der Sitzmeditation als Abschluß. Vielmehr ist die ganze Folge *eine* Meditation, zu der Bewegungsabläufe und Stillsitzen gehören.

Hier noch ein paar Hinweise für alle diejenigen, die noch keinerlei Meditationserfahrung besitzen. Setzen Sie sich bequem hin, entweder mit verschränkten Beinen auf ein Kissen am Boden oder aufrecht auf einen Stuhl. Finden Sie eine möglichst bequeme Lage, aber achten Sie darauf, die Wirbelsäule gerade zu halten. Schließen Sie die Augen oder senken Sie die Lider, so daß die Augen nur noch einen Spalt breit offen sind. Achten Sie auf Ihren Atem. Es mag sich zu Beginn als hilfreich erweisen, die Atemzüge zu zählen. Zählen Sie bis zehn und beginnen Sie dann wieder bei »eins«. Beginnt Ihre Aufmerksamkeit abzuschweifen (und das wird sie mit Sicherheit tun), dann lenken Sie sie ganz sanft auf den Atem zurück.

Meditation ist *Samādhi* – Achtsamkeit –, ein wichtiges Element des »Edlen Achtfachen Pfades«. Einfaches Sitzen in Meditation und Atem-Achtsamkeitsschulung sind die Voraussetzung, will man zu den Visualisierungen und *Mantra*-Übungen der fortgeschritteneren *Vajrayāna*-Übungen vorstoßen. Inzwischen haben auch Untersuchungen westlicher Wissenschaftler die stabilisierende und heilende Wirkung dieser grundlegenden Meditation bestätigt. Zahlreiche Untersuchungsberichte beweisen, daß Meditation günstige Auswirkung auf den Stoffwechsel hat und außerdem streßbedingte und psychosomatische Beschwerden lindert.[4]

Die *Kum-Nye*-Übungen und andere tibetische Theorien und Praktiken zu Heilung und Selbstheilung bauen auf der Anschauung auf, daß optimale Gesundheit einem entspannten ausgeglichenen und offenen Seinszustand gleichzustellen ist. Sie folgen darin der wichtigsten Entdeckung des Buddha – es gibt kein immerwährendes, isoliert zu betrachtendes Selbst – und dem Grundprinzip des *Tantra* – alle Dinge beziehen sich aufeinander, sind in irgendeiner Weise miteinander verbunden. Menschliche Krankheit, selbst eine geringfügige, erhält dadurch die Dimension eines kosmischen Ereignisses. Yeshe Dhönden, einer der bedeutendsten lebenden tibetischen Ärzte und Leibarzt S. H. des Dalai Lama, schreibt dazu:

> Als ein Körper ist der Mensch eine mikrokosmische, aber nichtsdestoweniger vollständige Reflexion der makrokosmischen Wirklichkeit, in die er eingebettet ist und die ihn jede Sekunde seines Lebens trägt und nährt; als Geist ist er ein leichtes Kräuseln an der Oberfläche des großen Ozeans des Bewußtseins.
> Der Zustand der Gesundheit ist ein Zustand des Gleichgewichts zwischen dem Mikrokosmos Mensch und dem Makrokosmos des Universums. Jede Störung dieses Gleichgewichts ist Krankheit.[5]

Obwohl die tibetische Medizin ein sehr kompliziertes System darstellt, mit sehr ausführlichen Methoden der Diagnose, einer langen medizinischen Ausbildung (etwa dreizehn bis fünfzehn Jahre für ein durchschnittliches Medizinstudium) und einer sehr differenzierten Arzneimittelkunde, ähnelte sie jedoch niemals ihrer westlichen Schwester. Es gab mehrere Jahrhunderte lang eine erfolgreiche Chirurgie, die später jedoch aufgegeben wurde. Es gibt mehrere Versionen der Erklärung hierfür. Eine dieser Erklärungen – eine eher volkstümliche Variante – besagt, daß ein König chirurgische Eingriffe untersagte, nachdem seine Mutter bei einem solchen Eingriff ums Leben gekommen war. Yeshe Dhönden erklärt das Verschwinden der Chirurgie damit, daß man im Laufe der Zeit entdeckt hatte, welche Schäden durch eine Operation verursacht werden, bleibende Schäden des Nervensystems und der Blutgefäße, die ein Praktizieren fortgeschrittener *Vajrayāna*-Meditationen unmöglich machen. Zu diesen Meditationen gehört nämlich eine sehr subtile Bewußtheit und Kontrolle körperlicher Prozesse.

Die tibetische Medizin kennt drei Arten von Heilmethoden: »Sanfte Methoden« – dazu gehören das rituelle Verbrennen von Räucherwerk, die Verordnung von *Rilbus* (pflanzliche Medikamente zur inneren Behandlung) und Salben (zur äußeren Behandlung); »stärkere Methoden« – dazu gehören Aderlassen und das Öffnen von Abszessen; und »gewaltsame Methoden« – dazu gehören das Entfernen von Fremdkörpern und das Wegbrennen von Abszessen. Da Operationen der inneren Organe nicht mehr durchgeführt werden, sind die Methoden dieser dritten Kategorie stark eingeschränkt. Wenn es irgend möglich ist, ziehen die tibetischen Ärzte die sanften Methoden allen anderen vor.

Bei Diagnose und Therapie zieht die tibetische Medizin verschiedene Bereiche in Betracht. Die Störungen werden unter ihren emotionalen, physischen, geistigen und ökologischen Aspekten betrachtet. Ein tibetischer Arzt zieht immer die Lebenssituation eines Patienten in Betracht, und er mag zu dem Schluß kommen, daß die Krankheit Ausdruck einer Störung im psychosozialen Umfeld des Patienten ist, verursacht etwa durch einen Todesfall, ein persönliches Mißgeschick, eine abrupte Veränderung. Dies deckt sich mit der für den Westen relativ neuen Entdeckung eines Zusammenhangs zwischen einer Situation, die starken Streß mit sich bringt – wie zum Beispiel der Verlust des Arbeitsplatzes, eine Scheidung oder die Aufnahme einer Hypothek –, und dem Auftreten einer Krankheit, ein Zusammenhang, der inzwischen durch medizinische Untersuchungen belegt wurde.[6]

Sind die Störungen hauptsächlich durch emotionale Probleme verursacht, dann besteht die Behandlung zum größten Teil aus »Nahrung« für die Gefühle des Patienten. »Katarrh, Schmerzen in den Augen, im Kopf und im Herzen, Schwindel und Appetitlosigkeit sind die Folge unterdrückter Tränen«, sagt ein tibetisches Lehrbuch der Medizin. »Schlaf, alkoholische Getränke und aufmunternde Worte sind in diesem Fall hilfreich.«[7]

Der Behandlung geht in den meisten Fällen jedoch eine ausführliche Diagnose voraus. Der Arzt untersucht genauestens den Körper seines Patienten, analysiert Urin- und Stuhlproben und erkundigt sich nach den Schlaf- und Eßgewohnheiten. Das Pulsnehmen ist für die tibetische Medizin die wichtigste Methode der Diagnose. Im Idealfall geschieht dies früh am Morgen, noch vor Sonnenaufgang. Der Puls wird an beiden Handgelenken genommen. Ein voll ausgebildeter tibetischer Arzt kann mit dieser Methode den Zustand von Herz, Darm, Galle, Magen, Nieren, Lunge, Leber, Blase und den inneren und äußeren Geschlechtsorganen diagnostizieren.

Ist eine medikamentöse Behandlung erforderlich, dann verordnet ein tibetischer Arzt Medikamente, die sich aus Kräutern und anderen in Tibet heimischen Bestandteilen zusammensetzen. Diese Medikamente werden in einer großen Zahl von unterschiedlichen Zusammensetzungen aus Wurzeln, Blättern, Halmen, Blüten, Früchten und Honig hergestellt. In bestimmten Medikamenten werden außerdem pulverisierte Minerale verwendet. Nach einer langwierigen theoretischen Ausbildung haben sich die angehenden Ärzte in Tibet meist auf eine lange Reise über Land begeben. Dabei lernten sie, wo die Rohstoffe für ihre Präparate zu finden waren, konnten sich einen ausreichenden Vorrat davon zulegen und sich außerdem langsam mit ihrer Verwendung vertraut machen. Die Materialien wurden auf vielfältige Weise verwandt. Man kochte sie zum Beispiel auf, und der Patient mußte die dabei entstehenden Dämpfe inhalieren. Sie wurden zu Kräutertees gemischt oder zu Breipackungen zerstoßen. Keines dieser Medikamente versprach eine schnelle Heilung, jedes entwickelte jedoch bei längerer Einnahme eine starke Heilwirkung und war außerdem geeignet, Krankheiten vorzubeugen.

Auch wenn ein tibetischer Arzt oft physische Faktoren als Verursacher einer Erkrankung diagnostiziert, medikamentöse Behandlung empfiehlt und seine Beschreibung des Körpers und der verbreiteten Krankheiten mehr oder weniger der der westlichen Ärzte entspricht, lebt die tibetische Medizin dennoch nicht in der gleichen Vorstellungswelt wie die unsrige. Die großen tibetischen Ärzte sind Lamas, und ihre Vorstellungen vom Körper und vom Kosmos sind weitgehend von ihrem durch den Yoga und das *Tan-*

tra geprägten religiösen Erbe beeinflußt. Ihre Physiologie beschreibt dieselben Organe, mit denen sich auch die westliche Physiologie befaßt, zieht dabei jedoch oft besonders deren emotionale und spirituelle Funktionen in Betracht. Der Körper beinhaltet für sie auch die *Chakras* und die sie verbindenden Kanäle *(Nādīs)*, die in den *Vajrayāna*-Übungen eine große Rolle spielen. Die Krankheiten werden als Störungen im Zusammenwirken der als »Wind«, »Galle« und »Schleim« bezeichneten Elemente klassifiziert – Elemente, aus denen der menschliche Körper und die »unbelebte« Natur bestehen und die zu verschiedenen Jahreszeiten das System auf unterschiedliche Weise beeinflussen. In manchen Fällen wird zur Diagnose auch eine ausführliche astrologische Berechnung durchgeführt, um Aufschluß über möglicherweise weit zurückliegende karmische Krankheitsursachen zu erhalten.

Obwohl viele der Lama-Ärzte auf intellektueller und geistlicher Ebene besonders hervorragende Persönlichkeiten sind, spielt der Patient in der tibetischen Medizin niemals nur die Rolle eines passiven Empfängers ärztlicher Weisheiten. Der Patient übergibt seinen Körper nicht irgendeinem Experten zwecks eiliger Reparatur, er wird dazu gebracht zu verstehen, in welchem Ausmaß er selbst an der Verursachung seiner Krankheit teilhat und wie er selbst den Heilungsprozeß damit auch aktiv beeinflussen kann.

Die Erfahrung, geheilt zu werden und sich gleichzeitig selbst zu heilen, ist äußerst bedeutsam, wichtiger vielleicht als die Einzelheiten der medizinischen Praxis. Arzt und Patient müssen sich selbst und dem anderen trauen, um sich selbst und den anderen besorgt sein. Da tibetische Medizin und buddhistische Philosophie eine untrennbare Einheit darstellen, steht die Tugend des Mitgefühls im Vordergrund jeder Ausbildung zu einem Heilberuf. Der Bewußtseinszustand des Patienten ist gleichermaßen wichtig. Mitleid mit sich selbst (nicht zu verwechseln mit einem wehleidigen Selbstmitleid), Bewußtsein und Geistesgegenwart, eine realistische Einschätzung der karmischen Ursachen der Krankheit (jede Krankheit hat nicht nur eine, sondern sehr viele Ursachen), positive Aufgeschlossenheit und Zuversicht (kein blinder Glaube daran, daß es in jedem Fall gutgehen wird – dies muß es nicht notwendigerweise –, sondern Vertrauen, daß Heilung ein ganz natürlicher Vorgang und damit möglich ist) – dies sind die optimalen emotionalen Voraussetzungen für eine Selbstheilung. Yeshe Dhönden bringt dies, rückgreifend auf die Vorstellung, daß Krankheit eine Störung des Gleichgewichts zwischen Mikrokosmos (dem Kranken) und Makrokosmos (dem Universum) ist, auf einen einfachen Nenner: »Solange die Störung nicht unwiderruflicher Natur ist – in diesem Fall ist der Tod die Heilung –, führt die spontane und ungehinderte Reaktion des Mikrokosmos darauf zu einer Heilung.«[8]

Es ist ein ziemlich nutzloses Unterfangen, darüber urteilen zu wollen, ob die tibetische Medizin, so wie sie vor 1959 in Tibet praktiziert wurde und unter den Exiltibetern in Indien auch heute noch praktiziert wird, der westlichen Medizin überlegen oder unterlegen ist. Sie ist »ganzheitlich«, »holistisch« im besten Sinn dieses in neuster Zeit reichlich überstrapazierten Wortes. Sie ist voll in die tibetische Kultur und ihr religiöses Weltbild, den tantrischen Buddhismus, integriert; sie diente der Behandlung der für Tibet typischen Krankheiten (Hautkrankheiten waren häufig; Krebsfälle gab es kaum) und benutzte dazu pflanzliche und mineralische Produkte des Landes. Krankheit und Heilung hatten gleichzeitig einen physischen, psychischen, sozialen, ökologischen und geistig-spirituellen Aspekt, und man ging auf allen diesen Ebenen simultan damit um. Nur wenn wir die Besonderheiten Tibets und der tibetischen Kultur nicht außer acht lassen, können wir als Europäer oder Amerikaner die tibetische Medizin studieren, ohne der Erwartung zum Opfer zu fallen, es ließe sich alles übertragen. Wir können sicherlich einiges von ihr lernen und übernehmen, vieles wird sich jedoch als für den Westen ungeeignet erweisen.

Sogenanntes »Geistheilen« spielt in der tibetischen Medizin eine große Rolle. Es gibt unzählige Berichte, die die wunderbaren Heilkräfte bestimmter Lamas bezeugen; manche von ihnen vermochten sogar zu heilen, ohne den Kranken zu sehen oder in seiner Nähe zu sein. Wir wissen auch von vielen *Vajrayāna*-Meistern, deren meditative Kraft und Bewußtsein ihrer eigenen Körperfunktionen so weit ging, daß sie sich selbst von den schwersten Krankheiten zu heilen vermochten. In diesen Fällen sind Visualisierungen, Rituale und *Mantras* die »Therapie«. Die Schriften, die sich mit diesem Thema befassen, warnen uns jedoch vor übereilter Begeisterung. Sollte die Geistheilung nicht durch einen wahrhaft vollendeten Meister zustande gekommen sein, wird sie aller Wahrscheinlichkeit nach nur eine zeitweilige Besserung bringen, es sei denn, die Ursachen, die zu der Krankheit führten, würden ebenfalls beseitigt. Andernfalls werden die Ursachen – emotionaler, körperlicher oder geistig-spiritueller Natur – sich erneut auswirken, und der Patient wird wieder krank. Einige mit westlicher Medizin vertraute tibetische Ärzte warnen in ähnlicher Weise vor »wissenschaftlichen Wundern«, schnellen Wunderkuren. Eine Behandlung, die etwa Krebs heilt, ohne daß man wüßte, wodurch Krebs verursacht wird, kann dazu führen, daß sich die Ursachen der Krankheit auf andere Weise manifestieren – möglicherweise schlimmer als zuvor.[9]

Mit diesen Vorbehalten im Hinterkopf können wir uns nun der experimentellen Erprobung einiger tibetischer Heilmethoden zuwenden. Wir sollten dabei darauf achten, daß ein meditativer Umgang mit diesen Methoden Voraussetzung ist, daß alle Kuren sacht und behutsam angewandt sein wollen, ohne daß wir unser Ego mit übertriebenen Vorstellungen von unserer Macht zu heilen aufblasen. Und sehr oft werden wir uns darein schicken müssen, daß eine Krankheit einfach ihren Lauf nehmen muß, oder daß sie nur durch die Änderung der krankmachenden Lebensweisen geheilt werden kann.

Nehmen wir also an, daß Sie über eine gewisse Meditationserfahrung verfügen und daß Sie eine Person, an der Ihnen wirklich etwas liegt, von Muskelschmerzen befreien wollen, die wahrscheinlich durch Verspannung oder durch Überanstrengung entstanden sind. Lassen Sie diese Person sich niederlegen oder -setzen, so daß Sie die Schmerzstelle leicht berühren können. Setzen Sie sich eine Weile ruhig und entspannt daneben. Lassen Sie die Augen dabei geöffnet und achten Sie auf Geräusche und Töne am Ort des Geschehens. Versuchen Sie, mit den Augen zu hören, dies führt – so heißt es – zu einem veränderten Bewußtseinszustand, in dem die Heilkräfte besonders wirksam werden. Eine weitere vorbereitende Heilmeditation, zu der wesentlich mehr Übung gehört, besteht darin, im »Dritten Auge«, dem Energiezentrum zwischen den Augenbrauen, eine grüne, ungefähr erbsengroße Lichtkugel zu visualisieren. Es sollte ein klares, leuchtend grünes Licht sein, dessen Farbton zum Zentrum der Kugel hin immer dunkler wird. Meditieren Sie über dieses Licht, stellen Sie es sich als eine von Ihnen erzeugte heilende Energie vor, und werden Sie sich gleichzeitig der Person zu Ihrer Seite bewußt. Fühlen Sie den Schmerz, den sie fühlt. Handeln Sie aus dem Wissen, daß Mitgefühl der Kern der buddhistischen Vorstellung vom Heilen ist. Der Schmerz der anderen Person muß Ihnen so sehr am Herzen liegen, daß Sie willens sind, ihn selbst auf sich zu nehmen.

Reiben Sie Ihre Handflächen etwa in Höhe des Herzzentrums kräftig und energisch gegeneinander. Die Hände werden warm, und Sie entdecken vielleicht einen Strom pulsierender Energie zwischen den Handflächen, der auftritt, sobald Sie die Hände ein paar Zentimeter auseinanderhalten, und der wie ein magnetisches Kraftfeld wirkt. Spielen Sie mit dieser Energie, lernen Sie sie kennen und legen Sie dann Ihre Hände auf die Schmerzstelle. Lassen Sie Ihre Hände dort so lange ruhen, wie es Ihnen angemessen erscheint.

Sie haben eine Situation erzeugt, in deren Mittelpunkt der Kontakt zu einem anderen Menschen steht sowie Entspannung, Bewußtheit und Fürsorge. Was auch immer Sie von *Chakras* und »grünen Lichtkugeln« halten mögen – ungeachtet Ihrer diesbezüglichen Zweifel und Hemmschwellen hat die von Ihnen geschaffene Situation eine heilende Wirkung.

In Verbindung mit solchen Praktiken finden auch *Mantras* Verwendung. Sie können das *Mantra* wie in einer Meditation lautlos in sich zum Schwingen bringen, oder es gemeinsam mit Ihrem »Patienten« singen. Das *Mantra* »*Om Mani Padme Hum*« (tibetische Aussprache: Om Mani Pähme Hung) gebraucht man in diesem Zusammenhang recht häufig. In der Symbolik des tibetischen Buddhismus ist es dem Bodhisattva des Mitgefühls zugeordnet. Will man sich selbst heilen, so setzen die Keimsilben *Om Ah Hum* kraftvolle heilende Energien in dieser Richtung frei.

Bei der Selbstheilung kann man ähnlich wie bei der oben beschriebenen Sitzung vorgehen. In diesem Fall wird man wahrscheinlich noch tiefer in die Meditation hineingehen können, die Gefühlsqualität des grünen Lichts viel tiefer erspüren können. Hat man es erfolgreich visualisiert, so sollte man sein Auftreten freudig begrüßen, so, als sei es ein mitfühlendes Wesen, das gekommen ist, um uns zu helfen. Wird das grüne Licht klar gesehen und empfunden, dann richtet sich Ihre Bewußtheit wie von selbst auch auf die Schmerzstelle im Körper. Wie bei allen buddhistischen Übungen und Techniken besteht das Wunder darin, das Wunder zuzulassen. Sie erzwingen nichts, sondern sind für die Dinge offen, die Sie in Erscheinung treten lassen.

Es gibt eine einfache und sehr wirkungsvolle Atemübung, die man zur Selbstheilung und bei der Heilung anderer anwenden kann. Es ist ein tiefes, wellenförmig rollendes Atmen und erinnert an Atemtechniken des *Hatha-Yoga* und der Reichschen Körpertherapie. Man legt sich dazu auf den Rücken, egal ob im Bett oder auf dem Boden, mit einem Kissen in Kreuzbeinhöhe; die Einzelheiten der Körperhaltung sind dabei nicht so wichtig. Wer mit Übungen dieser Art noch nicht vertraut ist, sollte jedoch, um die Besonderheiten der Zwerchfellatmung kennenzulernen, eine Hand leicht auf den Bauch unterhalb des Nabels legen. Man atmet in drei Phasen ein: Der Unterbauch hebt sich, so daß die Luft in die unteren Lungenspitzen eindringen kann. Diese erste Phase geht fließend in die zweite Phase über: Der mittlere Lungenabschnitt füllt sich, wobei sich die Bauchdecke in der Magengegend hebt. In der sich fließend anschließenden dritten Phase dehnt sich der Brustkorb, und die oberen Lungenspitzen füllen sich mit Luft, wobei die Schultern möglicherweise ein wenig angehoben werden. Langsam und sanft folgt das Ausatmen. Zuerst entspannt sich der Brustkorb, dann die Magengegend und schließlich die unteren Lungenpartien. Sie sollten spüren, wie sich der Bauch unter Ihrer Hand senkt, wenn der letzte Rest Luft ausgeatmet wird.

Damit diese Übung ihre volle Wirkung entfalten kann, sollte man sie mindestens zwanzig Minuten lang durchführen. Sie werden merken, daß dabei alle möglichen Gefühle aufsteigen können; sie werden gewahr, was in den physischen und emotionalen Zentren Ihres Körper-Geist-Systems abläuft. Es kann sein, daß Sie dabei von starkem Ärger oder tiefer Trauer überwältigt werden; deshalb ist es empfehlenswert, diese Übung nicht völlig allein durchzuführen, zumindest, wenn Sie sich unsicher fühlen. Die Übung kann Ihnen auch körperliche Verspannungen bewußt machen, die Sie bisher noch nicht bemerkt hatten. In diesem Fall ist eine Massage oder eine Selbstmassage sehr hilfreich.

Führen Sie diese Übung sehr langsam und nur für einige Minuten aus, dann wirkt sie als einfache Entspannungsübung; um Energie in Ihnen freizusetzen, können Sie sie auch schneller und energischer üben. In Zeiten persönlicher Krisen, wenn Sie fühlen, wie die Spannung in Ihnen wächst, die Wucht der Emotionen zunimmt, können Sie mit der langsamen Übung dieser Atmung bis zu neunzig Minuten arbeiten. Solange Sie dabei nicht zu hastig atmen, wird es nicht zu einer Hyperventilation kommen. Diese Übung ist vor allem eine Reinigung; sie erlaubt Ihnen, Gefühle aufsteigen zu lassen und sie dann loszulassen. Die im Nervensystem angestaute Spannung wird frei.

Zweifellos können wir sehr viel Brauchbares in diesen tibetischen Entspannungsübungen und allgemein in der tibetischen Medizin entdecken und uns zunutze machen. Betrachten wir die darin enthaltenen Praktiken jedoch nur als Techniken – einige davon brauchbarer als andere –, aus denen wir uns herausgreifen können, was uns gerade nützlich ist, dann entgeht uns der in diesen Lehren enthaltene Kern. Wir müssen unter allen Umständen die dem System zugrunde liegende Philosophie in Betracht ziehen. Ich meine damit nicht nur, daß wir aufgefordert sind, einige unserer ichzentrierten und selbstzerstörerischen Lebensweisen aufzugeben, obwohl auch dies schon ein großer Fortschritt wäre. Ich meine damit die Grundvorstellung des *Tantra*, daß alle Dinge in allen Welten zueinander in Beziehung stehen, und das vom *Mahāyāna* in den Vordergrund gestellte Prinzip des Mitgefühls, des »Mitfühlens«. Wir werden niemals begreifen, was uns der tibetische Buddhismus zum Thema Gesundheit zu sagen hat, wenn wir die Bedeutung dieser beiden Gesichtspunkte vernachlässigen und das viel umfassendere und tiefere Gesundheitsverständnis, das sie uns vermitteln können, außer acht lassen.

In den vergangenen Jahren ist das Interesse an ganzheitlichen Heilmethoden sprunghaft gestiegen. Wir wissen jetzt, daß Gesundheit nicht nur körperliche Gesundheit ist, sondern auf einem geistig-seelisch-physischen Gleichgewicht beruht. Wir kommen immer mehr zu der Überzeugung, daß Heilmethoden ein optimales Wohlbefinden zum Ziel haben sollten und nicht nur darauf angelegt sein sollten, isolierte Symptome auszuschalten. Dies ist eine vielversprechende Entwicklung, doch immer noch sehr begrenzt, denn wir haben damit ja nicht aufgehört, in Begriffen des Wohlbefindens einzelner, voneinander getrennter Individuen zu denken. Die neuen Strömungen der ganzheitlichen Medizin sind insofern noch nicht eigentlich »holistisch«. Wenn wir sie jedoch mit den grundsätzlichen Werten der buddhistischen Philosophie verbinden, könnten sie sehr wohl holistisch werden.

Die tantrische Vorstellung der gegenseitigen Bezogenheit aller Dinge verliert ihren Hauch des Geheimnisvollen, wenn wir sie an unserer eigenen Erfahrung messen und daran denken, wie sehr unsere Körper durch Strahlungen, krebsverursachende Substanzen, Luftverschmutzung, chemieverseuchte Gewässer und gifthaltige Nahrung zu leiden haben, wenn wir uns bildlich vorstellen, daß unsere Lungen mit unzähligen Auspuffrohren verbunden sind. Oder bedenken wir einmal das zweifelhafte *Karma,* das wir durch die heutigen Atomkraftwerke zukünftigen Generationen vererben. Der *Mahāyāna*-Buddhismus lehrt, daß kein Individuum völlige Erleuchtung erlangt, solange nicht alle erleuchtet sind. Auf die Gesundheit übertragen besagt dieses Prinzip, daß keiner vollkommen gesund sein kann, solange nicht alle gesund sind.

6. Expandierendes Universum – expandierendes Bewußtsein

Ich wohne in der Nähe von zahlreichen theologischen Seminaren und Schulen verschiedenster Konfessionen, die sich in ökumenischer Gutnachbarlichkeit auf einem Hügel zusammendrängen, der schon vielen Generationen von Studenten aus der Gegend von San Francisco als »Holy Hill« ein Begriff ist. In diesen efeuüberwucherten Gebäuden nehmen die Studenten das theologische Erbe ihrer jeweiligen Kirche in sich auf und bereiten sich auf ihr Priesteramt vor. Die theologischen Seminare des »Holy Hill« sind nur lose mit der staatlichen University of California in Berkeley verbunden, deren Gebäude gleich nebenan liegen. Unserer traditionellen Trennung von Kirche und Staat entsprechend sind sie selbständige Institutionen.

Solche Trennungen sind die Grundlage unserer modernen westlichen Gesellschaften. Ich gehe oft auf dem »Holy Hill« spazieren und denke dabei über unsere Mentalität nach, die das Wissen so gerne aufspaltet und spezialisiert. Von dort aus sieht man auf einem anderen Hügel den Gebäudekomplex der Kernforschungs-Institute: den Elementarteilchenbeschleuniger, das Lawrence Berkeley Laboratory für Physik, das Gebäude, in dem die Abteilung für Kernchemie untergebracht ist. Die Theologiestudenten vom »Holy Hill« haben natürlich wenig Ahnung von dem, was in diesen ziemlich häßlichen Gebäuden geschieht; das ist ja auch nicht ihre Sache. Und die Kernphysiker sind im allgemeinen kühle Rationalisten, die für solch »irrationalen Unsinn« wie die Theologie nicht zu haben sind.

Wie ein Abbild des in einzelne Schubladen aufgeteilten westlichen Geistes erstreckt sich südlich des »Holy Hill« der Campus der University of California, mit Gebäudekomplexen für jede wissenschaftliche Disziplin. Das Seminar für Psychologie ist gar nicht weit entfernt, und die Philosophen sind, natürlich in einem eigenen Gebäude, ein wenig weiter südlich untergebracht.

Auch das von einem tibetischen Lama gegründete interdisziplinäre Nyingma Institute, welches Kurse in buddhistischer Meditation, Philosophie und vergleichender Psychologie anbietet, ist vom »Holy Hill« aus zu sehen. Es liegt gutplaziert mitten in diesem Supermarkt der Wissenschaften, mit seinen bunten, im Wind flatternden Gebetsfahnen wie ein Außenposten einer anderen Zeit und Welt. Menschen der verschiedensten Glaubensrichtungen, Weltanschauungen und wissenschaftlichen Fachgebiete finden sich dort zusammen: Theologiestudenten vom »Holy Hill«, Philosophiestudenten von der Universität, Psychologen, Therapeuten und Vertreter anderer Heilberufe aus San Francisco und der ganzen Bay Area, zuweilen sogar ein Physiker des Lawrence Berkeley Laboratory. Sie alle studieren den tibetischen Buddhismus und betrachten ihn aus der Perspektive ihres jeweiligen Wissensgebietes. Das Ganze mag uns stark an das alte Gleichnis von den Blinden und dem Elefanten erinnern.

Die Tatsache, daß wir das Wissen so gerne in getrennte Schubladen einordnen, stellt für uns das größte Hindernis in der Bemühung um ein Verständnis des tibetischen Buddhismus dar. Die westlichen Kulturen haben die verschiedenen Forschungsbereiche mit einer Radikalität voneinander getrennt, die dem Osten von jeher fremd war. Machen wir uns daran, eine östliche Disziplin zu studieren, so fragen wir zuerst einmal danach, in welche Schublade sie denn gehört, und sobald wir sie in einem Fachbereich eingeordnet haben, studieren wir sie aus der Sicht dieses Faches – einer Sicht, die natürlich eine westliche ist.

Die meisten Menschen des Westens ordnen den Buddhismus in die Kategorie »Religionen« ein und erwarten deshalb von ihm, daß er sich so verhält, wie eine anständige Religion sich eben zu verhalten hat: daß er über Gott spekuliert und vor wissenschaftlichen Fakten den Hut zieht.

Diese Anschauung führt zu endlosen Problemen, kleinen Kurzschlüssen in der interkulturellen Kommunikation. Als der Dalai Lama im Jahre 1973 durch Europa reiste, traf er mit dem Papst und anderen religiösen Führern des Kontinents zusammen. Sie versuchten verschiedentlich, ihn in ein Gespräch über Gott zu verwickeln. Er entschuldigte sich dann mit dem Bekenntnis, von dieser Sache nichts zu verstehen. Einem Gesprächspartner sagte er: »Gott ist Ihre Angelegenheit; meine Angelegenheit ist *Karma.*«[1] Eine schöne Religion, deren führende Persönlichkeit nicht über Gott sprechen will!

Da wir dunkel fühlen, daß wir den Buddhismus nicht einfach auf das Bücherbord neben die übrigen »großen Religionen der Menschheit« einreihen können, versuchen wir, ihn anderen Wissensgebieten zuzuordnen; seit der Buddhismus im Westen bekannt wurde, hat es viele solche Versuche gegeben. Die ersten europäischen Buddhologen des ausgehenden neunzehnten und frühen zwanzigsten Jahrhunderts betrachteten ihn fast durchweg als eine der Stoa vergleichbare nicht-theistische Philosophie. Solange sie ihre Aufmerksamkeit allein auf eine – zudem noch einseitige – Auswahl von Texten der frühbuddhistischen Philosophie richteten, ließ sich diese Klassifizierung noch vertreten. Mit den okkulten und erotischen Ausdrucksformen späterer Schulen des Buddhismus konnten sie nichts anfangen, außer sie als Verirrung zu verurteilen.

Alan Watts, der viel zur Popularisierung des *Zen* in den Vereinigten Staaten beigetragen hat, kam zu dem Schluß, daß sich die Weisheit des Ostens am besten durch das psychologische Fenster betrachten läßt: »Wenn wir uns solche Lebensformen ... eingehender betrachten, dann stoßen wir weder auf eine Philosophie noch auf eine Religion nach westlicher Auffassung, sondern auf etwas, was mehr Ähnlichkeit mit Psychotherapie besitzt.«[2]

So haben dann viele Menschen im Westen den Buddhismus als bloße Psychotherapie verstanden, als etwas, das ihnen die Möglichkeit gab, Streß abzubauen, bewußter zu werden und mit den schmerzlichen Seiten der menschlichen Existenz besser umgehen zu können.

In gewisser Hinsicht *ist* der Buddhismus eine Therapie, und die Verbindung seiner alten Weisheit mit der westlichen Psychologie hat sich vielfach als sehr fruchtbar erwiesen. Sobald wir uns jedoch einigermaßen daran gewöhnt haben, ihn diesem Wissensgebiet zuzuordnen, kommt ein anderer daher und sagt: »Jetzt sieh die Sache doch mal *so* ...«, und macht uns darauf aufmerksam, daß der Buddhismus etwas ganz anderes ist als eine Form der Psychotherapie.

Anfang der siebziger Jahre entdeckte man, daß der Buddhismus – und mit ihm andere Religionen des Ostens – etwas Ähnliches ist wie das, was wir unter Physik verstehen, eine Erforschung des stofflichen Universums. In diesem Fall war es Fritjof Capra, ein Abgesandter aus jenen häßlichen Laboratorien oberhalb von Berkeley, der unsere Aufmerksamkeit in diese Richtung lenkte. Er schrieb ein sehr gelehrtes und viel gelesenes Buch *Der kosmische Reigen*, in dem er Parallelen zwischen den Religionen des Ostens und der modernen theoretischen Physik aufzeigte.

Jede Entdeckung eines neuen Blickwinkels, unter dem man die Religionen des Ostens sehen kann, war ein Ausdruck einer Veränderung in unserer eigenen Kultur. Die Grundlagen des Buddhismus haben sich im Laufe der letzten Jahrzehnte kaum verändert, die westlichen Gesellschaften sind jedoch durch eine ganze Reihe von intellektuellen Revolutionen, radikalen Umwälzungen in den einzelnen Wissensgebieten, gegangen – oder befinden sich noch inmitten einer solchen Veränderung. Jede dieser Umwälzungen verschiebt unsere Perspektive, gibt uns einen neuen Standpunkt, von dem aus wir die Phänomene außereuropäischer Kulturen auf andere Weise ansehen können.

Unser religiöses Establishment zum Beispiel hat dem angehenden Studenten des Buddhismus wenig Hilfe und schon gar keine Ermutigung gegeben. Innerhalb und außerhalb der Kirchen finden zur Zeit in unserem Verhältnis zur Religion jedoch wichtige Umbrüche statt. Das augenfälligste Charakteristikum dieser »neuen Religiosität« ist die Hinwendung zu esoterischen Bereichen. Die Wiederentdeckung des Mysteriums der Existenz, die Betonung von innerer Erfahrung, der Umwandlung der Persönlichkeit und der Erweiterung des Bewußtseins stehen in ihrem Mittelpunkt. All das hat sich als mehr als nur eine vorübergehende Modeerscheinung erwiesen, und die Theologen können deshalb nicht umhin, diese Entwicklung aufmerksam zu verfolgen und sich solch »exotischen« Gedanken vorsichtig zu öffnen. Zu ihrer Erleichterung stellen sie bei näherer Betrachtung des Buddhismus fest, daß er im westlichen Sinn eigentlich keine Religion ist und deswegen nicht im Gegensatz zu den Religionen des Westens stehen muß.

Auch die Psychologie hat sich gewandelt. Es gab eine Zeit, da war das Wort Psychologie in den Vereinigten Staaten gleichbedeutend entweder mit Freudscher Psychologie oder mit Verhaltenspsychologie. Die Freudsche Psychologie beherrschte das Feld der Psychoanalyse, der Behaviorismus die theoretische Psychologie und die akademische Forschung. Für asiatische Lebens- und Weltanschauungen waren sie beide nicht zugänglich. Die Psychoanalytiker interessierten sich nur insoweit für religiöse Symbole, als sie sie zu einem psychoanalytischen Begriff zurechtbiegen konnten, und die Verhaltenspsychologen waren allem feindlich gesinnt, was auch nur im entferntesten den Beigeschmack des Mystischen hatte. Die einzige psychologische Schule, die sich östlichen Einflüssen offen zeigte, war die analytische Psychologie C. G. Jungs, die wegen der Kompliziertheit ihrer psychologischen Theorie ohnehin nur einer kleinen Elite zugänglich war. Mit dem Auftreten der humanistischen Psychologie zwischen 1960 und 1970 fand die Psychologie jedoch erstmalig zu allgemeinverständlichen Vorstellungen, die sich mit östlicher Philosophie vereinbaren ließen und gleichzeitig dem westlichen Laien zugänglich blieben. Alan Watts baute auf einigen dieser Ideen seine bekannte Studie *Psychotherapie und östliche Befreiungswege*[3] auf und konnte damit die psychologische Seite des östlichen Denkens verständlich machen.

Und nun gelangen wir zur neuen Physik. Hätte die westliche theoretische Physik nicht eine ganze Reihe von Revolutionen durchlaufen, es hätte keine Bücher über die Ähnlichkeiten zwischen Physik und östlichen Religionen geben können. Solange die westliche Physik die Welt durch die Augen von Isaac Newton betrachtete, konnte sie unmöglich entdecken, was der Buddhismus mit theoretischer Physik zu tun haben könnte. Wie Capra in seinem Buch einleitend bemerkt, gibt uns die moderne Physik jedoch ein ganz anderes Bild von der Beschaffenheit des Kosmos:

Die Erforschung des Atoms und von dessen Bestandteilen im zwanzigsten Jahrhundert enthüllte eine unerwartete Begrenzung der klassischen Vorstellungen und macht eine radikale Revision vieler unserer Grundbegriffe notwendig. Zum Beispiel ist der Begriff »Materie« in der subatomaren Physik völlig anders als die traditionelle Auffassung von einer materiellen Substanz in der klassischen Physik. Das gleiche gilt für Begriffe wie Raum, Zeit oder Ursache und Wirkung. Diese Begriffe liegen jedoch unserer ganzen Weltanschauung zugrunde, und mit ihrer radikalen Umwandlung begann sich auch diese zu ändern.

In den letzten Jahrzehnten haben Physiker und Philosophen diesen von der modernen Physik bewirkten Wandel ausgiebig diskutiert, doch sehr selten stellte man fest, daß alle diese Änderungen offenbar in die gleiche Richtung führen, nämlich zu einer Ansicht von der Welt, die den Anschauungen der östlichen Mystik stark ähnelt... Obwohl diese Parallelen bisher noch nicht ausführlich erörtert wurden, haben sie doch einige der größten Physiker unseres Jahrhunderts zur Kenntnis genommen.[4]*

Zwei Dinge bleiben uns zu tun, wenn wir verstehen wollen, was Fritjof Capra meint, und sehen wollen, inwieweit es sich auch auf den tibetischen Buddhismus bezieht. Zuerst müssen wir einige Grundideen des tibetischen Buddhismus unter die Lupe nehmen und sehen, was sie als Aussagen über das physische Universum hergeben. Zweitens müssen wir einen Blick darauf werfen, wie sich die Vorstellungen unserer Physik – der klassischen und der neuen – entwickelt haben.

Die »buddhistische Physik« findet in solchen Begriffen wie »Unbeständigkeit«, »Nicht-Zweiheit« und besonders in jenem schwerverständlichen zentralen Begriff des *Mahāyāna, Shūnyatā,* Ausdruck. *Shūnyatā* ist nicht nur als die »Große Leere« zu verstehen, aus der alle physischen Objekte hervortreten, sie ist gleichzeitig die wesentliche Eigenschaft aller physischen Objekte. Im *Herz-Sūtra* heißt es: »Form ist Leere, Leere ist Form.«

Diese Vorstellung, der Grundstein der *Mahāyanā*-Philosophie, findet sich auch im *Vajrayāna*-Buddhismus. Der Diamant – klar, doch unzerstörbar, selbst farblos, doch alle Farben reflektierend – ist ein Symbol für *Shūnyatā.* Der tibetische Buddhismus verfeinerte und differenzierte zudem die Lehre von der Unbeständigkeit,

---

* Seit dem ersten Erscheinen der Originalausgabe des Buches von Capra im Jahre 1975 hat die Physik auf breiterer Ebene diese Parallelen zur Kenntnis genommen, und es sind eine Reihe von Arbeiten zu diesem Thema veröffentlicht worden, wie etwa das Buch *Die tanzenden Wu Li Meister*, von Gary Zukav, Rowohlt, 1981. (Anm. d. Übs.)

der Instabilität aller Phänomene und Ereignisse. Und die Tantriker betonen die Wechselwirkung aller Dinge aufeinander und wehren sich entschieden dagegen, vorschnelle Unterscheidungen zwischen den »Dingen des Bewußtseins« und den Dingen der »wirklichen Welt« zu treffen.

Diese drei Hauptideen – Unbeständigkeit, Nicht-Zweiheit und *Shūnyatā* – lassen sich je nach Bedarf auf ganz verschiedene Gebiete anwenden: Moralphilosophisch führen sie zu Lebensrichtlinien, die auf der Sinnlosigkeit des Haftens an substanzlosen Objekten in einer Welt des Wandels basieren; in religiöser Hinsicht sind sie Aussage über das letztliche Wesen der Wirklichkeit; als psychologische Kategorien sagen sie uns etwas über das Wesen der Wahrnehmung äußerer Formen; und aus *physikalischer* Sicht sind sie Aussagen über Materie und Energie. Als Physik unterscheidet sich der Buddhismus offensichtlich stark von der Newtonschen Variante. Aus Newtons Sicht erschuf Gott ein Universum physischer Einheiten und diktierte die Gesetze, nach denen sich diese Körper zu bewegen und zu verhalten haben.

Es scheint mir wahrscheinlich, daß Gott zu Beginn Materie in dichten, massiven, harten, undurchdringlichen, beweglichen Partikeln von solcher Form und Gestalt, von solchen Eigenschaften und in solchem Verhältnis zum Raum erschuf, daß sie dem von ihm vorgegebenen Zweck aufs beste genügen konnten; als massive Einheiten sollten diese einfachen Partikeln unvergleichlich härter sein als alle aus ihnen zusammengesetzten porösen Körper, und zwar so hart, daß sie sich nie abnutzen oder in Stücke brechen können. So wäre keine Macht der Welt in der Lage zu teilen, was Gott am Anfang der Schöpfung als Einheit schuf.[5]

Newton schenkte uns die Vorstellung von einem mechanistischen Kosmos, in dem sich feste Körper wie in einem Uhrwerk durch den Raum bewegen. Die festen Körper bestanden aus noch festeren Partikeln, und auch wenn sie in Bewegung waren, nahmen sie einen – von A. N. Whitehead als »eindeutigen Standort« beschriebenen – ganz bestimmten Platz im Raum ein.

Wenn wir sagen, die Materie hat einen eindeutigen Standort, meinen wir, daß wir mit aller Bestimmtheit sagen können, wo sie ist: In einem eindeutig umgrenzten Ausschnitt des Raumes, während eines eindeutig begrenzten Zeitabschnittes.[6]

So ergibt sich das Bild eines Kosmos, der aus vielen *Dingen* zusammengesetzt ist, Dingen irgendwo da draußen – von uns und voneinander getrennt, sichtbar und fühlbar, in sich geschlossen. Voraussetzung hierfür ist eine bestimmte Sicht des Universums und eine bestimmte Sicht des Betrachters: Sie erfordert eine klare Trennung zwischen Subjekt und Objekt.

Die Formulierung dieser Trennung in all ihrer Radikalität schreiben wir im allgemeinen Newtons Vorgänger René Descartes zu. Descartes hat in seinen Hauptwerken die Grundbegriffe für ein Verständnis des physischen Universums erarbeitet. Er trennt darin das »Ich«, das die Erscheinungen erkennt, von der Welt der beobachteten Erscheinungen. Eigentlich beinhaltet das Kartesianische System drei Elemente: das Ich, die Welt und Gott; Gott erscheint jedoch nur an der Peripherie der Philosophie von Descartes. Die Hauptkategorien sind also die *res cogitans* des Denkens und die *res extensa* der physischen Objekte. Jedes Objekt mußte zu der einen oder zu der anderen Kategorie gehören, und Descartes ordnete eine überraschend große Anzahl von »Objekten« unter die *res extensa* ein – nicht nur unbelebte Gegenstände, sondern auch Pflanzen und Tiere gehörten für ihn zu den nicht-denkenden Automaten.

Damit schuf Descartes die geistigen Grundlagen unserer modernen Wissenschaften: die Sicht eines Universums eindeutig definierbarer Körper, die sich nach mechanischen Gesetzen durch den Raum bewegen, und eines menschlichen Erkenntnisvermögens, das deren Bewegung beobachten und die darin enthaltene Gesetzmäßigkeit entdecken kann. Die Lehren des René Descartes waren eine der Grundlagen für Newtons großartige Arbeiten über die Bewegung und Schwerkraft der Körper.

Dieser Entwicklungsschritt markierte eine Entfernung von älteren, organismischen Vorstellungen vom Universum, die die Materie als etwas Lebendiges und miteinander in Beziehung Stehendes verstanden hatten. Auch in Newtons Schriften tauchen zuweilen noch organismische Gleichnisse auf. Trotzdem wird deutlich, daß sich in ihnen eine ganz andere Weltsicht entwickelt. Sie betrachtete das Universum als Anhäufung von Einzelobjekten, jedes für sich betrachtbar und analysierbar. Und Gott, die schöpferische, bewegende Macht, war nicht mehr in allen ihren Funktionen enthalten. Zwar schlossen weder Descartes noch Newton Gott aus ihrem System aus, aber sie bereiteten, ob bewußt oder unbewußt, die Welt auf die Trennung von Theologie und Wissenschaft vor. Für Descartes war Gott der unwichtigste der drei den Kosmos konstituierenden Faktoren, nicht mehr als eine abstrakte Bezugsgröße. Er machte es späteren Wissenschaftlern leicht, nur noch vom Objekt und dem Beobachter des Objekts zu sprechen. Ähnlich schien sich auch Newtons Gott aus dem Szenarium des Naturgeschehens zurückgezogen zu haben, nachdem er einmal seine Arbeit geleistet und das Universum nach seinen Gesetzen in Gang gesetzt hatte. Newtons Nachfolgern fiel es sehr leicht, mit der Untersuchung des Uhrwerks fortzufahren und den Uhrmacher einem anderen Wissenszweig zu überlassen.

Die klassische Physik führte zu spektakulären wissenschaftlichen und technologischen Fortschritten und inspirierte eine der optimistischsten und enthusiastischsten Epochen der menschlichen Geschichte. Es schien, als würde der Mensch mit Hilfe streng wissenschaftlicher Methoden nun endlich die innersten Geheimnisse der Natur ergründen können. Der Dichter Alexander Pope verlieh dem überschwenglich optimistischen Geist seiner Zeit Ausdruck:

> Die Natur und der Natur Gesetze
> Lagen verborgen im Dunkel der Nacht.
> Da sprach Gott: »Es werde Newton!« –
> Und alles ward Licht.

Doch ist jeder Durchbruch zu einem erweiterten Verständnis der Natur, wie wir inzwischen zu verstehen beginnen, nur ein kurzlebiger und vorübergehender Sieg; neue Entdeckungen fügen sich zu einer neuen Wirklichkeit zusammen, die sich schon bald als ebenso zerbrechlich erweist wie die alte. Thomas Kuhn hat in seiner Untersuchung *The Structure of Scientific Revolutions* den Werdegang wissenschaftlicher Modelle aufgezeigt. In jeder wissenschaftlichen

Disziplin taucht an einem bestimmten Punkt eine neue Theorie auf und beherrscht diese Disziplin eine Zeitlang als offiziell anerkannte Wahrheit. Nach und nach werden in ihrem Unterbau Risse und Unstimmigkeiten entdeckt, sie fällt in sich zusammen und wird von der nächsten offiziell anerkannten Wahrheit ersetzt.[7] Vielfach beeinflussen wissenschaftliche Theorien ihr gesamtes gesellschaftliches Umfeld, so daß eine wissenschaftliche Revolution ein welterschütterndes Ereignis darstellt, das unser gesamtes Weltbild verändert. Dies geschah zum Beispiel durch die »kopernikanische Wende« in der Astronomie und nach Darwins Revolution der Evolutionstheorie.

Newtons Mechanik fand in der gesamten westlichen Welt starken Widerhall. Sie beeinflußte die französische Aufklärung, inspirierte politische Philosophen wie Locke und Voltaire und führte zu den neuen Technologien der ersten industriellen Revolution. Mehr als ein Jahrhundert galten Newtons Ideen als die offiziell anerkannte wissenschaftliche Wahrheit, doch dann zeigten sich erste Risse in seinem Gedankengebäude.

1887 führten zwei amerikanische Wissenschaftler, A. A. Michelson und E. W. Morley, einen Versuch zur Messung der Lichtgeschwindigkeit durch. Der Versuch war in völliger Übereinstimmung mit dem Newtonschen Modell aufgebaut und wurde mit großer Präzision durchgeführt. Er sollte experimentell nachweisen, daß sich das Licht, je nach dem Winkel, in dem es sich zur Bewegungsrichtung der Erde fortbewegt, mit unterschiedlicher Geschwindigkeit bewegt – auch wenn diese Unterschiede sehr gering veranschlagt wurden. Michelson und Morley fanden jedoch keine Unterschiede. Das Licht verhielt sich nicht so, wie es die Gesetze der Newtonschen Mechanik voraussagten.

1905 publizierte Albert Einstein seine spezielle Relativitätstheorie und unternahm damit den ersten Schritt in Richtung eines nach-newtonschen Modells, einer neuen Vorstellung des Raumes und der Zeit, in der es weder einen »eindeutigen Standort« noch eine absolute Zeit gab.[8] Ein Körper war nun nicht mehr einfach nur »da« – sei es in Ruhestellung oder in Bewegung –, sondern nur noch in Beziehung zu anderen Körpern bestimmbar. Die Zeit hatte nur noch Sinn in Relation zum Raum, der Raum nur Sinn in Relation zur Zeit. Mit seiner berühmten Gleichung $E = mc^2$ verkündete Einstein, daß Masse in Wirklichkeit eine Form von Energie ist und daß die Materie nicht, wie Newton gelehrt hatte, aus winzigen unteilbaren Partikeln besteht, sondern das vibrierende Erscheinungsmuster eines Etwas – oder eines Nichts – ist, das sich als Energie oder als Materie zu manifestieren vermag. Anschließende Forschungsarbeiten der Kernphysik ergaben ein genaueres und sich trotzdem dem allgemeinen Verständnis immer mehr entziehendes Bild dieser Erscheinungsmuster, doch die Atombombe bewies der Welt schließlich unmißverständlich, daß das Atom spaltbar ist und daß sich Masse in ungeheure Mengen von Energie umwandeln läßt. Schon lange vor diesem welterschütternden Ereignis hatte das Newtonsche Modell für die theoretische Physik an Bedeutung verloren. Fritjof Capra schreibt:

Die ersten drei Jahrzehnte unseres Jahrhunderts änderten radikal die ganze Situation der Physik. Zwei getrennte Entwicklungen, die Relativitätstheorie und die Atomphysik, zerstörten alle Grundbegriffe der Newtonschen Weltanschauung: die Vorstellung vom absoluten Raum und der absoluten Zeit, die festen Elementarpartikeln, die streng kausale Natur der physikalischen Phänomene und das Ideal einer objektiven Beschreibung der Natur. Keiner dieser Begriffe konnte auf die neuen Gebiete ausgeweitet werden, in welche die Physik nun eindrang.[9]

Die Gebiete, in die die neue Physik vordrang, schienen immer weniger etwas mit *Dingen* zu tun zu haben; sie waren – ähnlich dem Kosmos des Buddhismus – durch *Ereignisse* oder *Geschehen* charakterisiert.

... aus der Sicht der Quantentheorie tritt an die Stelle einer Vorstellung von der Bewegung materieller, mit einer konkreten Form ausgestatteter Körper, einer abgegrenzten, festen Konfiguration, einer Dauer, eines kontinuierlichen Fortbestehens durch die Zeit die Vorstellung von einem Prozeß, einem dynamischen Akt sich kontinuierlich vollziehenden *Werdens* ... Unabhängig von diesem Geschehen gibt es kein Sein ... Seine Wirklichkeit ist durch die Einheit der verschiedenen Prozesse definiert, die zu seinem Zustandekommen beitragen.[10]

Was war geschehen? Vor etwa hundert Jahren hatte die Wissenschaft, noch fest auf dem Boden des Newtonschen Paradigmas stehend, begonnen, das Wesen der Atome, der Grundbausteine aller Materie, zu erforschen. Als die Wissenschaft dann schließlich bis zum Atom vorstieß und sogar dieses noch spaltete, öffnete sich vor ihren Augen eine ganz neue Welt subatomarer Partikel. Als man diese subatomaren Partikel dann näher untersuchte, wurde deutlich, daß – was immer sie auch waren – sie nicht einfach Bruchstücke von massiver Stofflichkeit sein konnten. Sie ließen sich unter bestimmten Voraussetzungen als Wellen beschreiben, unter anderen Bedingungen als Partikeln. Man konnte niemals genau sagen, sie seien an einem bestimmten Ort, man konnte nur sagen, sie hätten eine gewisse Tendenz, an einem Ort zu *sein*. Die Wahrscheinlichkeit, mit der sie an einem Ort waren, wurde beeinflußt durch das, was man tat, um festzustellen, ob sie nun da seien oder nicht. Manchmal schienen sie aus dem Nichts aufzutauchen und wieder darin zu verschwinden. Es klingt seltsam und mutet orientalisch an, wenn man sagt, die Dinge würden aus der Leere hervortreten. In wissenschaftlichem Fachjargon ausgedrückt klingt es nur noch seltsam:

> Die Quanten-Elektrodynamik zeigt uns, daß ein Elektron, ein Positron und ein Photon gelegentlich spontan aus einem vollkommenen Vakuum hervortreten. Geschieht dies, dann existieren diese drei Partikeln für eine kurze Zeit und vernichten sich dann gegenseitig, ohne eine Spur zu hinterlassen. (Der Lehrsatz von der Erhaltung der Energie wird aufgehoben, allerdings nur für die kurze Lebensdauer der Partikeln.) Das spontane und vorübergehende Hervortreten von Partikeln aus einem Vakuum nennt man Vakuum-Fluktuation, eine ganz gewöhnliche Erscheinung für die Quanten-Feldtheorie.[11]

Als die Physik tiefer und tiefer in die Welt des Atoms vordrang, durchschritt sie das Newtonsche Paradigma wie Alice den Spiegel und betrat einen Bereich, in dem es unermeßliche leere Räume gab und flüchtige Ereignisse, die sich nur mit viel gutem Willen als »Dinge« bezeichnen ließen: Sie sah sich *Shūnyatā* gegenüber, der Emanation aus der Leere und der Unbeständigkeit:

Das uns bisher zugängliche empirische Beweismaterial macht deutlich, daß bisher noch nichts entdeckt wurde, dessen Seinsweise in irgendeiner Hinsicht als ewig zu definieren wäre. Im Gegenteil, bei jedem Element, wie grundlegend es auch erscheinen mag, ist bisher beobachtet worden, daß es sich unter geeigneten Bedingungen selbst in seinen grundlegenden Eigenschaften wandelt und zu etwas anderem wird ... Die Vorstellung, daß irgend etwas eine erschöpfend spezifizierbare und unveränderliche Seinsweise haben müsse, läßt sich nur als Näherungswert und Abstraktion der unbegrenzten Komplexität der Verwandlungen begreifen, die sich im eigentlichen Prozeß des Werdens ereignen.[12]

Für diese atemberaubende neue Sicht der Realität erwies sich auch der hartnäckigste Eckpfeiler der klassischen Physik, die Subjekt-Objekt-Trennung, als hinfällig.

Werner Heisenbergs »Unschärferelation« ist eine wichtige Aussage der Wissenschaft zu diesem Thema. Sie entstand bei dem Versuch, das Verhalten subatomarer Partikeln zu untersuchen und Meßwerte zu fassen. Heisenberg und andere entdeckten, daß jeder Versuch, diese Partikeln zu beobachten, sie in irgendeiner Weise beeinflußte. Eine Welt der Naturerscheinungen »da draußen«, die sich objektiv beobachten ließen, gab es plötzlich nicht mehr; auch von einem von ihr völlig getrennten und unbeteiligten Beobachter konnte keine Rede mehr sein. Im geheimnisvollen Inneren des Atoms verschwand die Grenze zwischen *res cogitans* und *res extensa*, sobald der Beobachtungsapparat mit den Ereignissen auf der Ebene subatomaren Geschehens in Berührung kam. Die Wissenschaftler begannen sich daraufhin zu fragen, ob diese Grenze überhaupt jemals existiert hätte, ausgenommen als eine brauchbare Hilfskonstruktion im Umgang mit einer bestimmten, begrenzten Menge von Informationen, wie das ja auch bei anderen Vorstellungen der klassischen Physik der Fall war. Heisenberg selbst war davon überzeugt, daß die Forschungsergebnisse der subatomaren Physik zu einem neuen Wissenschaftsbegriff geführt hatten:

In der Kopenhagener Deutung der Quantentheorie können wir zwar die Natur beschreiben, ohne uns selbst als Einzelwesen in die Beschreibung einzubeziehen, trotzdem können wir aber nicht von der Tatsache absehen, daß die Naturwissenschaft vom Menschen gebildet ist. Die Naturwissenschaft beschreibt und erklärt die Natur nicht einfach, so wie sie »an sich« ist. Sie ist vielmehr ein Teil des Wechselspiels zwischen der Natur und uns selbst. Sie beschreibt die Natur, die unserer Fragestellung und unseren Methoden ausgesetzt ist. An diese Möglichkeit konnte Descartes noch nicht denken, aber dadurch wird eine scharfe Trennung zwischen dem Ich und der Welt unmöglich.[13]

Während die Physiker ihr Weltbild aufgrund der Entdeckungen der subatomaren Physik neubestimmen mußten, beobachteten die Astronomen mindestens genauso seltsame Geschehnisse in den Weiten des Alls. 1913 entdeckte der Astronom V. M. Sipher in Arizona das Phänomen der »Rotverschiebung«, welches darauf hinwies, daß die anderen Galaxien im Weltraum nicht an ihrem Ort bleiben, sondern sich mit ungeheurer Geschwindigkeit von uns entfernen. Das Universum dehnt sich also aus, eine atemberaubende, umwerfende Entdeckung, die Newtons Uhrwerk-Kosmos noch mehr in Frage stellte.

Die Modelle der Physik und der Astronomie veränderten sich also den neuen Erkenntnissen entsprechend, die Wissenschaftler betrachteten die Dinge nun anders, die klassische Physik machte der neuen Physik Platz – doch wie seltsam, trotz aller wissenschaftlicher Revolutionen blieb uns das Weltbild der klassischen Physik im Alltag erhalten! Unser Alltagsbewußtsein lebt in einer Welt von Subjekt und Objekt, von festen Gegenständen und eindeutigen Standorten – oder glaubt zumindest daran. Tatsächlich wissen wir nicht einmal, wie wir das von den Physikern entdeckte neue Universum überhaupt erfahren sollen, und ich bin mir durchaus nicht sicher, ob sich die Wissenschaftler, die es entdeckt haben, dort zu Hause fühlen. Wir scheinen uns mit einer unüberwindlichen Spaltung zwischen der Welt gewöhnlicher menschlicher Erfahrung und der Welt der unbegreiflichen Wahrheiten der modernen Wissenschaft abgefunden zu haben. Alle paar Monate lesen wir in der Zeitung, daß es der Wissenschaft gelungen ist, ein fundamentales Prinzip, mit dessen Hilfe wir unsere Alltagswirklichkeit konstruieren, umzustürzen. Bestenfalls staunen wir über diese

Nachricht, aber sie verändert uns nicht. Mit jeder neuen Entdek-kung expandiert der Kosmos, wir bleiben die Alten. Alles das findet »dort draußen« statt, und wir, wir sind »hier drinnen«.

Sobald wir uns über diese unsere besondere Position einmal klar geworden sind und gesehen haben, wie seltsam sie eigentlich ist, können wir den tibetischen Buddhismus besser verstehen.

Das *Vajrayāna* ist ein religiöser Weg, der darauf ausgerichtet ist, den Menschen so weit zu entwickeln, daß er die nach-newtonsche, nach-kartesianische Wirklichkeit erfahren und bewußt und sinn-voll darin leben kann. Ein organismischer Kosmos, Substanzlosig-keit, ständiger Wandel, Nicht-Zweiheit – diese philosophischen Vorstellungen haben sich nicht nur im Rahmen des Buddhismus entwickelt. Viele Philosophen, östliche sowohl wie westliche, ha-ben die Welt in diesen Begriffen betrachtet. Die Einmaligkeit des Buddhismus besteht darin, daß er ein humanistisches, empirisches System ist, daß er dem Menschen in seiner Stellung im Universum eine Schlüsselrolle zumißt und daß er eine Technologie entwickelt hat, die zur *Erfahrung* seiner philosophischen Aussagen führen kann.

Der Buddhismus gibt uns eine Möglichkeit, den Kosmos zu sehen, und sagt uns, daß wir nicht darin zu leben wüßten. Da wir das Wesen des Kosmos nicht verstehen, machen wir uns selbst unglücklich, indem wir versuchen, uns getrennt von ihm zu sehen und ihn als Sammelsurium massiver Objekte zu behandeln, von denen wir, wenn wir Glück haben, einige erfolgreich erhaschen und eine Weile festhalten können. Der Kosmos, wie ihn das *Shū-rangama-Sūtra* beschreibt, besteht aus Teilen, die ihre Verbunden-heit zum Ganzen leugnen:

Bei meiner Übung der Meditation ... betrachtete ich, wie die große Welt im Raum getragen, wie die große Welt in ununter-brochener Bewegung gehalten wird, wie mein Körper in Bewe-gung gehalten und durch den Atemfluß am Leben erhalten wird. Ich betrachtete die Bewegungen des Bewußtseins, wie die Gedanken aufsteigen und entschwinden. Ich betrachtete all die-se verschiedenen Dinge und staunte über ihre Gleichheit. Abge-sehen von ihrer Schwingungsfrequenz waren sie alle unter-schiedslos gleich. Ich sah, daß diese Schwingungen keinen Ur-

sprung hatten, aus dem sie entsprangen, und kein Ziel, dem sie
zustrebten, und ich sah, daß alle fühlenden Wesen, so zahlreich
wie die winzigen Staubkörner in der Unendlichkeit unendlicher
Räume, jedes auf seine Weise im Gleichgewicht gehalten wurden, und ich sah, daß jedes einzelne von ihnen von der Illusion
besessen war, eine einzigartige Schöpfung zu sein.[14]

Dies ist die menschliche Misere, die in der ersten der Vier Edlen
Wahrheiten beschriebene »Unbefriedigtheit«, mit der sich der
Buddhismus beschäftigt. Und der Buddhismus bietet einen Aus-
weg aus dieser Lage: Er besteht darin, die Situation zu verstehen
und sich dadurch aus ihr zu befreien. Die buddhistischen Schriften
sagen, daß Befreiung erlangt wird, wenn die Einheit von Form und
Leere erkannt worden ist. Das ich-zentrierte Bewußtsein des *Samsāra* hat sich von der Wirklichkeit abgespalten und kläglich in einer
Welt von Objekten verfangen. Befreiung heißt schließlich, von
allem Haften freizuwerden. Und wie könnte man noch an irgend
etwas haften, wenn man genau sieht, daß das Universum nur ein
ständig im Fluß befindliches Geschehen ist?
    Die Übungen des tibetischen Buddhismus dienen dazu, uns die-
se Wirklichkeit auf allen Ebenen des Bewußtseins erfahrbar zu
machen. Das ganze Arsenal von Tricks wie *Mantra*-Rezitationen,
Visualisierungen und Atemübungen soll den menschlichen Organismus dafür empfänglich machen, den Fluß der Energien und den
dauernden Wandel zu erfahren.
    Das Auslöschen des Ich, in östlichen wie in westlichen Traditio-
nen oft als Selbstverleugnung und Ausschaltung des Bewußtseins
mißverstanden, ist vielmehr als ein Zustand vollkommener Wachheit und Bewußtheit zu sehen. *Nirvāna* ist die Freiheit von Vorstellungen von Dauerhaftigkeit und festen Einheiten; in diesem
Zustand gibt es keine Qualität von Erkennendem und Erkanntem.
Das erleuchtete Bewußtsein weiß, daß es aktiv an allem Geschehen
teilhat, welches das samsarische Bewußtsein für objektive, unveränderliche Wirklichkeit hält.
    Oft kommt in den buddhistischen Schriften die illusionäre Ei-
genart des Lebens zur Sprache. Die Welt wird mit einem magischen Theater, einem Traum, den in einem Spiegel reflektierten
Bildern verglichen. Damit behauptet der Buddhismus jedoch

nicht, wie so viele glauben wollen, daß alles nur in Ihrem Bewußt-sein ist und die Welt demzufolge nur etwas ist, das Sie sich einbil-den. Gewiß, der Buddhismus hat philosophische Schulen hervor-gebracht, die mit dem »Idealismus« in der westlichen Philosophie vergleichbar sind. Die einflußreichste dieser Schulen ist zweifellos die der Cittamātrin mit ihrer »Nur-Bewußtsein«-Lehre. Der Hauptstrom des buddhistischen Denkens und ganz gewiß auch des Denkens des tibetischen Buddhismus geht jedoch in Richtung eines feineren, eher relativistischen Realitäts-Verständnisses. »Für einen Menschen von klarer Auffassungsgabe ist es besonders wich-tig zu erkennen, daß der Erkennende, das Erkenntnisobjekt und der Akt des Erkennens untrennbar eins sind.«[15] Longchenpa lehnt einen puren Idealismus ab und sieht das Universum statt dessen auf drei »möglichen Feldern der Erfahrung« basieren. Er definiert diese drei Felder als Körper, Bewußtsein und Objekte. Obwohl man jedes für sich begrifflich fassen kann, existieren sie doch nicht wirklich für sich allein.[16]

Demnach entsteht der Kosmos in der Sicht des tibetischen Bud-dhismus nicht in unserem Bewußtsein. Das Bewußtsein durch-dringt den Kosmos, ist nicht von ihm zu trennen, ist eine seiner Dimensionen, nicht anders als Raum und Zeit der klassischen Phy-sik. »So etwas wie ›innen‹ oder ›außen‹ gibt es nicht«, sagt Long-chenpa.[17]

Die Schwerpunktverschiebung des Bewußtseins, die mit der buddhistischen Schulung erreicht werden soll, ist eine Ausrichtung unserer Empfänglichkeit und Intelligenz auf eine andere Erkennt-nisweise – es ist etwa so, als lerne man sich in einer völlig neuen Umgebung zurechtfinden oder als bemühe man sich um das Ver-ständnis einer schwierigen wissenschaftlichen Theorie. Es geht da-bei jedoch um mehr als nur um eine intellektuelle Weiterentwick-lung. Die buddhistische Tradition beschäftigt sich mit persönli-chem Wachstum und führt zu menschlicher Reife; sie ist ein gei-stig-spiritueller Schulungsweg. Wir sollten uns daran erinnern, daß nach der Lehre des *Mahāyāna* die Erkenntnis von *Shūnyatā*, der »Nicht-Ding-heit«, zum Erwachen des Großen Mitgefühls führt. Die buddhistischen Texte erwähnen häufig eine völlige Charakter-wandlung, die mit dem Begreifen der Wahrheit von *Shūnyatā* ein-hergeht.[18] In dem Buch *Tantra im Licht der Wirklichkeit* von H. V.

Guenther und Chögyam Trungpa wendet sich Chögyam Trungpa nach der Erörterung der zu *Shūnyatā* führenden Meditationstechniken einer Beschreibung der Ergebnisse dieser Meditationen zu. Er sagt: »Diese Erfahrung bringt eine neue Dimension hervor – wir stellen fest, daß wir uns nicht länger verteidigen müssen. Die Erfahrung von *Shūnyatā* bringt ein Gefühl von Unabhängigkeit mit sich, ein Gefühl von Freiheit.«[19] Etwas später geht er noch einen Schritt weiter:

> *Shūnyatā* ... ist ganz deutlich kein Zustand von Trance oder Versunkenheit irgendeiner Art. Es ist ein Zustand ohne Furcht. Aufgrund dieser Furchtlosigkeit können wir es uns leisten, freigebig zu sein. Wir können es uns leisten, einen Raum zuzugestehen, der keinerlei Konflikte von diesem und jenem oder wie und warum enthält. An diesem Punkt existieren keinerlei Fragen. Innerhalb dieses Zustandes gibt es jedoch ein ungeheueres Gefühl von Freiheit. Es ist eine Erfahrung – so könnten wir es vielleicht ausdrücken –, über etwas hinausgegangen zu sein. Das heißt aber nicht, daß wir in der Art und Weise über etwas hinausgegangen sind, das »Hier« verlassen zu haben und deshalb über es hinaus zum »Dort« gekommen zu sein. Es ist vielmehr so, daß wir hier oder *bereits* dort sind.
> Mit der *Shūnyatā*-Erfahrung entwickelt sich daher eine außerordentliche innere Überzeugung. *Shūnyatā* sorgt für die grundlegende Inspiration, sozusagen das Ideal eines bodhisattva-ähnlichen Verhaltens zu entwickeln.[20]

Es ist also die *Erfahrung* von *Shūnyatā,* die der Kern des *Mahāyāna*-Buddhismus ist, nicht nur der philosophische Begriff. Der Buddhismus ist eine umfassende Aussage über das Wesen des Kosmos, die Situation des Menschen in ihm und die Möglichkeiten, mit der Problematik dieser Situation umzugehen. Kein Teil des Buddhismus läßt sich also aus seinem Kontext reißen und isoliert betrachten, und kein anderes Denksystem hat eine vergleichbar umfassende Weltsicht entwickelt. Es ist also nicht verwunderlich, daß die buddhistische Tradition schon zweieinhalb Jahrtausende überdauert hat.

Es mag uns auffallen, daß der Buddhismus wenig darüber zu

sagen hat, wie die Dinge so geworden sind, wie sie jetzt sind. Wir können über einen möglichen Evolutionsprozeß spekulieren, können sagen, daß der Überlebenskampf notwendig zur Entwicklung einer Intelligenz führen mußte, die von einem Ich und dauerhaften, soliden Objekten ausgeht. Für einen echten Buddhisten ist dies jedoch eine bloße Ausflucht in leere intellektuelle Spekulationen, die in keiner Weise zur Lösung des dringlichsten Lebensproblems beitragen. Die Texte sagen uns nur, daß irgend etwas schiefgelaufen ist: »Hört! Aus dem Wunsch nach Wohlbefinden entstehen wie durch Zauberkraft begriffliche Wahnvorstellungen und wankelmütiges Handeln.«[21]

Und so leben wir also, unserem wahren Wesen entfremdet, in der Verblendung, die die Philosophen den »Trugschluß fälschlich zugeschriebener Körperlichkeit« nennen.

Das Newtonsche Universum, wie wenig es auch der Realität entsprechen mag, scheint ein anziehender, irgendwie behaglicher Ort zu sein. Es ist eine Welt vertrauter Dimensionen, mit greifbaren Objekten »möbliert«. Warum sollten wir uns auf jene andere Wirklichkeit einlassen, von der die moderne Physik spricht, in der alles Bewegung und Energie ist, in der sich die scheinbar festen Elementarteilchen als vibrierende Leere entpuppen und ungeheuer große Milchstraßen mit unfaßbarer Geschwindigkeit auseinanderfliegen? Ein Wissenschaftler würde mit den Schultern zucken und sagen, dies sei nun einmal das Universum, in dem wir leben, ganz gleich, ob uns dies recht ist oder nicht. Der *Vajrayāna*-Buddhismus sagt dazu – und wir meinen uns darüber aufregen zu müssen, daß seine Begriffe so fürchterlich vage sind –, daß unser Alltagsbewußtsein und das erleuchtete Bewußtsein, daß *Samsāra* und *Nirvāna* identisch sind. Der Buddhismus betont, daß das Gefühl der Substanzhaftigkeit und der Dauerhaftigkeit keineswegs so angenehm ist, denn es beruht auf einer Täuschung.

Die Vergänglichkeit zu erkennen, bedeutet zu erkennen, daß Tod und Geburt sich ständig ereignen; darum gibt es wirklich nichts Festgelegtes. Wenn wir damit beginnen, das zu erkennen, und nichts gegen den natürlichen Ablauf der Ereignisse vorantreiben, ist es nicht länger unumgänglich, daß *Samsāra* in jedem Augenblick neu erschaffen wird. *Samsāra*– oder die samsarische

Denkweise – beruht darauf, unsere Existenz zu verfestigen, uns selbst dauerhaft, immerwährend zu machen. Da es eigentlich nichts gibt, um sich daran festzuhalten oder dabei zu verweilen, müssen wir, um das tun zu können, das Greifen, das Festsetzen, das Herumjagen ständig neu erschaffen.[22]

Der Buddhismus betrachtet die gewohnte Welt von Objekten und Ich-besessenen Subjekten, wie heimisch sie uns auch anmuten mag, als Falle und die offene Weite von *Shūnyatā* – wie unheimlich sie uns auch erscheinen mag – als Reich der Freiheit.

Ich glaube, daß die zahlreichen Revolutionen in den Einzelwissenschaften früher oder später nicht mehr nur ihren eigenen Fachbereich angehen werden. Ich bin vielmehr der Überzeugung, daß diese Revolutionen schließlich die starren Grenzen, die unser Bewußtsein und unser Leben einengen, endgültig beseitigen werden. Die Anfänge einer solchen Entwicklung sind bereits sichtbar. Die neue Spiritualität und die neue Psychologie überschneiden sich in so vielen Bereichen, daß sie zuweilen schon als dieselbe Bewegung erscheinen. Priester predigen über Selbstverwirklichung, die Kirchen organisieren Gruppentherapien und annoncieren »Meditation im Gotteshaus«, die humanistische Psychologie hat zur transpersonalen Psychologie geführt, in deren Fachorganen wie selbstverständlich von Meditation und Alpha-Wellen die Rede ist.

Könnten sich Psychologie und Physik vielleicht in ähnlicher Weise treffen? Dieser Gedanke scheint sehr abenteuerlich, aber er wird in wissenschaftlichen Kreisen bereits diskutiert. Der Neurophysiologe Karl Pribram zum Beispiel spekuliert darüber, daß »wir ein physisches Universum wahrnehmen, das sich in seinem Grundaufbau nicht wesentlich vom menschlichen Gehirn unterscheidet« – und er arbeitet daran, die Einzelheiten dieser universalen Struktur zu entdecken.[23]

Der Physiker David Bohm kommt zu einem ähnlichen Schluß: »Der eigentliche Gegenstand der theoretischen Physik ist die Natur des Denkens.«[24]

Während wir also das Bewußtsein und das Universum erforschen, verändert sich unsere Sicht von beiden, und wir beginnen zu ahnen, daß sie wohl gar nicht voneinander zu trennen sind. Die Wissenschaft und die Mystik kommen sich näher und näher.

7. Traumanalyse und Traumyoga

In unseren Träumen können wir uns den geheimnisvollen Seiten des Lebens nicht entziehen. Auch jene von uns, die im Wachzustand glauben, alles zu verstehen und unter Kontrolle zu haben, irren des Nachts durch geheimnisvolle und manchmal erschrekkende Landschaften, in denen sich alles von Augenblick zu Augenblick verändert und unserer Sinngebung verweigert. Mystiker, Philosophen und Dichter aller Jahrhunderte haben sich von den Traumwelten faszinieren lassen, Welten, die uns heute genauso unverständlich sind, wie sie es in alten Zeiten waren. Was die Einschätzung dieses Phänomens angeht, so gibt es wohl kaum eine Aussage, der alle »Autoritäten« beipflichten würden.

Die Traumwelten werden zur Zeit von Suchern und Forschern aller Couleur durchforstet, denn man hofft dort wertvolle Informationen über das Wesen des menschlichen Lebens zu finden. Philosophen analysieren die Trauminhalte. Neurologen schließen Versuchspersonen an ihre komplizierten Apparaturen an, um die physische Vorgänge beim Träumen zu erfassen. Therapeuten und sich geistig Übende versuchen herauszufinden, was man für den Wachzustand aus seinen Träumen lernen kann. Unter all diesen Traum-Forschern findet man so gut wie jede denkbare Interpretationsmöglichkeit des Traum-Phänomens vertreten. Manche glauben, bei Träumen handle es sich um eine Art Nervenzucken, das kaum einen Sinn oder Wert hat. Andere halten Träume für psychologisch notwendige Prozesse. Wieder andere sehen darin gar den Schlüssel zum Unbewußten, zur Zukunft, zum inneren Frieden, zur geistig-seelischen Gesundheit... zum kosmischen Bewußtsein. Einige Enthusiasten sind derart von der Traumwelt begeistert, daß man sie fragen möchte, warum man denn überhaupt noch aufwachen sollte.

Wir würden kaum annehmen, daß es bei dieser brodelnden Vielfalt vorhandener Meinungen noch eine neue Meinung geben könnte, eine Meinung, die das Phänomen des Träumens von einem bisher unbekannten Standpunkt betrachtet. Der tibetische Buddhismus hat jedoch eine Auffassung von den Träumen, wie ich sie nirgends sonst – außer vielleicht bei Carlos Castaneda – bisher gefunden habe. Wie schon bei anderen Wissensgebieten ähnelt die Sicht des tibetischen Buddhismus anfänglich uns vertrauten westlichen Auffassungen, schlägt jedoch dann plötzlich eine ganz andere Richtung ein und führt uns zu einem ungewöhnlichen und doch sehr leicht zu erprobenden spirituellen Übungsweg, dem Traumyoga.

Bevor wir uns mit diesem Thema befassen wollen, sollten wir uns die wichtigsten westlichen Vorstellungen zum Phänomen des Träumens nochmals vergegenwärtigen: die Frage der Bedeutung der Träume und die Frage nach ihrer Wirklichkeit.

In den meisten Zivilisationen haben die Menschen – so weit wir in die Geschichte zurückblicken können – den Träumen eine Bedeutung beigemessen. Sie hielten sie nicht nur für ein unzusammenhängendes Gewirr geistiger Bilder, sondern für eine Quelle von Informationen, die, richtig verstanden, große Bedeutung haben konnten. Die Träume waren die Pforte zu übernatürlichen Welten, in denen der Träumer auf Götter und Dämonen traf und von ihnen etwas über die Zukunft erfahren konnte. In Träumen waren, symbolisch verschlüsselt, Prophezeiungen über künftige Ereignisse enthalten. In der Bibel zum Beispiel wird uns berichtet, daß der Pharao träumte, am Nilufer zu stehen; dort sah er sieben fette Kühe aus dem Wasser steigen. Auf diese sieben fetten Kühe folgten sieben magere Kühe, die die fetten verschlangen. Joseph interpretierte diesen Traum als Prophezeiung von sieben Jahren mit reicher Ernte und sieben Jahren der Mißernte und Hungersnot. Aufgrund dieser Interpretation ließ der Pharao während der sieben fetten Jahre Vorratslager anlegen, und Joseph kam als sein Ratgeber zu Macht und Ehren. Wir sollten nicht übersehen, daß Joseph den Traum in dem biblischen Bericht als eine direkte Offenbarung Gottes ansieht.[1]

Als einer der ersten vertrat Aristoteles die Meinung, daß die Träume nicht göttlichen Ursprungs sind, sondern vielmehr Manifestationen der Psyche des Träumenden. Die Traumwelt wurde damit noch nicht vom Bereich des Übernatürlichen abgetrennt, denn für Aristoteles bestand eine enge Verwandtschaft zwischen dem menschlichen Geist und der Sphäre des Göttlichen. Seine Vorstellungen wiesen jedoch trotzdem eindeutig in die Richtung einer nicht-religiösen Traumdeutung.[2]

Obwohl auch nach Aristoteles zahlreiche Philosophen lehrten, Träume seien nicht unbedingt übernatürlicher Herkunft, hat sich bis in unser Jahrhundert im Volksglauben die Anschauung gehalten, daß Träume künftige Ereignisse voraussagen können. »Traumbücher«, denen man die richtige Interpretation der unterschiedlichen Traumbilder entnehmen konnte, waren beliebt und wurden oft zu Rate gezogen.

Die Wissenschaftler, die schließlich die Träume und den Schlaf zu untersuchen begannen, waren der Vorstellung gegenüber, Träume könnten prophetischen Inhalt haben, äußerst skeptisch. Indem sie den Träumen den Nimbus des Prophetischen nahmen, büßten diese alle Bedeutung ein. Die Wissenschaft betrachtete sie immer mehr in mechanistischen Begriffen, als bloße Hervorbringung des Gehirns, das entweder auf somatische Reize reagierte oder in zufälliger Zusammensetzung die Tageserlebnisse des Träumers noch einmal ablaufen ließ. Man konnte also nur zwischen zwei Möglichkeiten wählen. Entweder man betrachtete Träume als Prophezeiungen oder als eine Art Leerlauf des Gehirns.

Doch dann überbrückte Sigmund Freud mit seinem berühmten Spruch, die Träume seien der »Königsweg zum Unbewußten«, diesen Zwiespalt. Freud sagte: Ja, man *kann* Träume interpretieren; und ein Psychoanalytiker kann die Träume *wissenschaftlich* interpretieren und damit die unterdrückte Seite der menschlichen Psyche zutage fördern. Freud betrachtet den Traum als etwas, womit sich die Psyche uneingestandene Wünsche erfüllt, Dinge tut und sagt, die sich der Träumende im Wachzustand weder zu sagen noch zu tun getraut, da er dann der repressiven Gewalt der das Über-Ich bildenden gesellschaftlichen Zwänge unterworfen ist. Im Traum kann man also etwas Verbotenes tun oder erleben. Aber im Traum wird gleichzeitig eine Art Zensur ausgeübt, indem die Trauminhalte symbolisch verschlüsselt werden. Freud geht also davon aus, daß zwei entgegengesetzte Kräfte in jedem Menschen die Fähigkeit zu träumen begründen. Auf der einen Seite der durch den Traum zum Ausdruck gebrachte unterdrückte Wunsch, auf der anderen Seite die Zensur des Wunsches, die zu einer Verzerrung führt und den Wunsch in anderer Form erscheinen läßt.[3] Da Freud davon ausgeht, daß die Unterdrückung hauptsächlich eine Unterdrückung der Sexualität darstellt, beschäftigt sich seine Traumanalyse vornehmlich mit dem sexuellen Gehalt der Traumbilder. Bei der Trauminterpretation ging es nicht mehr um Prophezeiungen und übernatürliche Erfahrungen, Trauminterpretation bestand im Ausfindigmachen von Phallussymbolen.

Andere psychologische und therapeutische Schulen folgen Freud insoweit, als auch sie in Träumen nützliche und aufdeckbare psychologische Inhalte sahen, ohne sich jedoch darauf festzulegen, daß diese Inhalte Ausdruck verdrängter Wünsche sein müßten. C. G. Jung zum Beispiel bezweifelte, daß der Träumende absichtlich die wahre Bedeutung seines Traumes kaschiert.

Ich habe Freud nie recht geben können, daß der Traum eine »Fassade« sei, hinter der sich sein Sinn verstecke; ein Sinn, der schon gewußt ist, aber sozusagen boshafterweise dem Bewußtsein vorenthalten werde. Für mich sind Träume Natur, der keine Täuschungsabsicht innewohnt, sondern die etwas aussagt, so gut sie es eben kann – wie eine Pflanze, die wächst, oder ein Tier, das seine Nahrung sucht, so gut sie es eben können. So wollen auch die Augen nicht täuschen, aber vielleicht täuschen wir uns, weil die Augen kurzsichtig sind.[4]

Für Jung, der von allen psychologischen Theoretikern der Moderne am meisten mit den esoterischen Traditionen des Ostens vertraut war, gehört zur Interpretation von Träumen ein Verständnis des »kollektiven Unbewußten« und der »Archetypen«.

Die Jungsche Psychologie kennt eine Ebene geistiger Aktivität, auf der das Denken nicht mehr allein individuell, sondern transpersonal ist. »Das kollektive Unbewußte«, sagte er, »ist allen gemeinsam, es ist das Fundament dessen, was das Altertum als Sympathie aller Dinge bezeichnet hat.«[5] Da sich das kollektive Unbewußte manchmal in den Träumen manifestiert, lag es für Jung im Bereich des Möglichen, daß außersinnliche Wahrnehmungen in

Träume Eingang finden – Kenntnisse von Ereignissen, die sich an anderem Ort ereignen, oder direkte Kontaktaufnahme mit den Gedanken anderer.

Mit seiner Archetypen-Lehre leistete Jung einen wichtigen Beitrag zur Erforschung der Struktur des menschlichen Bewußtseins und der Formen, mit deren Hilfe wir der Welt einen Sinn geben. »Der Begriff des Archetypus«, so schrieb er, »... wird aus der vielfach wiederholten Beobachtung, daß zum Beispiel die Mythen und Märchen der Weltliteratur bestimmte, immer und überall wieder behandelte *Motive* enthalten, abgeleitet. Diesen selben Motiven begegnen wir in Phantasien, Träumen, Delirien und Wahnideen heutiger Individuen. Diese typischen Bilder und Zusammenhänge werden als archetypische Vorstellungen bezeichnet.«[6] Durch die Vorstellung von den Archetypen erhielt Jung einen wesentlich umfassenderen Bezugsrahmen für die Trauminterpretation. Traumsymbole konnten Ausdruck der tiefsten religiösen oder mythologischen Inhalte des Bewußtseins sein.

Auch die Gestalt-Therapie geht von der Freudschen Grundannahme aus, daß Träume eine psychologische Botschaft beinhalten. Die Gestalt-Therapie arbeitet jedoch ganz anders mit den Träumen als Freud; in mancher Hinsicht kommt sie in ihrem Vorgehen buddhistischen Ansichten und Praktiken nahe. So bestand Fritz Perls zum Beispiel darauf, die Trauminhalte nicht aus einer durch »Subjekt« und »Objekt« bestimmten Sicht der Erfahrung zu betrachten. Alle Trauminhalte sollten vielmehr als Teil des Träumers erkannt und assimiliert werden. Und es gibt noch eine weitere Übereinstimmung: Wie der Traumyoga geht die Gestalt-Therapie eher praktisch mit dem Traum um, als ihn zu analysieren.

Die Methode der Gestalt-Therapie ist eine etwas abgewandelte Form des Psychodramas. Der Klient (man vermeidet hier das Wort »Patient«) trägt eine kurze Zusammenfassung seines Traumes vor. Er soll dabei im Präsens sprechen und schließlich die Rollen aus den verschiedenen Traumbildern vorspielen. Im folgenden Ausschnitt aus einer Gestalt-Therapie-Sitzung berichtet eine Frau von einem Traum, in dem sie sah, wie ein See langsam austrocknete. Eine Schar Delphine, dem Tode nahe, stand auf einer Insel traurig in einem Kreis. Auf dem Grund des Sees hätte sich eigentlich ein Schatz befinden sollen, sagte die Frau, es war aber nur ein altes

Auto-Nummernschild zu sehen. In der Sitzung geht es dann folgendermaßen weiter:

Perls: Bitte spielen Sie das Nummernschild!
Klientin: Ich bin ein altes Nummernschild, auf den Grund des Sees geworfen. Ich bin nutzlos, denn ich habe keinen Wert. Ich bin nicht verrostet, ich bin bloß veraltet. Deswegen bin ich zu nichts nutze, man wirft mich einfach auf den Müllhaufen... Ein Nummernschild dient dazu, einem das Fahren eines Autos zu erlauben. Ich kann keinem Menschen irgend etwas zu tun erlauben, denn ich bin veraltet. In Kalifornien kauft man einfach so eine kleine Plakette, so eine Plakette, die man auf das alte Nummernschild klebt. Vielleicht hebt mich ja irgendwann einmal jemand auf und klebt so eine neue Plakette drauf...
Perls: Gut, spielen Sie nun den See.
Klientin: Ich bin ein See. Ich vertrockne langsam und verschwinde, versinke im Boden, sterbe. Aber wenn ich nun langsam in die Erde versinke, Teil der Erde werde, bewässere ich vielleicht die Umgebung, daß selbst im See – in meinem Bett – Blumen wachsen können, neues Leben aus mir (bricht in Tränen aus) wachsen kann...
Perls: Verstehen Sie die existentielle Botschaft?
Klientin: Ja. Ich kann... ich kann schöpferisch sein. Ich kann etwas Schönes hervorbringen, aber ich kann keine Kinder mehr bekommen. Ich bin wie der Delphin... ich bin... aber ich, ich will immer noch »Essen« sagen. Ich... ich als Wasser werde... ich wässere die Erde... ich schenke Leben. Das Wasser – aber sie benötigen beides, Erde und Wasser... und Luft und Sonne. Aber als See bin ich auch nützlich, helfe ich auch mit.
Perls: Sie sehen den Unterschied. An der Oberfläche finden Sie nur ein *Ding*, irgend etwas Künstliches – das Nummernschild – Ihr künstliches Ich. Aber wenn Sie tiefer hineingehen, stellen Sie fest, daß der scheinbare *Tod* des Sees tatsächlich sehr fruchtbar ist.
Klientin: Ich brauche dieses Schild wirklich nicht, keine Erlaubnis, kein Nummernschild, das mich befugt...
Perls: Die Natur hat zum Wachstum kein Nummernschild nötig.[7]

Perls bezeichnet Träume häufig als »existentielle Botschaften«, Bedeutungen und Gefühle, die verstanden und akzeptiert werden wollen. Wie aus der zitierten Textstelle hervorgeht, arbeitet auch die Gestalt-Therapie mit analytischen Methoden; der Klient ist jedoch aktiv daran beteiligt. Die Bedeutung der Trauminhalte ist nicht durch irgendeine Ideologie der Traumsymbole festgelegt. Der Vorgang, die Arbeit selbst, mit der man den Traum in den Wachzustand integriert, das ist die eigentliche Therapie.

Ein weiteres Problem ist die Relation zwischen der Wirklichkeit des Traumzustandes und der Wirklichkeit des Wachzustandes. Während wir unsere Träume erfahren, sind sie für uns Wirklichkeit. Erwachen wir, dann halten wir sofort alles zuvor Geschehene für Illusion, und wir meinen, uns nun in der Realität wiederzufinden. Fast alle teilen wir diese Anschauung, doch hat es zu allen Zeiten Leute gegeben, die sie anzweifelten, die sich fragten, ob der Traumzustand nicht ebenso wirklich sein könne – oder der Wachzustand nicht eine andere Art von Traum.

Einst träumte Dschuang Dschou, daß er ein Schmetterling sei, ein flatternder Schmetterling, der sich wohl und glücklich fühlte und nichts wußte von Dschuang Dschou. Plötzlich wachte er auf: Da war er wieder glücklich und wahrhaftig Dschuang Dschou. Nun weiß ich nicht, ob Dschuang Dschou geträumt hat, daß er ein Schmetterling sei, oder ob der Schmetterling geträumt hat, daß er Dschuang Dschou sei, obwohl doch zwischen Dschuang Dschou und dem Schmetterling sicher ein Unterschied ist. So ist es mit der Wandlung der Dinge.[8]

Diese Passage stammt aus einem chinesischen Text des dritten vorchristlichen Jahrhunderts. Die Menschen haben sich also schon seit alters her über Traum und Wirklichkeit Gedanken gemacht.

Eine sehr wichtige Äußerung zu diesem Thema stammt aus der Feder von René Descartes, und da ich ihn schon einmal in diesem Buch habe zu Wort kommen lassen, sollten wir ihm auch noch ein zweites Mal zuhören. Seine Ausführungen haben zu einer hitzigen Auseinandersetzung zwischen zeitgenössischen Philosophen geführt und sind – man staune – eine gute Einführung in den Traumyoga, wie er vom tibetischen Buddhismus gelehrt wird.

Descartes war daran interessiert, herauszufinden, inwieweit der Wirklichkeit der gewöhnlichen Sinneswahrnehmung überhaupt zu trauen sei. Die Traumerfahrung ließ ihn darüber einige Betrachtungen anstellen. Er schrieb:

> In diesem Augenblick scheint es sich tatsächlich so zu verhalten, daß ich mit wachen Augen auf das Papier vor mir schaue, daß der Kopf, den ich bewege, nicht schläft und daß ich willentlich und zu einem bestimmten Zweck meine Hand ausstrecke und sie wahrnehme. Was im Schlaf geschieht, scheint weniger klar und deutlich. Wenn ich jedoch darüber nachdenke, dann fällt mir ein, daß ich mich im Schlaf schon viele Male durch solche Täuschungen habe irreleiten lassen, und wenn ich diesem Gedanken weiter nachgehe, dann sehe ich zu meiner Verwunderung, daß es offenkundig keinen Maßstab gibt, mit dessen Hilfe wir eindeutig zwischen Wachzustand und Traum unterscheiden könnten. Und meine Verwunderung ist so groß, daß sie mich fast zu überzeugen vermag, daß ich jetzt träume.[9]

Für die Persönlichkeit, die soviel zur Aufstellung der Grundregeln der klassischen wissenschaftlichen Objektivität beigetragen hat, eine wahrhaft bemerkenswerte Äußerung. Für einen Moment stand einer der besten Köpfe westlicher Philosophie an der Schwelle zu einem orientalischen Weltbild; er riskierte einen Blick durch die Tür, zog sich zurück und ging andere Wege.

Descartes ließ sich durch diese Erfahrung nicht in seiner Überzeugung erschüttern, daß die Welt physischen Geschehens und die Welt des Geistes grundsätzlich voneinander verschieden sind. Aber sie machte ihn skeptisch und ließ ihn zumindest daran zweifeln, ob die Sinne die Welt »da draußen« korrekt vermitteln könnten. »Alles, was ich bis zum jetzigen Augenblick als wahr angesehen habe, habe ich entweder von den Sinnen oder durch die Sinne gelernt. Es hat sich aber bereits manchmal herausgestellt, daß diese Sinne täuschen können, und es ist klüger, einer Sache, durch die man bereits einmal getäuscht wurde, nicht völlig zu vertrauen.«[10] Ein Hauptvermächtnis des kartesianischen Skeptizismus ist das Bestehen auf der »Wiederholbarkeit« wissenschaftlicher Experimente, darauf, daß ein Experiment, das von anderen Forschern unter den gleichen Bedingungen ausgeführt wird, zum selben Ergebnis führen muß. Um die durch menschliches Versagen verursachte Fehlerquote auf ein Minimum zu reduzieren, suchte man deshalb nach immer präziseren maschinellen Beobachtungs- und Meßtechniken.

Während der letzten zwanzig Jahre hat sich die akademische Philosophie erneut für das Phänomen der Träume interessiert, größtenteils in Reaktion auf einen Aufsatz von Norman Malcolm, der den Titel »*Dreaming and Scepticism*«[11] trägt. Im wesentlichen behauptet Professor Malcolm darin, daß sich die Traumerfahrung nicht dazu eignet, die Wirklichkeit des Wachzustandes in Frage zu stellen, da es unmöglich ist festzustellen, wie Träume wirklich beschaffen sind. Man kann niemanden aufwecken, während er träumt, und von ihm erfahren, was in dem Traum geschieht, denn der Traum wäre damit natürlich unterbrochen. Alles, was wir erfahren können, ist das, was jemand *über einen Traum erzählt*. Aber dies ist eine ganz andere Sache, denn der Berichtende befindet sich ja im Wachzustand. Wir haben deswegen allen Grund, so sagt Malcolm, unseren Träumen skeptisch gegenüberzustehen, nicht unseren Erfahrungen im Wachzustand.

Malcolm wollte damit weniger die Existenz der Träume in Abrede stellen, als vielmehr der von uns zitierten Äußerung von Descartes den Boden entziehen, sie als unlogisch entlarven. Andere jedoch sind noch weiter gegangen und haben gesagt, daß wir nicht einmal wissen, ob wir im Schlaf überhaupt träumen. Vielleicht sind die Dinge, die sich nachweislich im Schlaf abspielen, wie etwa die REM-Phase*, nur Vorstufen von Erfahrungen im Wachzustand, Erfahrungen von Phantasiebildern, die wir uns im nachhinein als »Erinnerungen an einen Traum« erklären.

Auch die Psychoanalyse und die Gestalt-Therapie teilen in mancher Hinsicht diese Skepsis den Traumbildern gegenüber. Auch sie vertreten die Ansicht, daß vor allem durch die Arbeit mit den Traumbildern, die ja im Wachzustand geschieht, etwas Wichtiges geschieht. Es kommt dann zu einem therapeutischen Durchbruch, wenn der Patient die Traumaussage versteht und sie in sein Bewußtsein integriert. Besonders für die Gestalt-Therapie mit ihrer

---

* REM = *rapid eye movement* (schnelle Augen-Bewegung) (Anm. d. Übs.)

Betonung des »Hier und Jetzt« ist es nicht besonders wichtig festzustellen, ob sich der Traum tatsächlich wie berichtet zugetragen hat. Wichtig ist vielmehr, ein zuvor unterdrücktes Gefühl im Wachzustand als Teil von sich selbst zu erfahren. Von dort ist der Schritt nicht mehr weit zu den Tagtraumtechniken, die in einigen Therapien angewandt werden. Der Patient begibt sich dabei – manchmal unter der Leitung eines Therapeuten, manchmal als Teil einer Gruppe – in einen Wachtraum und führt ihn bis zu einem befriedigenden Ende weiter. Jeder dieser therapeutischen Ansätze beschäftigt sich vornehmlich mit dem aktuellen Geschehen bei wachem Bewußtsein.

Die buddhistische Psychologie schließlich kennt nur dieses »Jetzt«. In diesem Augenblick, dieser kurzen aus der Leere auftauchenden Schwingung, kommt eine einmalige Kombination von Geistesfaktoren zusammen, die sowohl das beinhalten, was wir als unser »Ich« oder »Selbst« bezeichnen, als auch alle Bilder, die wir als Erinnerungen identifizieren. Aus buddhistischer Sicht ist es also nicht unbedingt notwendig nachzuweisen, ob man das, an das man sich als Traumerfahrung erinnert, wirklich so geträumt hat oder nicht. Es ist allein notwendig, mit der Bewußtheit des Augenblicks zu arbeiten, *ganz gleich ob wir im Wach- oder im Schlafzustand sind.*

Der tibetische Traumyoga will die Träume nicht interpretieren (obwohl er gegen solche Interpretationen nichts einzuwenden hat), er will uns zu einem höheren Bewußtseinszustand führen, zu einer Wachheit, die auch im Schlaf nicht unterbrochen wird.

Der Traumyoga geht davon aus, daß wir, wenn wir schon träumen, aus unseren Träumen das Beste machen sollten. Und dies kann nur beim Träumen selbst geschehen. Träume gehören für ihn zu einer anderen Erfahrungsebene, in der Körper und Bewußtsein auf andere Weise funktionieren. Der Traumzustand hat seinen eigenen Stoffwechsel, einen eigenen subtileren (feinstofflichen) Körper, seine eigenen Drüsen, die nur im Traum-, nicht im Wachzustand funktionieren. Der Traumzustand läßt eine größere Spontaneität und einen schnelleren Erlebnisfluß zu, denn er unterliegt nicht den Zwängen und Programmen des Wachbewußtseins, obwohl, so sagt man, der fortgeschrittene »Traumyogi« seine Träume vor dem Einschlafen vorausplanen kann. In unseren Träumen, so sagen die tibetischen Texte, sind wir frei, andere Seinsweisen zu ergründen, und wir können uns wandeln.

Will man mit seinen Träumen schöpferisch arbeiten (oder spielen) und die darin enthaltenen Möglichkeiten ausschöpfen, so muß man eine gewisse Bewußtheit beim Träumen entwickeln. Man muß, wie die Texte sagen, den Traumzustand »erkennen«, sich dessen bewußt sein, daß man träumt, ohne deswegen aufzuwachen. Hat man gelernt, dies einigermaßen durchgängig zu tun, kann man weitergehen und die Traumerfahrung in ihrer ganzen Vielschichtigkeit erforschen. Man kann sich im Traum an Dinge erinnern, die im Wachzustand geschahen, oder an vergangene Träume. Man kann auch den Traum interpretieren, während man noch träumt.

Viele Menschen – vielleicht sogar wir alle – haben zuweilen schon spontan ihre Träume »erkannt«. In vielen Untersuchungen zum Thema Traum ist von solchen Erfahrungen die Rede; Charles Tart nennt sie »luzide Träume«. »Luzide Träume haben«, sagt er, »die ungewöhnliche Eigenschaft, daß der Träumer insofern aus einem gewöhnlichen Traum erwacht, als er sich nämlich plötzlich im Besitz seines normalen Wachbewußtseins fühlt und dabei weiß, daß er im Bett liegt und schläft; die Traumwelt, in der er sich befindet, bleibt dabei jedoch vollkommen wirklich.«[12]

Nachdem man den Traumzustand »erkannt« hat, beginnt man im nächsten Schritt des Traumyoga, seine Träume bewußt zu lenken. Man kann zum Beispiel versuchen, in einem Traum auftauchende Gegenstände in andere Gegenstände zu verwandeln, so wie es ein Zauberer im Märchen tut, oder sich selbst in ein Tier, in eine andere Person oder in einen unbelebten Gegenstand.[13] Auch kann man lernen, beim Träumen das Drehbuch seiner Träume umzuschreiben und die Traumereignisse damit zu einem befriedigenderen Abschluß führen. Man kann meditieren, während man träumt, und in »veränderte Bewußtseinszustände« eintreten. Solange man den Traumzustand als Gegenpol zum Wachbewußtsein definiert, mag letzteres als Widerspruch in sich erscheinen. Wir kennen jedoch viele Berichte von Traumerlebnissen, in denen der Träumende in einen Zustand höherer Bewußtheit eintrat – »Gipfel-Erlebnisse« im Traum, die qualitativ vom normalen Wach- oder Schlafzustand verschieden sind. Früher hat man diese Art von Träumen gewöhnlich als »Visionen« betrachtet und als religiöse Erfahrungen eingeordnet. Heute werden sie oft mit Zuständen verglichen, die durch Drogeneinnahme hervorgerufen werden. Im Zusammenhang mit dem »luziden Traum« spricht Charles Tart auch vom »*High*-Traum«. Er definiert ihn als »eine Erfahrung während des Schlafes, in deren Verlauf man sich in einer anderen Welt, der Traumwelt, wiederfindet *und* in der man *während* des Traumes erkennt, daß man sich in einem veränderten Bewußtseinszustand befindet, der an ein durch psychedelische Drogen verursachtes *high* erinnert, ohne jedoch damit identisch sein zu müssen«. Das heißt nicht, daß man nur von einer Drogeneinnahme träumt; man erfährt vielmehr Vorgänge im Bewußtsein, wie sie sonst durch Drogen hervorgerufen werden. Bei Menschen, die bereits Erfahrung mit psychedelischen Drogen besitzen, scheint diese Art von Träumen häufig vorzukommen. Man weiß nicht genau, *warum* dies geschieht – überhaupt weiß man über das Träumen wenig »Genaues« –, aber es scheint, daß uns Drogenerfahrungen entweder lehren, in Bewußtseinszustände einzutreten, die leichter im Schlaf zu erreichen sind als im Wachzustand, oder daß uns Drogenerfahrungen einen Schlüssel liefern, mit dessen Hilfe wir uns leichter an Erfahrungen erinnern können, die alle Menschen im Traumzustand machen. Der folgende Bericht zeigt außerdem, daß die Erfahrungen des »*High*-Traumes« mit in den Wachzustand hinübergenommen werden können:

Ich träumte, durch eine gasförmige Substanz, eine Art LSD in Gasform, *high* zu werden. Der Raum weitete sich wie bei einem *high*, mein Körper (Traumkörper) war von einem herrlichen Wärmegefühl durchpulst, das Bewußtsein war von einer Hochstimmung beflügelt, ohne daß ich diese Hochstimmung näher beschreiben könnte. Es dauerte nur eine Minute, und dann wachte ich auf, weil meine Frau aufstand, um nach einem unserer Kinder zu schauen. Aber da geschah etwas ganz Unerwartetes: Ich blieb in diesem *high*, dieser Hochstimmung, auch nach dem Aufwachen! Ich fühlte mich noch etwas schlafbenommen, aber das erweiterte und warme Gefühl für Zeit und Raum blieb in meiner Wahrnehmung des kleinen und kaum erleuchteten Zimmers erhalten. Die Erfahrung hielt einige Minuten an, und ich war darüber sehr verwundert, denn ich fühlte mich eindeutig *high* und erinnerte mich ebensogut an das *high* im Traum.[14]

Die Übungen des Traumyoga versetzen uns in die Lage, im Schlaf andere Bewußtseinsbereiche zu betreten. Außerdem sind, wie die Texte sagen, außersinnliche Erfahrungen im Schlaf möglich. Der Träumende kann in das Bewußtsein anderer eintreten, und er ist offener für telepathische Botschaften von anderen. Einige tibetische Texte sagen auch, daß der Traumzustand eine Gelegenheit darstellt, spirituelle Belehrungen zu empfangen, die man im Wachzustand mißverstehen oder gegen die man sich sträuben würde.

Es gibt bereits wissenschaftliche Untersuchungen, die die Hypothese einer verstärkten ASW-Fähigkeit im Schlaf untermauern. Stanley Krippner und seine Mitarbeiter am Dream Laboratory des Maimonides Medical Center in New York führten dazu eine Reihe von Versuchen aus. »Sender« visualisierten dabei zufällig ausgewählte Reproduktionen von Gemälden und versuchten, das von ihnen visualisierte Bild auf andere Versuchspersonen zu übertragen, die während des Tests in verschiedenen Nebenräumen schliefen. Nach dem Aufwachen sahen die Schläfer den ganzen Satz von Reproduktionen durch und sonderten jene Bilder aus, die sie an ihre Traumbilder erinnerten. Diese Experimente ergaben statistisch signifikante Ergebnisse.[15] In einigen Fällen gelang es den Versuchspersonen sogar außergewöhnlich gut, Zeichnungen der erinnerten Traumbilder anzufertigen, die den vom »Sender« übermittelten Bildern auf den Drucken sehr nahe kamen.

In der psychologischen Fachliteratur zum Thema Träume ist eine große Vielfalt von Traumerlebnissen aufgezeichnet, und man findet darin auch eine ganze Reihe praktischer Hinweise, wie man sich an seine Träume besser erinnern kann. Einige Therapeuten fordern ihre Patienten zum Beispiel auf, Stift und Papier neben dem Bett bereitliegen zu haben, so daß die Träume direkt nach dem Aufwachen niedergeschrieben werden können, oder sie verlangen, ein Traumtagebuch zu führen. Die westlichen Methoden bieten jedoch nur wenig Hilfe, wenn man sich der Träume während des Träumens bewußt werden will; sie ziehen diese Möglichkeit zumeist nicht einmal in Betracht. Der tibetische Buddhismus ermöglicht uns jedoch einen Einstieg in die Traumwelt, der nirgendwo sonst zu finden ist: eine ganze Reihe von Techniken, die Bewußtheit während der Traumerfahrung zu erhöhen.

Traumyoga ist eine erweiterte Form der Achtsamkeitsübungen im Wachzustand. Durch regelmäßige Achtsamkeitsübungen bei Tage wird es leichter, auch in den Träumen bewußter zu werden.

Die Anweisungen zum Traumyoga ermahnen uns, am Abend nicht übermäßig zu essen oder sich übermäßig anzustrengen – leicht zu verstehen, warum –, und erwähnen die Zeiten, die für die Übung besonders geeignet sind.

Zwischen Morgengrauen und Sonnenaufgang ist die beste Zeit, seine Träume zu beobachten, denn man hat zu dieser Stunde die Abendmahlzeit völlig verdaut, ist ausgeruht, ist nicht übermäßig schläfrig, und das Bewußtsein ist klar. Wer nur einen leichten Schlaf besitzt, kann auch während der Nacht üben.

Der Yogi sollte eine dünne Matratze und ein dickes Kissen benutzen. Er sollte auf der Seite liegen. Vor dem Einschlafen sollte er sich vertrauensvoll dazu entschließen, bis zu einundzwanzig, mindestens jedoch sieben Mal den Traumzustand zu erkennen . . .

Er sollte vermeiden, lange an einem Stück zu schlafen. Es ist besser, für viele kurze Zeitspannen zu schlafen. Nach jedem Aufwachen sollte er sich fragen, ob es ihm gelungen ist, seine Träume während des voraufgegangenen Schlafes zu erkennen.[16]

Besondere Meditationen – durch die hauptsächlich das Kehl- und das Herzzentrum angeregt werden – vor dem Einschlafen sind eine Hilfe, den Traumzustand zu erkennen. In einer dieser Meditationen visualisiert man im Kehl-*Chakra* einen achtblättrigen Lotus, in dessen Mitte ein weißes Licht strahlt. Andere Techniken sind komplizierter und beinhalten eine größere Anzahl von Elementen. Der oben zitierte Text erwähnt noch eine weitere einfache Meditation, die man vor dem Einschlafen üben kann. Dabei visualisiert man im Kehl-Zentrum ein rotes *Om* oder intoniert innerlich bei jedem Atemzug ein *Om*. Wie zu den anderen Visualisierungsübungen des *Vajrayāna*-Buddhismus, so gehört auch hierzu Übung. Man muß nicht nur gelernt haben zu visualisieren, man muß auch die jeweilige Technik meistern, nach der man üben will.

Bis jetzt haben wir uns nur mit einer Seite des Traumyoga beschäftigt; wir haben gehört, was man beim Träumen oder vor dem Einschlafen tun kann. Man kann jedoch auch im Wachzustand Traumyoga üben.

Der während des Schlafens geübte Traumyoga führt zu einer wichtigen psychologischen Einsicht – daß man »erwacht«, während man im Traumzustand verbleibt und erkennt, daß man träumt.

Das Element des »Erwachens« ist im Traumyoga des Wachzustandes das gleiche. Während man im Wachzustand ist, sagt man sich, daß man träumt. Longchenpa schreibt dazu:

> Halte mit nicht nachlassender Aufmerksamkeit die Vorstellung
> fest, daß alles wie ein Traum ist,
> Ganz gleich, ob du gehst, sitzt, ißt, dich bewegst oder sprichst.
> Wenn du nicht getrennt bist von der Vorstellung, daß alles, was dir
> gegenwärtig erscheint,
> Alles, was du tust, alles, was du denkst, ein Traum ist,
> Dann schulst du dich in totaler Nicht-Subjektivität, indem du
> erkennst,
> Daß dein Traum keinen eigentlichen Wahrheitsgehalt besitzt,
> Sondern fadenscheinig ist, ätherisch und ungreifbar, daß er nur
> flüchtig ist und verschwindet.[17]

Von den vielen Übungen aus der tibetischen Trickkiste läßt sich diese besonders leicht erproben. Sie ist vielleicht auch der leichteste Weg, sich willentlich in einen veränderten Bewußtseinszustand zu versetzen. Die Übung besteht einfach darin, sich selbst zu sagen, daß man – in diesem Moment, in dem man wach ist – in Wirklichkeit träumt. Wie zu jeder anderen Meditation oder Achtsamkeitsübung gehört auch hierzu etwas Geschick und/oder Beharrlichkeit. Das Bewußtsein wird abschweifen, wie es von jedem Meditationsobjekt gern abschweift. Man muß es also immer wieder sanft zur Übung zurückführen.

Manchen Menschen scheint die Praxis des Traumyoga Angst einzuflößen. Geht man jedoch mit einer gewissen spielerischen Leichtigkeit daran, so wird sie für die meisten mit der Zeit zu einer angenehmen Erfahrung. Wie Tarthang Tulku erklärt, ist diese

Leichtigkeit sogar sehr wesentlich für das, worum es im Traumyoga geht:

> Traumyoga wird schon seit alter Zeit geübt. Warum? Weil alle Welt Probleme hat, und jedes Individuum seine eigenen Probleme. Irgend etwas ist unangenehm, unausgeglichen oder unbefriedigend... Wir leben in innerem Zwiespalt. Der Geist ist unglücklich, sogar krank... vielleicht oft, vielleicht immer. »Der Hauptgrund für diese Misere«, sagen die Traumphilosophen, »ist euer Ernst. Ihr *glaubt* daran und haltet diese Wirklichkeit für die wahre. Ihr glaubt allen Ernstes daran, daß eure subjektive Sicht wirklich und unverrückbar ist.« Ich nehme meine Wirklichkeit also sehr ernst und muß feststellen, daß sie mit meinen Wünschen und Erwartungen keineswegs übereinstimmt. Ich habe meine Vorstellungen nach ganz bestimmten und sehr beschränkten Regeln konstruiert. Ich habe eine feste Vorstellung davon, was Glück ist und was andere Dinge sind. Stimmt die Wirklichkeit nicht mit diesen Vorstellungen überein, dann zappele ich in ihrem Netz und leide.
>
> Sobald wir unsere Erfahrungen als Teil eines Traumes verstehen, und den Traum als keine feste, endgültige Wirklichkeit ansehen, müssen wir unser Leben nicht mehr als ernstes Problem betrachten. Begreifen wir dies wirklich, werden selbst schmerzliche Erfahrungen oder geistige Konflikte zu einem Teil des Traums. Wir müssen nicht länger an unseren Interpretationen leiden. Wir sind weniger verkrampft, sind beweglicher.[18]

Der Traumyoga ist – wie andere Übungen des *Vajrayāna* – ein Trick, mit dem man eine Täuschung austrickst. Man gibt vor zu träumen, obwohl man genau weiß, daß man wach ist. Aus der buddhistischen Sicht jedoch – bedenken Sie, daß das Wort *Buddha* »der Erwachte« heißt – bewegt sich unser Alltagsbewußtsein, das ständig »im Kreis herumrennt«, in einer Traumwelt. Das Bewußtsein erfährt seine eigene *Interpretation* der Wirklichkeit, seine *Beschreibung* der Welt und nennt diese Beschreibung die »Realität«. Es erfährt sich selbst nicht als Interpretierendes und Beschreibendes und meint deswegen, einfach wahrzunehmen, was da ist.

Obwohl die westlichen psychotherapeutischen Methoden der

Traumanalyse keinerlei Ähnlichkeit mit dem Traumyoga haben, mag so mancher westliche Mensch beim Praktizieren des Traumyoga feststellen, daß es ein Riesenspaß sein kann, die Sache noch auf die Spitze zu treiben und die Erfahrungen im Wachzustand nach dem einem selbst vertrauten System der Traum-Psychologie zu interpretieren. Er mag dabei auf ein Universum voller Phallussymbole, Jungscher Archetypen oder existentieller Botschaften stoßen. All dies trägt dazu bei, daß wir entdecken, daß wir die Welt interpretieren und uns selbst beschreiben. Eine Möglichkeit, das Spiel zu durchschauen, besteht darin, es zu spielen.

8. Gerüchte aus dem Osten

Von Tibet hörte ich, soweit ich mich erinnere, zum ersten Mal durch den Comic-Helden Phantasmo, den »Meister des Universums«. Phantasmo war zwar ursprünglich ein gewöhnlicher Mensch, hatte jedoch übernatürliche Kräfte erlangt, die er nun selbstverständlich im Kampf gegen das Böse einsetzte. Seine übernatürlichen Kräfte hatte er in Tibet erlangt; er lernte sie von den Lamas.

Wie ich später herausfand, war Phantasmo nur eine unter vielen Romanfiguren, die mit schier unglaublichen Fähigkeiten aus Tibet zurückgekehrt waren – außersinnlicher Wahrnehmung (ASW), Materialisation an entfernten Orten, Telekinese und Ähnlichem. Sie werden sicher auch noch wissen, daß Doktor Fu Man Chu, das finstere Geschöpf des Sax Rohmer, von den Lamas in gewisse Geheimnisse eingeweiht worden war. Und dann, allerdings auf einer etwas anderen Ebene, ist da noch James Hiltons Roman *Irgendwo in Tibet,* der von dem phantastischen Land *Shangri-La* handelt, das irgendwo hoch oben im Himalaja verborgen liegt. Alle diese Romanfiguren und erdichteten Landschaften reflektieren, welche Vorstellungen man sich im Westen von Tibet machte, einem Land, in das nur wenige Augenzeugen vorgedrungen waren. Diese Augenzeugen kamen meist mit höchst seltsam anmutenden Berichten von Lamas, Magiern und mystischen Praktiken zurück. Die Leser ihrer Augenzeugenberichte kamen entweder zu dem Schluß, daß Tibet ein hoffnungslos finsterer und unaufgeklärter Landstrich sein müsse, eine Brutstätte von Scharlatanen und primitivem Aberglauben, oder, wenn sie zu den unvoreingenommeneren und offeneren Geistern gehörten, daß es in der Welt tatsächlich noch solche Wunder geben könnte. Es war außerordentlich aufregend, hinter den hohen Bergen des Himalaja heilige Männer zu vermuten, Lamas, die (wie im Tibetischen Totenbuch geschrieben steht) nicht nur mit den Bewußtseinszuständen des Lebens nach dem Tode vertraut waren, sondern die auch Techniken kannten, mit diesen zu arbeiten. Für ein halbes Jahrhundert etwa, von der Zeit der ersten Veröffentlichungen über die tibetische Kultur in europäischen Sprachen bis zum gewaltsamen Ende der Regierung des Dalai Lama im Jahre 1959, war Tibet die sagenumwobene letzte Bastion von Magie und Geheimnis in einer ansonsten überschaubar gewordenen Welt.

Selbst jetzt noch lassen wir uns oft von den Legenden über Tibet beeinflussen und nähern uns dem tibetischen Buddhismus in der Hoffnung – oder, je nach individueller Disposition, der Furcht –, daß er den Schlüssel zum Übernatürlichen, Übersinnlichen enthält. Oft habe ich bei Seminaren an Studienzentren des tibetischen Buddhismus im Westen beobachten können, wie die Teilnehmer pausenlos auf der Frage nach den übernatürlichen Kräften herumreiten: »Kann ein Mensch so etwas wirklich tun? ... Kann man übermenschliche Kräfte erlangen? ... Bleibt das Bewußtsein auch noch nach dem Tode erhalten?« – Die Antwort darauf ist: »Ja, ein Mensch kann so etwas wirklich tun, aber das ist nicht so wichtig, denn der tibetische Buddhismus will uns eigentlich *etwas anderes* lehren.« Es ist wichtiger, daß wir ein wenig gelöster werden, unsere wahren Bedürfnisse erkennen und ihnen Rechnung tragen, die Grundprinzipien des Buddhismus verstehen und uns dem Wesen unserer eigenen Erfahrung öffnen. Die Bemühung um übernatürliche Kräfte ist ein Abweg, ein gefährlicher »Ego-Trip«.

Diese Warnungen sind durchaus berechtigt und ernstgemeint, dennoch können wir die magischen und mystischen Seiten des tibetischen Buddhismus nicht völlig übersehen, denn es gibt einfach zu viele davon. Das sogenannte »Übernatürliche« ist so weitgehend Teil der tibetischen Kultur, daß es kaum möglich wäre, den tibetischen Buddhismus davon abzulösen, ohne ihn bis zur Unkenntlichkeit zu verstümmeln.

Damit kommen wir wieder auf die Frage zurück, wie sich der tibetische Buddhismus wohl mit unserer westlichen Kultur vereinbaren läßt. Ich habe bereits gesagt, daß der Buddhismus wahrscheinlich der westlichen Lebensweise angepaßt werden muß, soll er für unseren Kulturkreis Bedeutung gewinnen. Das heißt jedoch nicht unbedingt, daß er mit unserer konventionellen Weltanschauung völlig vereinbar wäre und sich bruchlos in unsere allgemein anerkannte wissenschaftlich-säkulare Interpretation der »Wirklichkeit« einpassen ließe. Unser von den Naturwissenschaften geprägtes Weltbild ändert sich in unseren Tagen ohnehin sehr schnell, und ich bin davon überzeugt, daß es sich noch wesentlich grundlegender ändern wird, wenn wir das östliche Gedankengut noch vollständiger in unsere Kultur assimilieren.

Zweifellos unterscheiden sich die religiösen Vorstellungen, die dem tibetischen Buddhismus zur Blüte verhalfen, sehr von denen unserer Kultur. Ich meine damit nicht nur, daß die Tibeter einige von den unsrigen verschiedene Glaubensvorstellungen haben; ich will sagen, daß sie eine ganz andere Grundeinstellung zum Glauben und zu Glaubensfragen haben. Für uns sind die Dinge »wirklich« oder »unwirklich«, zumindest hätten wir es gern so. Die »wirklichen Dinge« werden von allen in mehr oder weniger der gleichen Weise erfahren, was für uns ihre Realität beweist; die lange Liste der unwirklichen Dinge beinhaltet alles »nur Symbolische«, alles nicht konkret Faßbare, die Produkte unserer Imagination – wie Träume, Visionen usw. –, die zwar »in unserem Kopf« existieren mögen, nicht jedoch in der »wirklichen Welt«. Die Tibeter teilen diese Anschauung keineswegs. Ist etwas vorstellbar, dann ist es in gewisser Hinsicht auch wirklich; Dinge können gleichzeitig »symbolisch« und »wirklich« wirklich sein. Produkte der Imagination wie die von einem Meditierenden visualisierten Schutzgottheiten sind geistige Bilder, und trotzdem sind sie wirklich. Andererseits sind unsere Mitmenschen und die gesellschaftlich sanktionierten Vorstellungen, die uns in einer bestimmten Wahrnehmung der Wirklichkeit bestärken, »nur« Ereignisse im Kontinuum unseres Bewußtseins und damit sowohl wirklich als auch illusionär. Wenn die Tibeter zwischen exoterischen und esoterischen Lehren unterscheiden, dann unterscheiden sie nicht zwischen »Wirklichem« und »Unwirklichem«, sondern zwischen Ebenen der Wirklichkeit.

Die indische Tradition des Yoga, die in den tibetischen Buddhismus eingeflossen ist, kennt viele Berichte von *Siddhis*, »übernatürlichen Kräften«, die jeder erlangen kann, widmet er sich nur hingebungsvoll seiner Übung. Der indische Yogameister Patañjali sagt, es sei unter anderem möglich: in die Vergangenheit und in die Zukunft zu schauen; alle Sprachen, auch die der Tiere, zu verstehen; sich an vergangene Leben zu erinnern; die Gedanken anderer zu lesen; sich unsichtbar zu machen; die eigene Todeszeit genau vorauszusagen; Kraft und Wahrnehmungsvermögen ins Übermenschliche zu steigern; zu erkennen, was in den Weiten des Universums vor sich geht; niemals Hunger und Durst zu leiden; göttliche Wesen zu sehen; psychisch vom Körper einer anderen Person Besitz zu ergreifen; auf dem Wasser zu wandeln; zu sterben, wenn es einem beliebt; sich in strahlende Lichterscheinungen zu kleiden; durch die Lüfte zu fliegen; so winzig zu werden wie ein Atom. Gleichzeitig warnt er den Yogi davor, sich aufgrund einer dieser Fähigkeiten zu wichtig zu nehmen; was für Kräfte man auch besitzt, man sollte nicht an ihnen haften, um zum Zwecke völliger Befreiung über sie hinausgehen zu können.[1]

Die Berichte der tibetischen Meister enthalten Schilderungen dieser üblichen yogischen *Siddhis* und außerdem einiger Yogatechniken, die in Tibet besondere Bedeutung erlangt haben, wie zum Beispiel *Lung-Gom,* der »Trance-Lauf«, und *Tummo,* die Erzeugung der »inneren Hitze«.

Alexandra David-Neel erzählt uns in einem ihrer Reiseberichte aus Tibet von ihrem ersten Zusammentreffen mit einem dieser legendären *Lung-Gom*-Läufer. Sie durchquerte gerade eine Hochebene und sah durch ihr Fernglas einen schwarzen Punkt, offenbar ein Mensch, der sich mit außergewöhnlicher Geschwindigkeit bewegte. Einer ihrer einheimischen Begleiter sagte ihr, die sich nähernde Gestalt wäre ein *Lung-Gom-Pa,* und warnte sie davor, ihn anzusprechen, denn es könnte böse Folgen für den Lama haben, wenn seine Trance abrupt unterbrochen würde. Zwar hielt sie die Aussage ihres tibetischen Dieners, daß der Lama für die Zeit seines Trance-Laufes ganz von einer Gottheit in Besitz genommen sei, deren plötzlicher Rückzug aus dem Körper des Läufers tödliche Konsequenzen haben könnte, für einen Aberglauben, aber als der Lama dann an ihr vorüberschnellte, hielt sie sich doch (wenn auch mit Mühe) zurück, ihn anzusprechen:

Ich konnte deutlich sein unbewegliches Gesicht und seine weit aufgerissenen Augen unterscheiden, mit denen er fest auf ir-

gendeinen hoch in der leeren Luft befindlichen Punkt zu blik-
ken schien. Der Lama lief nicht. Er hob sich scheinbar bei jedem
Schritt von der Erde und flog wie eine elastische Kugel sprung-
weise in die Höhe. Seine Kleidung bestand aus den üblichen,
ziemlich abgetragenen Klostergewändern, aus Rock und Man-
tel. Seine linke Hand hielt eine Falte des Umhanges fest und
blieb halb unter dem Stoff verborgen; in der rechten hatte er den
Purba*. Er bewegte beim Gehen leicht den rechten Arm, wobei
er seine Schritte den Bewegungen des Purba, dessen Spitze weit
vom Boden entfernt blieb, so anpaßte, als ob er sich auf einen
Stock stützte, der die Erde berührte. Meine Diener waren abge-
stiegen und warfen sich, das Gesicht zur Erde gewendet, platt
auf den Boden, als der Lama an uns vorbeikam; aber er setzte
seinen Weg fort, anscheinend ganz ohne uns zu bemerken.[2]

Frau David-Neel lernte später andere Tranceläufer kennen. Obwohl sie nie eine förmliche Einweihung in diese Meditation erhielt,
erklärte man ihr, daß es einer langjährigen Schulung unter der
Anleitung eines erfahrenen Meisters bedürfe, diese Technik zu erlernen. Dazu gehört eine bestimmte Atemtechnik und ein bestimmtes *Mantra*, mit deren Hilfe man sich in den Zustand tiefer
Meditation begibt. Der frühe Abend ist, so sagt man, besonders
für die Ausübung des *Lung-Gom* geeignet, besonders wenn man
bereits reisemüde ist, aber noch eine Strecke zu bewältigen
wünscht. Es wird außerdem geraten, den Blick während der Trance auf einen bestimmten Stern am Himmel gerichtet zu halten.
   Lama Govinda schreibt an einer Stelle über seine Reisen in Tibet, daß er einmal eine sehr intensive Erfahrung mit dem Trance-
Lauf machte, als er sich nach einem langen Tag im Freien beeilte,
zum Lager zurückzukehren, um nicht ohne Decken in der Kälte
der Nacht zu erfrieren:

> Die Dunkelheit war nun so vollständig, daß es mir nicht mehr
> möglich war, die Felsblöcke, die den Boden für die nächsten
> Meilen meines Rückwegs bedeckten, zu unterscheiden – und
> dennoch sprang ich zu meinem Erstaunen mit nachtwandleri-

---

* Der *Purba* (auch *Phurbu*) ist ein tibetischer Ritualdolch. (Anm. d. Übs.)

scher Sicherheit von Block zu Block, ohne ein einziges Mal mein Ziel zu verfehlen, auszurutschen oder meinen Halt zu verlieren – und dies, obwohl ich nur ein Paar lose Sandalen (durch einen Lederstreifen zwischen den Zehen festgehalten) an den nackten Füßen trug. Plötzlich wurde mir bewußt, daß eine seltsame Kraft sich meines Körpers bemächtigt hatte, ein Bewußtsein, das nicht mehr von meinen Augen oder meinem Gehirn geleitet wurde, sondern von einem mir unbekannten »Sinn«. Meine Glieder bewegten sich wie in einem Trancezustand, als ob sie mit einem ihnen innewohnenden, von mir unabhängigen Wissen handelten. Ich beobachtete all das wie in einem Traum. Mein eigener Körper erschien mir fern und nicht ganz zu mir gehörig, getrennt von meinem Willen. Ich empfand mich wie einen Pfeil, der unverwandt seine Bahn durchläuft, entsprechend seiner ursprünglichen Abschußkraft und Richtung. Zugleich war ich überzeugt, daß ich unter keiner Bedingung den Bann brechen durfte, der mich ergriffen hatte.

Erst später erkannte ich, was geschehen war: Ich war, ohne es zu wissen, unter dem Zwang der Umstände und einer unmittelbaren Gefahr in den Zustand eines Lung-Gom-Pa, eines Tranceläufers, gefallen, der unbewußt aller Hindernisse und körperlicher Anstrengung sich seinem vorgesetzten Ziel entgegenbewegt und kaum den Boden berührt, so daß es einem entfernten Beobachter erscheinen könnte, als ob der Lung-Gom-Pa durch die Luft (tib.: *rLung*) getragen würde und dicht über der Oberfläche der Erde dahinschwebte.[3]

Lama Govinda meint nicht, damit auf einen Schlag zu einem Meister des *Lung-Gom* geworden zu sein. Er hatte nur in einem Moment der Gefahr die natürliche und dem Menschen innewohnende Fähigkeit entdeckt, die jeder, der bereit ist, sich der notwendigen neunjährigen Schulung zu unterwerfen, beherrschen lernen kann. Er besuchte später noch ein bedeutendes *Lung-Gom*-Schulungszentrum, ein Kloster im oberen Nyang-Tal, wo er die Gelegenheit hatte, mehr über diese Übung zu erfahren. Er überzeugte sich dort davon, daß der Trance-Lauf weniger eine Vervollkommnung persönlicher Macht darstellt, sondern eine geistige Schulungsmethode ist, zu der Körperübungen und bestimmte Meditationen gehören.

Er lernte auch, daß das Wort *Lung* sich nicht auf die Fähigkeit des Trance-Läufers bezieht, durch die Luft zu fliegen, sondern auf die Atemübungen, die zu einer *Lung-Gom*-Schulung gehören. (*Lung* heißt nicht nur »Atem«, sondern auch »Wind« und »Luft«. In der tibetischen Medizin bezeichnet *Lung* eines der Hauptelemente des Körpers, das nicht nur für die Atmung, sondern auch für viele andere Prozesse im Körper wichtig ist.)

Auch die Übung der Erzeugung »innerer Hitze«, *Tummo*, ist von vielen Tibetreisenden beschrieben worden. Ebenso wie das *Lung-Gom* hat das *Tummo* in diesem sehr weiträumigen und obendrein oft sehr kalten Land neben dem spirituellen sicherlich auch einen praktischen Wert. Die Übung selbst baut auf derselben Geisteshaltung und denselben Praktiken auf, die allen *Vajrayāna*-Schulungen gemeinsam sind: auf die Hingabe an das Streben nach Erleuchtung, dem höchsten Ziel, das wichtiger ist und bedeutsamer als jede persönliche Vollkommenheit; auf den »*Vajra*-Stolz« oder das »kosmische Vertrauen« in die unbegrenzten Möglichkeiten der Natur; auf eine lange Schulung in Meditation, Visualisierung und Atemtechniken. Das Ziel der *Tummo*-Praxis besteht darin, ohne äußere Hilfsmittel Hitze im Körper zu erzeugen.

Frau David-Neel beschreibt in dem Buch, aus dem wir schon einmal zitiert haben, die »Abschlußprüfung« einer »*Tummo*-Klasse«:

Manchmal findet zum Schluß eine Art Prüfung für die Tummo-Schüler statt. Die sich der Sache gewachsen glauben, begeben sich dann, geführt von einem Lehrer, in einer mondhellen Winternacht an das Ufer irgendeines gefrorenen Wasserlaufes. Ist kein frei fließendes Wasser mehr da, so bohrt man ein Loch ins Eis. Mit Vorliebe wählt man eine stürmische Nacht, und die läßt in Tibet nie lange auf sich warten.

Die Bewerber um die Respawürde* setzen sich völlig nackt mit gekreuzten Beinen auf die Erde. Tücher werden in Eiswasser

---

* Ein *Respa* (oder *Repa*) ist ein tibetischer Yogi, der in dem harten Klima des tibetischen Hochlandes sommers wie winters nur ein einziges leichtes Baumwollgewand trägt. Der bekannteste *Repa* war wohl der große tibetische Meister Mila-repa. (Anm. d. Übs.)

getaucht, kommen darin zum Gefrieren und werden steif vor Frost wieder herausgezogen. Die Schüler umwickeln sich damit und müssen sie an ihrem Körper auftauen und trocknen lassen. Kaum ist das geschehen, so taucht man das Tuch von neuem ins Wasser, das Spiel fängt von vorne an und wird bis Tagesanbruch fortgesetzt. Wer die meisten Tücher an sich getrocknet hat, gilt als Sieger im Wettbewerb. Einige sollen es so weit bringen, das Tuch im Laufe einer Nacht bis zu vierzigmal an ihrem Körper zu trocknen. Das wird aber wohl etwas übertrieben sein, und man wird auch gut tun anzunehmen, daß es sich in manchen Fällen um allmählich immer kleiner gewordene Tücher handelt, die am Ende nur noch ein Symbol darstellen. Immerhin steht es fest, daß manche Respas Stoffstücke von der Größe eines Schals an sich trocknen. Ich habe das mit eigenen Augen gesehen.[4]

Während das *Lung-Gom* eine seltene und fast schon legendäre Praktik ist, die heute nur noch wenige Lamas beherrschen, wird *Tummo* im Gegensatz dazu von vielen Lamas geübt. *Tummo* gehört zu den »sechs Yogas« – den Hauptlehren von Naropa, einem der großen Lehrer in der Geschichte des tibetischen Buddhismus – und wird in vielen tibetischen Schriften erwähnt. Der tibetische Dichter und Heilige Milarepa spricht in einem seiner »hunderttausend Gesänge« davon, wie er einen ganzen Winter allein in einer Höhle nahe dem Mount Everest verbrachte und nur mit Hilfe der Meditation der »inneren Hitze« überlebte:

Schnee, der auf mich fiel, floß in Strömen von mir herab.
Tosende Windstöße brandeten um das dünne Baumwolltuch,
das feurige Hitze umhüllte.
Ein Kampf auf Leben und Tod war dort zu sehen –
Und ich, der ich den Sieg davontrug, hinterließ einen Markstein,
künftigen Einsiedlern zum Nutzen,
Bewies ich doch die große Kraft des *Tummo*.[5]

Tummo ist eine jener »geheimen« *Vajrayāna*-Praktiken, die man nur mit Hilfe der Führung eines Lehrers erlernen kann; und auch dies nur, nachdem man sich komplizierten Vorbereitungen und Initiationen unterworfen hat. Die Einzelheiten von Naropas *Tum-*

mo-Meditation sind jedoch schon vielerorts eingehend beschrieben, so daß *Tummo* mittlerweile ein offenes Geheimnis geworden ist. Wir können anhand von *Tummo* also leicht die Eigenarten einer fortgeschrittenen *Vajrayāna*-Meditation untersuchen, wobei wir uns jedoch daran erinnern sollten, daß *Tummo* keineswegs für eigenmächtige Versuche geeignet ist.[6]

Die *Tummo*-Meditation wird häufig in Verbindung mit einer Körperprüfung ausgeführt. Bei dieser Übung atmet man tief ein, wölbt den Bauch vor und läßt, im Lotussitz sitzend, den Unterleib kreisen. Die Meditation sollte am frühen Morgen ausgeführt werden, noch bevor man Speise oder Trank zu sich genommen hat. Der ernsthafte *Tummo*-Schüler sollte außerdem keine warme Kleidung tragen und auf wärmende Lagerfeuer verzichten, die den Körper von außen erwärmen. Will man die Meditationsanweisungen verstehen, muß man auch mit den drei wichtigsten *Nādīs* (Kanäle psychischer Energie) – der rechten, linken und mittleren – der Physiologie des Yoga vertraut sein, die vom unteren Ende der Wirbelsäule zum Gehirn verlaufen und die *Chakras* miteinander verbinden.

Der Meditierende beginnt, indem er im Nabelzentrum einen goldenen Lotus visualisiert, aus dem die Keimsilbe *Ram* ausstrahlt. Ist das *Ram* klar fühlbar und pulsiert wie eine machtvolle Sonne in seinem goldenen Zentrum, läßt man innerlich eine zweite mantrische Keimsilbe, *Ma*, schwingen, die unmittelbar über dem *Ram* pulsiert. Aus dem *Ma* entsteht eine feurig rote weibliche Gottheit; sie ist in eine Flammenaureole gehüllt. Der Meditierende muß nun mit dieser Gottheit einswerden, er muß sich auf sie konzentrieren, bis seine Identität ganz mit der visualisierten Gestalt verschmolzen ist. Danach wird eine weitere Silbe, *Ah*, im Nabelzentrum visualisiert. Das oszillierende, lodernde Licht der visualisierten Keimsilbe wird durch intensivste Konzentration durch die mittlere *Nādī* bis zum obersten *Chakra* in der Schädelkrone emporgeführt. Die Konzentration sollte dabei hauptsächlich auf den Ursprungsort der Flamme gerichtet bleiben, und die Texte stimmen alle darin überein, daß der Aufstieg zu den höheren Zentren sehr langsam und behutsam erfolgen sollte; einige betonen ausdrücklich, daß das Kehlzentrum beim Aufstieg nicht überschritten werden sollte.

Mit dem Aufsteigen der visualisierten Flamme läßt man gleichzeitig die zentrale *Nādī* immer weiter werden. Ursprünglich so dünn wie ein Haar, schwillt sie zu Fingerbreite, dann wird sie so dick wie ein Arm und schließlich füllt sie den ganzen Körper aus. In diesem Stadium der *Tummo*-Meditation, ihrem Kulminationspunkt, fühlt man sich, als ob der ganze Körper in Flammen stehen würde. Der Meditierende kann dann die Intensität dieser Erfahrung nach und nach abschwächen, indem er den mittleren Kanal immer enger werden läßt und die Flamme schließlich zu ihrem Ursprung zurückführt.

Den skeptischen Leser, der an diesem Punkt gern meß- und nachprüfbare Beweise für die Effektivität der *Tummo*-Meditation hätte, muß ich allerdings enttäuschen. Ich kenne keinen *Tummo*-Meister, der sich für einen Test in einem wissenschaftlichen Laboratorium zur Verfügung gestellt hätte, um damit den westlichen Maßstäben zu genügen. Wir haben jedoch genug Beweismaterial dafür, daß ein Mensch seine Körpertemperatur bewußt beeinflussen kann und daß fortgeschrittene Yogaschüler spektakuläre – und meßbare – Temperaturveränderungen herbeigeführt haben.

Elmer und Alyce Green von der Menninger Foundation haben durch ihre Arbeiten nachgewiesen, daß wir mittels *Biofeedback* die Temperatur in bestimmten Körperregionen ansteigen lassen können, und Swāmi Rama, ein Yogameister aus Indien, demonstrierte bei einem Laborversuch, daß er innerhalb von zehn Minuten die Temperatur seiner Hand um zehn Grad verändern konnte.[7]

Was die Nachprüfbarkeit des Trance-Laufes angeht, befinden wir uns etwa auf dem gleichen Stand; vieles weist darauf hin, daß so etwas *möglich* ist. Das Phänomen ist nur nicht mehr so fremd, wie es einmal war. Eine neue Generation von Joggern lernt, beim Laufen *Mantras* und Visualisierungen zu gebrauchen.[8] Autoren wie Michael Murphy und George Leonard klären uns über die Häufigkeit von Trancezuständen und Gipfel-Erlebnissen bei Sportlern auf. Nach ihrer Meinung waren wir so sehr vom Wettkampfaspekt des Sports eingenommen, haben immer nur auf die Ergebnistafel gestarrt, daß wir den wichtigsten Teil sportlicher Betätigung vernachlässigt haben – seine *innere* Komponente, das Hochgefühl gesteigerter psychophysischer Erfahrung.[9]

Trotzdem ist auf diesem Gebiet Ost immer noch Ost und West ist West; die beiden haben sich noch nicht getroffen, obwohl sie vielleicht nicht mehr so weit voneinander entfernt sind wie früher. Phänomene wie der »Trance-Lauf« und die »innere Hitze« lassen sich auch heute noch nicht mit den im Westen vorherrschenden Vorstellungen über die Möglichkeiten und Grenzen des menschlichen Körpers vereinbaren; sie sind uns aber vielleicht auch nicht mehr so fremd, wie sie es einmal waren. Dasselbe gilt für ein wichtiges Werk der tibetischen Literatur: das Tibetische Totenbuch.

Das Totenbuch wurde 1927 im Westen bekannt; Kazi Dawa Samdup, ein tibetischer Gelehrter, hatte die englische Übersetzung angefertigt; herausgegeben wurde das Werk von dem britischen Anthropologen W. Y. Evans-Wentz. Zu einer späteren Auflage schrieb C. G. Jung ein längeres Vorwort. Für ihn war das Tibetische Totenbuch ein bedeutendes Zeugnis östlicher Psychologie. Eine weitere Überarbeitung erfolgte durch Lama Anagarika Govinda, der Unstimmigkeiten berichtigte, die auf Fehler im tibetischen Manuskript zurückgingen.[10]

Das Tibetische Totenbuch ist ein wunderliches und faszinierendes Werk. Es ist von westlichen Autoren und Wissenschaftlern auf die unterschiedlichste Weise interpretiert worden, und so manche Diskussion über das Verhältnis von Esoterik und Exoterik hat sich daran entzündet. Wir werden später darauf eingehen. Zuerst mag es jedoch interessant sein zu sehen, wie das Buch in Tibet selbst benutzt wurde und wie es sich in die tibetischen Bräuche und Rituale einfügt, die den Tod begleiten.

Wir Abendländer (besonders wir Amerikaner) gehen ganz anders mit dem Tod um als die Tibeter. Der auffallendste Unterschied besteht dabei in der Behandlung des Leichnams selbst. Die Amerikaner übertreffen bei der aufwendigen Ausstattung des Leichnams wohl alle anderen westlichen Zivilisationen. Wir pumpen den Körper des Verstorbenen mit konservierenden Chemikalien voll, wir kleiden ihn in schicke Gewänder, wir schminken und verschönern ihn, soweit es geht, um ihn schließlich in einen möglichst gut versiegelten Sarg zu legen. Wir möchten ihn aus den biologischen Umwandlungsprozessen der Welt heraushalten, verhindern, daß er im Boden verfault oder einem hungrigen Tier zum Opfer fällt.

Die Tibeter behalten den Körper eines Verschiedenen für eine

Weile bei sich im Haus, bis die notwendigen Rituale abgeschlossen wurden. Dann tragen sie ihn zu einer vorbestimmten Stelle und lassen ihn dort offen auf dem Boden liegen, damit sich die Geier oder andere Aasfresser daran gütlich tun können. Gewöhnlich schneidet derjenige, der die Leiche dorthin trug, sorgfältig einige Stücke Fleisch aus dem Körper und verfüttert sie an die Tiere in der Umgebung. Diese Leichenstätten wurden schon immer für geeignete Meditationsplätze gehalten. Oft riet man jungen Mönchen, eine Nacht zwischen den Knochen und verwesenden Leichen zu verbringen und die Unbeständigkeit des Lebens zu kontemplieren.

Die Totenriten wurden in Tibet zumeist von einem oder mehreren Lamas des nächstgelegenen Klosters ausgeführt. Zuerst rief man einen in Astrologie versierten Lama, der die genaue Todesstunde feststellte. Die Todesstunde war selten mit der des physischen Ablebens identisch, sondern lag in der Mehrzahl der Fälle bereits einige Monate zurück, da man die Stunde, zu der die Lebenskraft des Individuums verbraucht war, als wirkliche Todesstunde ansah. Die Form der Totenriten richtete sich nach dem, was der Astrologe über die Todesstunde zu sagen wußte.

Das Tibetische Totenbuch, dessen Originaltitel wörtlich übersetzt »Die Große Befreiung durch Hören im Nachtod-Zustand« heißt, wurde nach einem Todesfall eine bestimmte Zeitlang täglich laut im Hause des Verstorbenen rezitiert. Es beinhaltet Anleitungen, wie der Verstorbene mit den Erfahrungen, die er nach dem physischen Tod in den verschiedenen darauf folgenden Zwischenzuständen, den *Bardos,* macht, umgehen soll. Diese Belehrungen richten sich an einen Aspekt der Psyche des Verstorbenen, den man in der westlichen Literatur oft den »Wissenden« oder das »Bewußtseinsprinzip« genannt hat. All dies geschieht unter der Voraussetzung, daß das Bewußtsein des Toten in irgendeiner Form anwesend ist und die Instruktionen hört.

Gemäß den Lehren des Tibetischen Totenbuches bestehen die Nachtod-Erfahrungen aus einer Reihe von Prüfungen, die alle eine Möglichkeit zur Erleuchtung darstellen; Erleuchtung hat hier die klassische buddhistische Bedeutung von »Befreiung aus dem Zyklus der Wiedergeburten«. Werden alle diese Gelegenheiten verpaßt, dann wird das Bewußtsein in einem neuen Körper wiedergeboren, was im Normalfall nach etwa neunundvierzig Tagen geschehen soll.

Der Moment des physischen Todes stellt die erste Gelegenheit zur Erleuchtung dar. Man nennt diesen *Bardo* »Das Klare in den Augenblicken des Todes gesehene Urlicht«. Dem Verstorbenen wird erklärt, daß dieses Licht ein Aufblitzen des tiefsten und reinsten Wesens seines Bewußtseins und mit Buddhawesen identisch ist:

> Dein eigenes Bewußtsein, das zu nichts geformt und in Wirklichkeit leer ist, und der (erkennende) Geist, leuchtend und glückselig – diese beiden sind unzertrennlich. Die Vereinigung von beiden ist der *Dharmakāya*-Zustand Vollkommener Erleuchtung.
>
> Dein eigenes Bewußtsein, leuchtend, leer und untrennbar von dem Großen Strahlenkörper, hat weder Geburt noch Tod und ist das Unveränderliche Licht...[11]

Erkennt der Verstorbene dieses Licht als den Ursprung seines Bewußtseins und wird eins mit ihm, hat er damit Befreiung erlangt. Die meisten jedoch sind dazu aus verschiedenen Gründen nicht in der Lage: Sie haben Angst; sie verstehen nicht, was geschieht; es mangelt ihnen an meditativer Schulung während ihres Lebens. Sie müssen also verwirrt im Nachtod-Zustand weiterwandern.

Nur wenige Minuten nach dem »Klaren Urlicht« macht der Verstorbene eine andere, ähnliche Erfahrung, die Erfahrung des »sekundären sofort nach dem Tod gesehenen Klaren Lichts«. Das Licht hat ein wenig an Strahlkraft verloren. Lama Dawa Samdup, der Übersetzer des Totenbuchs, erklärt dazu: »Ein aufspringender Ball erreicht seine größte Höhe beim ersten Rücksprung. Der zweite Rücksprung ist niedriger, und jeder folgende Rücksprung ist noch niedriger, bis der Ball zur Ruhe kommt. Ähnlich verhält es sich mit dem Bewußtseinsprinzip beim Tod eines menschlichen Körpers.«[12]

Kann das Bewußtsein das sekundäre Klare Licht nicht begreifen, muß es zum *Tschönyi-Bardo,* der nächsten Stufe des Zwischenzustandes, weiterwandern.

Einige Minuten nach dem physischen Tod (der tibetische Text

nimmt es mit den Zeitangaben nicht so genau) wird das Bewußtsein gewöhnlich der Vorgänge um den toten Körper gewahr. Es sieht das Sterbezimmer und die Menschen, die sich darin befinden, und es hört die Klagen der Trauernden. Zu dieser Zeit kann es zu großer Not und Verwirrung kommen, denn der Verstorbene weiß möglicherweise noch nicht, daß er gestorben ist, und versucht, zu den Lebenden zu sprechen. Bald darauf erfährt das vom Körper getrennte Bewußtsein des Verschiedenen erschreckende und furchteinflößende Lichter und Töne, und ein wenig später beginnt es, Erscheinungen zu sehen.

Die erste Kategorie von Erscheinungen sind die »Friedvollen Gottheiten«. Das Tibetische Totenbuch beschreibt sie in allen Einzelheiten; es sind bekannte Figuren aus dem Pantheon des *Vajrayāna*-Buddhismus. Jede Erscheinung wird als lebendige Realität erfahren und wird von verschiedenfarbigem gleißenden Licht begleitet. Immer wieder wird der Verstorbene im Totenbuch daran erinnert, daß auch sie Manifestationen seines eigenen Bewußtseins sind. Evans-Wentz spekuliert in seiner Einleitung, daß bei Menschen anderer Religionszugehörigkeit die archetypischen Kräfte seines Bewußtseins in diesem *Bardo* in anderer Form in Erscheinung treten. Der Tibeter sieht die Bilder, die ihm von *Thangkas* (tibetische Rollbilder, die als Meditationsvorlage dienen) und Tempelfresken vertraut sind, ein Christ möglicherweise die Dreifaltigkeit, die Jungfrau Maria oder die Heiligen der christlichen Tradition. Wie die Träume sind diese Erscheinungen Emanationen der menschlichen Psyche. Immer wieder mahnt der Lama, der dem Verstorbenen das Totenbuch laut vorliest:

O Edelgeborener, diese Reiche rühren nicht von irgendwo außerhalb (deiner selbst) her. Sie kommen von innerhalb der vier Abteilungen deines Herzens, die, den Mittelpunkt hinzugerechnet, die fünf Richtungen ausmachen. Sie kommen von da innen heraus und scheinen auf dich. Auch die Gottheiten sind nicht von sonst irgendwoher gekommen: sie existieren von Ewigkeit her innerhalb der Fähigkeiten deines eigenen Geistes. Wisse, daß sie von solcher Natur sind.[13]

Wie die Klaren Lichter sind die Friedvollen Gottheiten Möglich-keiten, die Befreiung zu erlangen. Erkennt das Bewußtsein, daß sie seine eigenen Schöpfungen sind und wird mit ihnen eins, dann hat es die Subjekt-Objekt-Dichotomie transzendiert, welche die Ursa-che seiner Ängste und Verwirrung ist.

Gelingt es uns, die Wahrheit der Aussagen des Tibetischen To-tenbuches einmal vorauszusetzen, dann erhalten die verschiedenen *Vajrayāna*-Übungen, die wir bereits besprachen, eine völlig neue Bedeutung. Die verschiedenen Meditationen und der Traumyoga sind dann nicht nur Wege, die verschiedenen Dimensionen des Lebens zu erforschen, sie sind auch Vorbereitungen auf den Tod. Der *Vajrayāna*-Schüler hat in vielen Jahren der Meditationspraxis gelernt, Bilder aus den Tiefen seines Unbewußten heraufzube-schwören, sie als Schöpfungen seines eigenen Bewußtseins zu er-kennen und mit ihnen zu verschmelzen. Die Übungen des Traum-yoga haben ihn oft genug erfahren lassen, daß er zur Bewußtheit der »traumhaften« Natur jeder Situation »erwachen« kann.

Vermag der Verstorbene nicht, die Friedvollen Gottheiten der ersten sieben Tage nach dem Tod zu erkennen, betritt er ein weite-res, jedoch wesentlich erschreckenderes Stadium des Nachtod-Zu-standes, in dessen Verlauf die »Zornvollen Gottheiten«* erschei-nen. Schon die Friedvollen und Wissenshaltenden Gottheiten des vorangegangenen Stadiums waren in ihrer Wucht und Größe er-schreckend genug. Die nun folgenden Erscheinungen jedoch sind mehr als entsetzlich. Das Auftreten dieser monströsen Gestalten wird von angsteinflößendem Dröhnen und markerschütternden schrillen Lauten begleitet. Sie schwenken mörderische Waffen und trinken Menschenblut aus Schädelschalen. Diese schrecklichsten aller Wesen, die der menschliche Geist zu erdenken vermag, er-scheinen eines nach dem anderen, wie in einem Panoptikum des Grauens. Der Verstorbene möchte natürlich vor ihnen weglaufen, wird jedoch daran erinnert, daß auch sie nur Illusionen sind – ja nur andere Manifestationsformen der friedvollen Wesen, denen er bereits im vorangegangenen *Bardo* begegnete. (Es gehört zu den

---

* Auch als die »Rasenden Gottheiten« übersetzt, da Emotionen wie »Zorn« diesen Manifestationen bestimmter Energien ebenso fremd sind, wie sie es etwa einem schweren Unwetter sind. (Anm. d. Übs.)

grundlegenden Vorstellungen der Psychologie des *Vajrayāna*, daß die Projektionen des Bewußtseins eine »friedvolle« und eine »rasende« Seite haben können.) Wie zuvor, so wird der Verstorbene auch hier dazu aufgefordert, die Gottheiten als Manifestation seines eigenen Bewußtseins zu erkennen, um damit Erleuchtung und Freiheit zu erlangen.

War der Verstorbene bisher nicht in der Lage, den Instruktionen des Totenbuches Folge zu leisten, wandert das Bewußtseinsprinzip zum *Sipa-Bardo* weiter und kann dort bis zu zweiundzwanzig Tagen verweilen. Neue Visionen und Prüfungen stehen bevor, und in ihrem Verlauf treibt das Bewußtsein immer weiter auf die unerwünschte Wiedergeburt in einem weiteren Körper zu.

Einige Erfahrungen des *Sipa-Bardo* erinnern an die Schilderungen von Himmel, Hölle und Fegefeuer in den christlichen Schriften. Personen, die viel schlechtes *Karma* auf sich geladen haben, werden bestraft – sie werden von fleischfressenden Dämonen, wilden Tieren und aufgebrachten Volksmassen verfolgt. Sie sind heftigen Stürmen ausgesetzt, werden unter Felslawinen begraben, ertrinken in aufgepeitschten Fluten und verbrennen in lodernden Flammen. Personen, die im Laufe ihres Lebens viele Verdienste angesammelt haben, erfahren Glück und Zufriedenheit, und jene, deren Leben weder gut noch schlecht war, verfallen in stupide Indifferenz. Wie die Erfahrung auch beschaffen sein mag, dem Verstorbenen wird geraten, sich nicht damit zu identifizieren oder daran zu haften; das beste ist, wenn er während dieser Erfahrungen in einem meditativen Zustand verweilen kann. Hat der Verstorbene keinerlei Meditationserfahrung, so sollte er wenigstens versuchen, achtsam zu bleiben, aufmerksam zu verfolgen, was geschieht, und es zu analysieren.

Das Totenbuch beschreibt einige der Abenteuer, die man in diesem Stadium möglicherweise bestehen muß; ihre jeweilige Form ist geprägt durch die karmischen Einflüsse der Handlungen und die individuelle Psyche des Verstorbenen. Gegen Ende des *Sipa-Bardo* kommt der Moment der Wiedergeburt immer näher, und das Bewußtsein erlebt lebhafte sexuelle Phantasien sich vereinigender Paare. Selbst in diesem fortgeschrittenen Stadium des *Bardo* ist Befreiung noch möglich; das Totenbuch empfiehlt bestimmte Meditationen, die dazu verhelfen sollen. Läßt sich die

Rückkehr in einen neuen Lebenszyklus unter keinen Umständen vermeiden, wird der Verstorbene darüber belehrt, wie er eine gute Wiedergeburt erlangen kann. Das Bewußtsein hat in diesem Stadium gewisse hellsichtige Fähigkeiten und kann wenigstens ungefähr voraussehen, in welche Art von Leben es eintreten könnte. In einer Passage, die so, wie sie formuliert ist, auch von Sigmund Freud stammen könnte, heißt es im Totenbuch:

> Wenn man (im Begriff ist), als ein männliches Wesen geboren zu werden, dämmert dem Wissenden das Gefühl von sich selber als einem männlichen Wesen, und ein Gefühl starken Hasses und Eifersucht gegenüber dem Vater und Anziehung gegenüber der Mutter wird erzeugt. Wenn man (im Begriff ist), als ein weibliches Wesen geboren zu werden, dämmert dem Wissenden das Gefühl von sich selber als einem weiblichen Wesen, und ein Gefühl starken Hasses gegen die Mutter und große Anziehung und Liebe dem Vater gegenüber wird erzeugt.[14]

Vermag das Bewußtsein diesen Gefühlen der Anziehung nicht nachzugeben, dann besteht immer noch die Möglichkeit, einer Wiedergeburt zu entgehen.

Das Totenbuch ist ein faszinierendes Dokument und läßt Interpretationen auf vielen verschiedenen Ebenen zu. Wir können es als »Geheimwissenschaft« einstufen, als erhabene religiöse Schrift oder als primitive Landkarte der Psychologie des Unbewußten. Wir können es wörtlich (oder exoterisch) als ein Lehrsystem begreifen, das das verwirrte Bewußtsein eines Verstorbenen auf eine höhere Ebene des Seins führen will, oder wir können es metaphorisch (esoterisch) verstehen und als symbolische Darstellung dessen nehmen, was uns Lebenden geschieht.

In jedem Falle bringt es die grundlegenden Vorstellungen des *Vajrayāna* deutlich zum Ausdruck. In den Ratschlägen, die dem Geist des Verstorbenen erteilt werden, schwingen alle wichtigen Lehren des Buddhismus mit: Sei achtsam und erwache; sei dir der Tatsache bewußt, daß deine Psyche aktiv an der Erschaffung dessen beteiligt ist, was dir als äußere Wirklichkeit erscheint; laß ab von allen Ängsten und allem Anhaften. Das Totenbuch lehrt, daß sich jeder aus den Täuschungen des Ich befreien kann, wenn er nur unmittelbar in seinen Geist schaut, sieht, wie der Geist Bilder (und Wirklichkeiten) produziert, und damit versteht, daß er selbst gleichzeitig Geist ist und die Bilder, die vom Geist geschaffen wurden.

Nach den Aussagen des tantrischen Yoga, die dem tibetischen Buddhismus zugrunde liegen, sind alle Phänomene, wie sie im Tibetischen Totenbuch beschrieben sind, auch *physische* Wirklichkeit. Setzen wir, wie das im Westen noch üblich ist, die Psyche des Menschen mit seiner Gehirntätigkeit gleich, dann müssen wir uns allerdings fragen, *wo* denn der »Wissende«, dessen körperliche Überreste bereits von einem Aasgeier verzehrt wurden, in Raum und Zeit angesiedelt ist und woher er die Energie bezieht, solch schreckliche Erfahrungen heraufzubeschwören. Das *Vajrayāna* kennt einen »feinstofflichen« Körper, der zwar dem physischen Körper entspricht, aber nicht von physikalisch faßbarer Stofflichkeit ist. Die *Nādīs* und *Chakras,* mit denen die tantrische Meditationspraxis arbeitet, gehören zu diesem feinstofflichen Körper und funktionieren auch noch nach dem Ableben des physischen Körpers. Das Totenbuch nennt uns sogar die *Chakras,* deren Wirkung auf den verschiedenen Erfahrungsebenen des *Bardo* im Vordergrund steht: Die Friedvollen und die Wissenshaltenden Gottheiten sind Projektionen des Herz- bzw. Kehlzentrums; die Rasenden Gottheiten sind Hervorbringungen des Kopf-*Chakra* oder des Gehirns. Das Totenbuch nennt sogar die Gehirnpartien, aus denen die jeweiligen Rasenden Gottheiten in Erscheinung treten.

C. G. Jung schrieb seine Kommentare zum Totenbuch gegen Ende der dreißiger Jahre, als seine erste deutsche Ausgabe vorbereitet wurde. Er behandelte das Material aus psychologischer Sicht; gleichzeitig war er sich jedoch bewußt, daß es einem Kulturkreis entstammt, für den Metaphysik und Psychologie keine grundverschiedenen Dinge waren:

Seine Philosophie ist die Quintessenz buddhistischer, psychologischer Kritik und als solche – man kann wohl sagen – von unerhörter Überlegenheit. Nicht nur die »zornigen«, auch die »friedlichen« Gottheiten sind samsarische Projektionen der menschlichen Seele; ein Gedanke, der dem aufgeklärten Europäer nur allzu selbstverständlich vorkommt, weil er ihn an seine eigenen banalisierenden Simplifikationen erinnert. Derselbe Europäer aber wäre nicht imstande, diese wegen Projektion als ungültig erklärten Götter doch zugleich als real zu setzen ... Ein großartiges Sowohl-als-Auch ist der Hintergrund dieses seltenen Buches.[15]

Jung sah in den Beschreibungen der verschiedenen Bereiche des *Bardo* eine Landkarte des Unbewußten und betrachtete die Erfahrung des Zwischenzustandes als eine Art Therapie, einen Vorstoß in die tiefsten Schichten des Bewußtseins, wie er auch in einer Psychoanalyse unternommen wird. Die Psychoanalyse – man merkt, daß Jung hier auf seine alte Auseinandersetzung mit Freud zurückkommt – sei jedoch relativ oberflächlich. Sie dringe nur bis zum *Sipa-Bardo* mit seinen sexuellen Zwangs- und Wunschvorstellungen vor. Jung schlägt in seinem Kommentar vor, das Totenbuch von hinten zu lesen – man würde auf diese Weise von der an die Psychoanalyse erinnernden Bilderwelt des *Sipa-Bardo* zu den tieferen Bereichen der in den Friedvollen und Rasenden Gottheiten manifestierten archetypischen Formen vordringen, was dem europäischen Geist den psychologischen Gehalt leichter verständlich machen würde. Dieser Gedanke impliziert weiterhin, daß wir in der tiefsten Schicht des Bewußtseins auf den Zustand reiner und formloser Energie stoßen müßten, den das Totenbuch als das »Klare Licht« bezeichnet – eine Vorstellung, die durchaus der Auffassung der buddhistischen Psychologie entspricht. Die Jungsche Interpretation sieht in dem Kontakt zwischen dem Bewußtsein des Verstorbenen und dem den Ritus vollziehenden Lama eine Art »Psychotherapie der letzten Minute«, eine massive Auseinandersetzung mit unbewußten Inhalten – eine Therapie, bei der der therapeutische »Durchbruch« nach einer erfolgreichen Verarbeitung des zu Tage beförderten Materials eben jene »Befreiung«, der Schritt in einen unvorstellbaren Bereich jenseits der menschlichen Existenz ist.

Lama Govinda führt in seiner Einleitung zum Totenbuch aus, daß es ebenso – oder sogar hauptsächlich – als esoterisches Dokument zu verstehen ist, für uns Lebende zur Einweihung und Übung bestimmt:

Es richtet sich nicht nur an Menschen, die das Ende ihres Lebens herannahen sehen oder unmittelbar vor ihm stehen, sondern ebenso an diejenigen, die das Leben noch vor sich haben und denen zum ersten Mal die volle Bedeutung ihres Daseins – insbesondere ihres Menschseins – zum Bewußtsein kommt ... Für jeden, der mit buddhistischer Philosophie vertraut ist, ist klar, daß Geburt und Tod nicht einmalige Phänomene des menschlichen Lebens sind, sondern etwas, das sich ununterbrochen in uns vollzieht. In jedem Augenblick stirbt etwas in uns und wird etwas in uns wiedergeboren ... In der geistigen Schulung des Bardo Thödel, wie in den Mysterien des Altertums, müssen die Eingeweihten durch das Erlebnis des Todes gehen, um zur inneren Befreiung zu gelangen. Sie müssen ihrer Vergangenheit und ihrem Ich sterben, bevor sie in die geistige Gemeinschaft und in das höhere Leben eintreten und »Söhne der Buddhas« werden können.[16]

Lama Govinda läßt uns damit die Vielfalt der Anwendungsmöglichkeiten der Lehren des Tibetischen Totenbuches erkennen, und er gibt uns gleichzeitig Hinweise auf ihre Quellen. Es läßt sich auch als Lehrbuch über die tiefen und fortgeschrittenen Stadien tantrischer Meditationen gebrauchen, die allesamt erst nach entsprechender Einweihung gemeistert werden können, und es wurde wahrscheinlich von Personen verfaßt, die die meditativen Praktiken zur Erforschung der Geheimnisse der menschlichen Psyche und des menschlichen Seins gemeistert hatten:

Es gibt Menschen, die aufgrund ihrer Konzentration und anderer Yoga-Praktiken imstande sind, die Inhalte des Unterbewußtseins oder des über ihre individuelle Erfahrung hinausgehenden Tiefenbewußtseins in den Bereich des aktiven, unterscheidenden Wachbewußtseins zu erheben, so daß es ihnen möglich ist, von dem unerschöpflichen Reichtum jenes Tiefengedächtnisses Gebrauch zu machen, in dem nicht nur unsere vergangenen Existenzen, sondern die Vergangenheit unserer Rasse, die Vergangenheit der Menschheit und aller vormenschlichen Lebensformen – wenn nicht gar jenes Bewußtseins, welches erst alles Leben dieses Universums möglich macht – aufgespeichert sind.[17]

Auf der Höhe der Welle der Begeisterung für die psychedelischen Drogen verfaßten Timothy Leary und zwei seiner Kollegen einen »Reiseführer für LSD-Trips«, der auf den Lehren des Tibetischen Totenbuchs basiert. Die Autoren setzen sich auch mit den Versuchen auseinander, die andere vor ihnen bereits zum Verständnis dieses Buches unternommen hatten. Jung, so meinen sie feststellen zu müssen, hätte das Hauptsächliche nicht verstanden; er hätte alles viel zu wörtlich genommen. »Jung sieht zwar die gewaltige Macht und Tiefe des tibetischen Denkmodells, doch ihm entgeht gelegentlich seine eigentliche Bedeutung und deren Implikation – daß hier nämlich detaillierte Anweisungen gegeben werden, wie man sein Ich loswerden kann, wie man aus den Grenzen der Persönlichkeit ausbrechen und in neue Dimensionen des Bewußtseins vordringen kann. Er kommt der Sache zwar recht nahe, begreift sie jedoch nie ganz. Jung gibt sich mit dem Exoterischen zufrieden und übersieht dabei das Esoterische.«[18]

Damit übersehen Timothy Leary und seine Ko-Autoren in ihrer psychedelischen Hybris geflissentlich das differenzierte »Sowohl-als-Auch« von Jungs Kommentar. Sie sehen in der Anwendung des Buches ein »hohles Ritual«, solange es nicht als Anleitung zur praktischen Erforschung des Bewußtseins verwendet wird – natürlich der Erforschung mittels psychedelischer Drogen. Mit ihnen sei nun endlich die große Stunde dieses Buches gekommen, denn: »Heute besitzen wir zum ersten Mal die Mittel, jedem, der es möchte und nur ein wenig vorbereitet ist, die Erleuchtung zu verschaffen.«[19]

Nun, ich möchte nicht abstreiten, daß sich das Tibetische Totenbuch auch auf die psychedelische Erfahrung anwenden läßt; wenn es eine gültige Landkarte des Unbewußten ist, dann ist es auf jeden Zustand anwendbar, der uns zu diesen Bereichen der Psyche Zugang verschafft. Der Rat, sich nicht in Panik versetzen zu lassen, an keiner Erfahrung hängen zu bleiben, alle auftauchenden Bilder als Teil von einem selbst zu betrachten, der dem Verstorbenen wiederholt gegeben wird, gilt auch zu beachten, wenn man aus einer Drogenerfahrung möglichst viel zu machen wünscht. Über diesen Erwägungen sollten wir jedoch nicht die Möglichkeit vergessen, daß das Totenbuch das sein könnte, was sein Titel sagt: ein Führer auf dem Weg zur »Befreiung im Nachtod-Zustand«.

Einige von Ihnen kennen wahrscheinlich das Buch von Raymond Moody »Leben nach dem Tod«. Der junge Arzt untersucht darin die Erfahrungen von Personen, die bereits »gestorben« waren – Personen, die, nachdem sie bereits für physisch tot erklärt worden waren, noch einmal wiederbelebt werden konnten, die durch Krankheit oder Unfall dem Tod bereits sehr nahe gekommen waren oder die anderen auf dem Sterbebett von ihren Erfahrungen berichtet hatten. Das von Raymond Moody zusammengetragene Material erinnert in mancher Hinsicht stark an die Schilderungen des Tibetischen Totenbuches. Über ein typisches Todeserlebnis berichtet Moody:

Ein Mensch liegt im Sterben. Während seine körperliche Bedrängnis sich ihrem Höhepunkt nähert, hört er, wie der Arzt ihn für tot erklärt. Mit einemmal nimmt er ein unangenehmes Geräusch wahr, ein durchdringendes Läuten oder Brummen, und zugleich hat er das Gefühl, daß er sich sehr rasch durch einen langen, dunklen Tunnel bewegt. Danach befindet er sich plötzlich außerhalb seines Körpers, jedoch in derselben Umgebung wie zuvor. Als ob er ein Beobachter wäre, blickt er nun aus einiger Entfernung auf seinen eigenen Körper. In seinen Gefühlen zutiefst aufgewühlt, wohnt er von diesem seltsamen Beobachtungsposten aus den Wiederbelebungsversuchen bei.
Nach einiger Zeit fängt er sich und beginnt, sich immer mehr an seinen merkwürdigen Zustand zu gewöhnen. Wie er entdeckt, besitzt er noch immer einen »Körper«, der sich jedoch sowohl seiner Beschaffenheit als auch seinen Fähigkeiten nach wesentlich von dem physischen Körper, den er zurückgelassen hat, unterscheidet. Bald kommt es zu neuen Ereignissen. Andere Wesen nähern sich dem Sterbenden, um ihn zu begrüßen und ihm zu helfen. Er erblickt die Geistwesen bereits verstorbener Verwandter und Freunde, und ein Liebe und Wärme ausstrahlendes Wesen, wie er es noch nie gesehen hat, ein Lichtwesen, erscheint vor ihm.[20]

Einige Berichte in dem Buch von Moody haben kaum Ähnlichkeit mit den Schilderungen des Totenbuches; andere hingegen, besonders jene, die von einem leuchtenden klaren Licht sprechen oder von den vergeblichen Versuchen, mit den Zurückgebliebenen zu kommunizieren, klingen, als wären sie ihm wörtlich entnommen. Raymond Moody ist klug genug, das von ihm gesammelte Material nicht als »Beweis« für ein Leben nach dem Tode zu betrachten. All jene, die den Berichten mißtrauen, fordert er nur dazu auf, einmal eigene Nachforschungen anzustellen, ein Ratschlag, der auch für die anderen Themen gilt, die wir in diesem Kapitel einleitend besprochen haben. Die von ihm gesammelten Berichte sind ja auch streng genommen keine Berichte über die Nachtodes-Erfahrung; sie sind Berichte von »Beinahe-Toden«, Erinnerungen von Lebenden an Dinge, die ihnen in der Nähe des Todes widerfuhren (oder von denen sie behaupten, daß sie ihnen widerfuhren). Der Bereich des Todes entzieht sich unserer direkten Einsicht und nichts von dem, was wir darüber aussagen wollten, würde dem guten Ratschlag folgen, den uns der Buddha im *Kalama Sūtra* gibt: »Glaube an das, was du selbst eingehend geprüft und für wahr befunden hast.«

Trance-Läufer, innere Hitze, Leben nach dem Tod. Seltsame, unbegreifliche Dinge. Nehmen wir sie unter die Lupe und vergleichen sie mit uns bekannten Phänomenen, dann wird die Aura des Geheimnisvollen ein wenig dünner, ohne jedoch völlig zu verschwinden. Was bleibt, ist immer noch ein Mysterium für uns, etwas, das wir noch nicht recht begreifen. Und, denken wir einmal sorgfältig darüber nach, dann sehen wir, daß nicht das ferne Land Tibet das eigentliche Geheimnis ist – das Geheimnis ist das menschliche Leben.

9. Noch mehr tibetische Psychologie . . .

Die westliche Psychologie hat viele Modelle unserer Psyche hervorgebracht, Versuche, die Möglichkeiten unserer Erfahrung zu systematisieren und ihre Strukturen aufzuzeigen. Wir haben Verfahren, den »Charakter« und die »Persönlichkeitsstruktur« eines Menschen zu bestimmen. Wir haben Systeme, wie diejenigen Freuds oder Jungs, die sich mit dem Unbewußten befassen, und wir haben Unmengen von Informationen über »abweichendes Verhalten« und »Geisteskrankheiten«. Und kürzlich erst haben die Vertreter der humanistischen und transpersonalen Psychologie, die neue Wege gingen, neue Größen und Werte wie »Selbstverwirklichung«, »Gipfel-Erlebnis«, »ganzheitliche Gesundheit« und »Erweiterung des Bewußtseins« in unser psychologisches Vokabular eingeführt.

Der tibetische Buddhismus hat seine eigenen Modelle des Bewußtseins, ja, er hat sogar eine ganze Fülle davon. Einige haben wir bereits betrachtet, so zum Beispiel die Vorstellung von *Samsāra* und *Nirvāna*, die allen buddhistischen Schulen gemeinsam ist, oder das System der Geistesfaktoren des *Abhidharma*, eine Art buddhistische Perioden-Tafel der Elemente des Denkprozesses. Im vierten Kapitel hörten wir einiges über die Symbolik und einige Techniken des *Vajrayāna*-Übungsweges. Hier nun möchte ich Sie mit weiteren psychologischen Modellen des tibetischen Buddhismus bekannt machen.

Die buddhistische Psychologie beschäftigt sich viel weniger als die westliche Psychologie mit Typologien oder Persönlichkeitsstrukturen. Da sie den Fluß der Ereignisse und den ständigen Wandel betont, liegen ihr schematische Darstellungen der menschlichen Psyche fern. Sie befaßt sich mehr mit dem tatsächlichen Geschehen und beschreibt das menschliche Verhalten eher im

Hinblick auf ganz konkrete Situationen als aus der Perspektive einer starren Typologie.

Ich will damit natürlich nicht behaupten, daß der Buddhismus das Vorhandensein festgefahrener Verhaltensmuster ableugnet, daß er nichts weiß von der Tendenz des Menschen, sich sein Leben lang immer wieder zwanghaft in ähnliche Situationen zu bringen. Sehr häufig vergleichen die buddhistischen Schriften eine Tat mit dem Aussäen von Samen, die in Zukunft ähnliche Taten hervorbringen werden. Und trotzdem lehrt der Buddhismus immer wieder Methoden, mit deren Hilfe wir diesen Verhaltensmustern entkommen können. Der Erleuchtete ist frei, und damit ist gesagt, daß wir alle freier sind, als wir selbst meinen.

Das »Lebensrad« ist ein in einem Bild zusammengefaßtes in sich geschlossenes System der buddhistischen Psychologie. Die meisten Darstellungen des Lebensrades zeigen einen scheußlichen Dämon, der einen in sechs keilförmige Abteilungen unterteilten Kreis in seinen Klauen hält. Dieser Dämon ist Yama, der Richter der Toten, und jede Abteilung entspricht einem Bereich samsarischer Existenz – der Bereich der Götter, der Bereich der Gegengötter (Titanen), der Bereich der Menschen, der Bereich der Tiere, der Bereich der Hungergeister und der Bereich der Höllenwesen. Im Zentrum oder in der Radnabe befindet sich ein weiterer kleinerer Kreis mit einem Hahn, einem Schwein und einer Schlange, die einander im Kreis herumjagen, ohne je ein Ende zu finden. Sie symbolisieren die Kräfte, die alle Wesen im Kreislauf des *Samsāra* gefangenhalten: Der Hahn steht für Gier, das Schwein für Unwissenheit und die Schlange für Haß.*

Die Symbolik des Lebensrades läßt sich exoterisch verstehen; das Lebensrad versinnbildlicht dann sechs verschiedene Existenzformen, in die man im endlosen Kreis der Reinkarnationen hineingeboren werden kann. Das Totenbuch behandelt sie auf diese Weise und gibt an manchen Stellen genaue Instruktionen, wie man eine Wiedergeburt in den höheren Bereichen (Götter, Gegengötter und Menschen) herbeiführen und wie man eine Wiedergeburt in den

---

* Eine Abbildung eines tibetischen Thangka mit der Darstellung eines Lebensrades findet sich als Frontispiz auf S. 2 dieses Buches.

niederen Bereichen (Tiere, Hungergeister und Höllenwesen) vermeiden kann. Die exoterische Interpretation der Symbolik des Lebensrades ist mit den Vorstellungen identisch, die sich im tibetischen Volksglauben um das Phänomen Wiedergeburt ranken – dem Glauben daran, man könnte als Gott oder als Tier in ein neues Leben treten; sie weist auch gewisse Ähnlichkeiten zu christlichen Lehren über ein Leben nach dem Tode auf.

Die Symbolik läßt sich aber auch – auf mindestens zwei verschiedenen Ebenen – esoterisch verstehen, wodurch sich uns ein psychologisches System enthüllt. Die sechs Bereiche sind dann eine Art Drehbuch des Lebens – um einmal einen Begriff aus der Transaktions-Analyse aufzugreifen –, nach dessen Rollenvorschriften wir unser karmisch bedingtes Schicksal als eine bestimmte Persönlichkeit mit einem bestimmten sozioökonomischen Status ausleben. Der Bereich der Götter befindet sich ganz oben im Lebensrad; dort leben all jene, denen im Leben einfach alles in den Schoß fällt. Auf Sanskrit heißen sie *Suras* oder *Devas*, und ihr Bereich ist als herrlicher Palast dargestellt, in dem sie sich an Musik, guter Gesellschaft und den ausgesuchtesten Delikatessen erfreuen. In ihrem Bereich befindet sich auch die Krone des »Alle-Wünsche-erfüllenden-Baumes«, ein Zeichen dafür, daß ihr Reichtum die karmische Wirkung der Anstrengungen anderer darstellt. Auch wenn diese Wesen sich eines glücklichen Schicksals erfreuen, so sind sie trotzdem unerleuchtet. Ihre Hauptschwächen, Stolz und Selbstgefälligkeit, sind darauf zurückzuführen, daß sie nicht einsehen, wie vorübergehend und unstabil ihr gegenwärtiges Glück ist und daß es wie alles im menschlichen Leben der Veränderung unterworfen ist. Der Buddha erscheint in diesem Bereich mit einer Laute in der Hand. Damit will er sie darauf aufmerksam machen, daß ihr Glück vergehen wird, wie der Ton einer Laute verklingt.

An diesen himmlischen Bereich schließt sich die Welt der Gegengötter oder *Asuras* an. Dieser Persönlichkeitstyp läßt sich leicht wiedererkennen. Wir finden ihn in den Macht- und Wirtschaftszentren der Welt – Washington, New York, London, Zürich, Frankfurt. Das Leben der *Asuras* ist ständiger Kampf, und ihr Hauptcharakterzug ist Neid. Ihre Welt gehört zu den reichsten, aber die Götter sind noch besser dran als sie, und das Wissen, nicht ganz oben zu sein, läßt die *Asuras* nicht ruhen. Der wunscherfüllende Baum, dessen Früchte in der Baumkrone im Götterbereich hängen, hat in der Welt der *Asuras* seine Wurzeln, und die Darstellungen des Lebensrades zeigen gewöhnlich, wie die *Asuras* diese Früchte gewaltsam an sich reißen wollen. In ihrem Bereich erscheint der Buddha mit einem Schwert in der Hand, das im Buddhismus ein Symbol der Weisheit ist. Damit will der Buddha die *Asuras* ermahnen, nach Weisheit und innerem Frieden, anstatt nach Macht und Geld zu streben.

Die Menschenwelt, die im Lebensrad ebenfalls an den himmlischen Bereich anschließt, ist der letzte der drei höheren Bereiche. Die Menschen haben in ihrem Leben eine ganze Fülle von Möglichkeiten, im Lebensrad durch viele verschiedene Aktivitäten dargestellt – arbeiten, sich vergnügen, gebären. Für einige Interpreten des Lebensrades zeichnet sich dieser Bereich besonders durch Verwirrung aus. Da man zwischen so vielen Möglichkeiten wählen kann, wandern die meisten ziellos von einer Beschäftigung zur nächsten, denn es fehlt ihnen eine zentrale Zielsetzung, die ihrem Leben einen Sinn geben könnte. Dies ist also der Bereich der ganz normalen Menschen; sie sind nicht karriere- und machtbesessen wie die Gegengötter, sie sind ganz gut dran, wie Leute aus den mittleren sozialen Schichten eben gut dran sind. Im großen und ganzen haben sie ein glücklicheres Schicksal als die meisten Menschen – und doch leiden sie unter der Vergänglichkeit, Krankheit, Alter und der Gewißheit des Todes. Der Buddha erscheint in ihrem Bereich mit einer Almosenschale und einem Wanderstock in der Hand. Damit will er die Menschen auf die Notwendigkeit hinweisen, sich von ihrem weltlichen Dasein abzuwenden und einem geistigen Schulungsweg zuzuwenden.

Dies sind die drei höheren Bereiche des Lebensrades. Die niederen Bereiche sind die Welt der Tiere, die Welt der Hungergeister und die Welt der Höllenwesen.

Im vierten Bereich des Lebensrades sind die Tiere beheimatet. Damit sind all jene gemeint, die passiv und mechanisch durchs Leben trotten, ihren Instinkten und Trieben folgen, ohne jemals den Willen oder die Einsicht aufzubringen, das Leben selbst in die Hand zu nehmen. Sie wissen nichts von den fürchterlichen Leiden, die die Wesen in den beiden noch tieferen Bereichen durchmachen müssen, aber sie wissen auch nichts von der Freiheit des Menschseins, dem Ehrgeiz der Gegengötter oder dem Glück der Götter. Lethargie und mangelnde Bewußtheit sind Hauptcharakteristika dieser Klasse von Wesen. Der Buddha erscheint in ihrem Bereich mit einem Buch in der Hand; er weist damit auf die befreiende Macht klaren Denkens hin.

Während der Bereich der Tiere im Lebensrad meist unter dem der Menschen abgebildet ist, liegt der der Hungergeister oder *Pretas* unter dem der Gegengötter. Die *Pretas* sehen ziemlich scheußlich aus, und ihr Aussehen ist ein ausdrucksvolles Abbild der buddhistischen Auffassung von Gier und den Problemen, die sich aus der Gier ergeben: Sie haben riesige Bäuche, aber winzige Hälse hindern sie daran, herunterzuschlucken, was sie sich einverleiben möchten. Es scheint, als wolle ihnen nichts gelingen; alles, was sie unternehmen, um endlich Befriedigung zu finden, macht ihre Lage nur noch schlimmer. Auf einigen Darstellungen ist zu sehen, wie sie aus einem Fluß Wasser trinken wollen; aber sobald sie es mit ihren Lippen berühren, verwandelt sich das Wasser in Feuer, so daß sie nur noch durstiger werden. Der Buddha erscheint in ihrem Bereich mit einem Gefäß voll *Amrita,* dem Getränk der Götter, in der Hand, um ihre Leiden zu lindern. Wir können dies als Gabe verstehen, die der Buddha diesen Wesen voll Mitgefühl anbietet. Das Gefäß mit *Amrita* läßt sich aber auch als Sinnbild dafür interpretieren, daß diese unglückseligen *Pretas* nicht nur die Großzügigkeit anderer brauchen, sondern selbst die Fähigkeit entwickeln müssen, *anderen* gegenüber großzügig zu sein, um sich damit über ihre selbstsüchtige Habgier zu erheben, der sie ihre Leiden verdanken.

Die Höllenwesen bewohnen den niedersten Bereich des Lebensrades, eine Art Dantisches Inferno, in dem die Bewohner alle Arten physischer Pein erleiden. Man sieht, wie sie von Scharen von Dämonen gefoltert und gequält werden. Die Gegenwart von Yama, dem Richter der Toten, der ihnen einen Spiegel vorhält, zeigt jedoch, daß sich diese Wesen eigentlich selber quälen. Haß, die für diesen Bereich charakteristische Eigenschaft, ist zu Selbsthaß geworden, Selbsthaß, der auf dem Bedauern über eigene Fehler in der Vergangenheit und dem Wissen um die eigene Unzulänglichkeit beruht. (Die buddhistische Psychologie ist reflexiv; sie lehrt, daß Gefühle, die uns unserer Auffassung nach von anderen entgegengebracht werden, wahrscheinlich genau den Gefühlen entsprechen, die wir den anderen – und uns selbst – entgegenbringen.) Darstellungen des Höllenbereiches zeigen meist verschiedene Abteilungen von heißen und kalten Höllen, die die verschiedenen Arten des Hasses oder Selbsthasses versinnbildlichen. Aber selbst hier ist Erleuchtung möglich. Der Buddha erscheint in diesem Bereich mit einer reinigenden Flamme in seinen Händen, einem Symbol für die Läuterung durch das Leiden; die Flamme versinnbildlicht jedoch auch die esoterische Auffassung, daß negative Emotionen oder zerstörerische Triebe in positive Kräfte umgewandelt werden können.

Sieht man es auf diese Weise an, so zeigt uns das Lebensrad sechs verschiedene Persönlichkeitstypen, die Emotionen, die in ihrem Leben dominieren, und die von Bereich zu Bereich verschiedenen Methoden, die nach buddhistischer Anschauung zur Befreiung verhelfen. Vergleichen wir einmal die Beschreibungen der einzelnen Bereiche mit den Gegebenheiten in unserem eigenen Leben, so mögen wir entdecken, daß der eine oder andere Bereich unser jeweiliges Lebensgefühl treffend symbolisiert. Vielleicht sind Sie jedoch auch der Meinung, das Lebensrad sei nur eine vereinfachte Darstellung orientalischer Moralvorstellungen, die mit unserem eigenen Leben wenig zu tun haben. In beiden Fällen sollten wir jedoch noch einen Schritt weitergehen, denn es gibt noch einen anderen Weg, die Symbolik des Lebensrades zu interpretieren, einen Weg, der die Möglichkeiten menschlicher Existenz nicht in die starren Kategorien einer Typologie hineinzwängt.

Das Lebensrad läßt sich auch als eine Beschreibung von *Situationen* oder Bewußtseinszuständen verstehen, die jeder von uns im Laufe eines Tages immer wieder durchlebt. Jeder von uns fühlt sich manchmal wie ein selbstzufriedener Gott, der sein Glück genießt und darüber dessen Unbeständigkeit vergißt. Jeder von uns kennt den titanenhaften Neid, der dazu führt, daß wir vom Erfolg besessen sind und es uns fuchst zu sehen, daß andere besser dran sind als wir. Jeder ist manchmal der verwirrte Durchschnittsmensch, der nicht ein noch aus weiß unter der Last der Verantwortung und angesichts der vielen verschiedenen Möglichkeiten, die das Leben bietet. Jeder ist manchmal das lethargische und passive

Tier, das sich nur seiner instinktiven Regungen bewußt ist. Jeder hat sich schon als das frustrierte Gespenst erfahren, dem einfach nichts gelingen will, und jeder hat sich in selbstgeschaffenen Höllen wegen seines Unvermögens und begangener Fehler gequält. Das Rad dreht sich immer weiter, und ohne daß wir wissen, wie uns geschieht, rutschen wir von einem Bereich in den nächsten.

Betrachten wir das Lebensrad aus dieser Sicht, dann kann es zu einem nützlichen Werkzeug für die Einübung von Achtsamkeit und Bewußtheit werden, ein Weg, die sich ständig wiederholenden Lebenssituationen zu durchschauen und sie zu bewältigen. Zeigt uns doch die Buddhafigur, die in jedem Bereich auftritt, die besondere Energieform, mit deren Hilfe wir in dieser Situation auf die Erleuchtung oder Befreiung hinarbeiten können. Das Lebensrad ist eines der bekanntesten und am weitesten verbreiteten Symbole des tibetischen Buddhismus. In fast allen Büchern über tibetische Kunst finden wir mindestens eine Abbildung davon, und in fast jedem tibetischen Kloster soll es ein Fresko des Lebensrades gegeben haben, meist in der Nähe des Eingangs, damit es jedem, der aus und ein ging, mehrmals täglich vor Augen geführt wurde. Alle in ihm enthaltenen Vorstellungen finden sich zwar in der tibetischen buddhistischen Literatur, durch die visuelle Darstellung jedoch können auch Analphabeten und jene, die keine Zeit für ein ausführliches Studium der Schriften haben, seine Botschaft verstehen. Außerdem wissen wir durch die Forschungen über die Wirkungsweise der beiden Hirnhälften, daß die in einer bildlichen Darstellung symbolisch verschlüsselte Information von einem ganz anderen Teil des Gehirns verarbeitet wird als das begrifflich linear übermittelte Wissen.

Das Lebensrad ist eine Art Leitfaden durch die Vielfalt der Erfahrungen des Alltags und reflektiert außerdem die Erkenntnis des *Vajrayāna*, daß jede Lebenssituation die Möglichkeit zur Erleuchtung in sich birgt. Das Streben nach Erleuchtung ist demnach nicht auf festgesetzte Meditationszeiten oder besondere religiöse Aktivitäten beschränkt. Selbst wenn wir uns vor Ehrgeiz verzehren oder in tierischen Lüsten schwelgen, haben wir die Möglichkeit zur Befreiung; wir müssen die Situation nur klar durchschauen und wissen, wie wir damit umzugehen haben. Damit ist auch gesagt, daß es keine Lehre gibt, die sich in jeder Situation auf jeden Menschen anwenden ließe. Theoretische Information und praktische Übung müssen auf die jeweilige Situation abgestimmt sein – ein Grund mehr, mit einem erfahrenen Lehrer zu arbeiten.

Alle im Lebensrad dargestellten Bereiche sind durch Anhaften charakterisierte Zustände samsarischen Bewußtseins. Die buddhistische Psychologie beinhaltet jedoch auch detaillierte Darstellungen der Zustände *höheren Bewußtseins,* die man auf dem Weg zur vollen Erleuchtung durchschreitet. Einige tantrische Schulen lehren, daß es vier Stufen der Beseligung *(Sukha)* gibt, während Saraha sich in einem seiner Gesänge über jene Mystiker lustig macht, die glauben, das Erlebnis dieser erhabenen Bewußtseinszustände in Worte pressen zu können.

Sollten Sie zu den Abendländern gehören, die bisher immer glaubten, der Buddhismus predige eine pessimistische Weltsicht, dann werden Sie vielleicht erstaunt sein zu erfahren, daß sich ein großer Teil der buddhistischen Literatur mit Gipfel-Erlebnissen und höheren Bewußtseinszuständen befaßt. Die Literatur des *Tantra* spricht sehr häufig von Glück oder Beseligung, und obwohl ihm das den Ruch des Hedonistischen eingebracht hat, weist H. V. Guenther mit vielen Zitaten überzeugend nach, daß das Ziel des tantrischen Übungsweges – höchste Beseligung *(Mahāsukha)* – mit dem identisch ist, was der Urbuddhismus als Erleuchtung bezeichnet. »Die Bewußtheit aller Buddhas, die wir in uns erfahren«, so steht es in einem *Tantra,* »wird Höchste Beseligung genannt, denn sie ist die Freude aller Freuden.« »Erleuchtung ist nichts anderes als das höchste Glück«, sagt ein anderer tantrischer Text.[1]

Ich möchte mit diesen Zitaten keineswegs den alten Streit darüber wieder aufleben lassen, ob die Tantriker nun brave oder böse Jungs waren (ich bin mir ziemlich sicher, daß es auch unter ihnen solche und solche gab). Mir geht es vielmehr darum, auf den Kern dessen hinzuweisen, was der tantrische Buddhismus Tibets über Gipfel-Erlebnisse zu sagen hat. Da Freude oder Beseligung mit Erleuchtung gleichgesetzt wird und Erleuchtung als der dem Menschen natürliche Zustand gilt, folgt daraus, daß auch Freude oder Beseligung ein natürlicher und immer schon vorhandener Zustand ist. Wie ein Juwel, das irgendwo im Schlamm verlorengegangen ist, liegen Freude und Beseligung im menschlichen Bewußtsein verborgen. Wir können sie wiederentdecken, doch das wird oft durch unser Denken in starren Begriffen und unser ängstliches Festhalten an vergänglichen Dingen verhindert. Beseligung wird nicht dadurch erreicht, daß man etwas Außergewöhnliches tut oder erlangt. Loslassen, sich öffnen, entdecken, was da ist, dies ist der Weg, der zu ihr führt. Höchste Freude ist wie der klare offene Himmelsraum und ist nur zeitweilig von Wolken verdeckt:

Laß dein Bewußtsein verharren, wo es kein eifriges Suchen durch Aufmerksamkeit nach ihm gibt.

Verweilst du also im Bereiche dessen,
Das sich jeder Beschreibung entzieht, das offen und strahlend ist,
Bist du frei von der täuschenden Trennung in Subjekt und Objekt.

Dort steigt ein durchsichtiges Leuchten auf,
  durchscheinend und leuchtend wie ein Phantom,
Dort ist kein Verlöschen des Vorstellens von Objekten,
  doch unterscheidest du sie nicht mehr künstlich
  als Dieses oder Jenes.
Dort herrscht natürliche Freude, schimmernd, glänzend,
  ungetrübt.[2]

Wenn Longchenpa und andere tibetische Meister von Gipfel-Erlebnissen reden, meinen sie damit nicht einen emotionalen Zustand, vergleichbar einem euphorischen »Wir-haben-das-große-Los-Gezogen«, wie viele von uns ihn mit Begriffen wie Freude oder Beseligung assoziieren würden. Die Freude, von der Longchenpa spricht, ist keine Freude *über* etwas, ja es besteht sogar die Gefahr, in niedere Bewußtseinszustände zurückzufallen, wieder auf das Karussell des *Samsāra* aufzusteigen, wenn man dieses Glücksgefühl mit irgendeinem Objekt oder Ereignis in Verbindung bringt und darüber euphorisch wird. »Auch euphorische Zustände«, schreibt Longchenpa, »sind noch Ursache für unwirkliches Sein.«[3]

Longchenpa erklärt in einem seiner Hauptwerke die Verbindung zwischen vier positiven Gemütszuständen und ihren negativen Entsprechungen. H. V. Guenther hat diese Zusammenhänge in seiner Übersetzung durch ein Diagramm verdeutlicht.

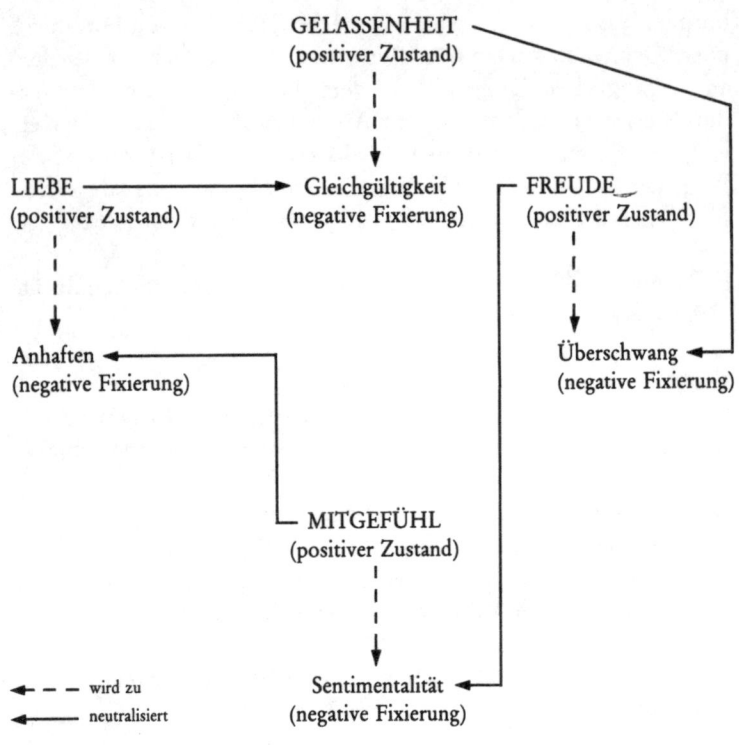

GELASSENHEIT
(positiver Zustand)

LIEBE ——————————→ Gleichgültigkeit   ┌— FREUDE
(positiver Zustand)   (negative Fixierung)   (positiver Zustand)

Anhaften ←————————   Überschwang ←——
(negative Fixierung)   (negative Fixierung)

        ┗— MITGEFÜHL
            (positiver Zustand)

◀ – – –   wird zu
◀————   neutralisiert   Sentimentalität ←——
                            (negative Fixierung)

Diagramm der positiven emotionalen Zustände und ihrer negativen
Entsprechungen (nach Longchenpa)

Die »höheren« bzw. positiven Gemütszustände sind jeweils in
Großbuchstaben gedruckt; sie sind Ausdruck des natürlichen und
wahrhaften menschlichen Zustandes. Unter den positiven Gemütszuständen sind ihre negativen Entsprechungen angeführt, Bewußtseinszustände, die die Oberhand gewinnen, sobald eine Erfahrung ichbetont wird. Das eine ist Ausdruck der wahrhaften und
unbefangenen menschlichen Intelligenz, das andere die Lüge, die
nur allzuleicht daraus entsteht – die Karikatur des positiven Zustandes.

194

Aus Gelassenheit kann sehr leicht Gleichgültigkeit werden; nur ein kleiner Schritt, und aus Freude wird Überschwang. Mitgefühl und Sentimentalität liegen nahe beieinander, ebenso Liebe und Anhaften. Hat man diese Zusammenhänge jedoch einmal durchschaut, dann kann man durch eine entsprechende Gegenbewegung das innere Gleichgewicht wiederherstellen. So neutralisiert Liebe die Tendenz zur Gleichgültigkeit, Mitgefühl die zum Anhaften, Freude neutralisiert die Tendenz zur Sentimentalität und Gelassenheit die zum Überschwang. Also wagen Sie es zu lieben, sollten Sie sich verdrießlich und gleichgültig fühlen. Hängen Sie zu sehr an der Person, die Sie lieben, dann erstrecken Sie Ihre Liebe über dieses Individuum hinaus auf andere, die Ihrer Liebe bedürfen. Nimmt Ihr Mitgefühl solche Formen an, daß es zu tränenreicher Sentimentalität wird, dann finden Sie zu Ihrer Heiterkeit zurück und seien Sie guten Muts. Wird Ihre Freude überschwenglich, dann beruhigen Sie sich.

Diese Ratschläge klingen ziemlich hausbacken, aber sie sind sehr wertvoll und zeigen, welcher Realitätssinn hinter allen Lehren des tibetischen Buddhismus steht. Sie sind so einfach und klar, daß man darüber leicht vergißt, in welch engem Verhältnis sie zum zentralen Prinzip des Buddhismus, der Lehre von der Ichlosigkeit, stehen. Jede der in unserem Diagramm aufgeführten Emotionen kann Ausdruck des wahren Wesens des menschlichen Seins sein, sie kann aber auch zu einer Manifestation unseres falschen Selbstbildes werden, das wir gewöhnlich als unser »Ich« bezeichnen. Jeder dieser Gemütszustände hat seine eigene Fallgrube, enthält jedoch gleichzeitig einen Fluchtweg zu authentischem Sein und Freiheit.

In den von Tarthang Tulku geleiteten Meditationszentren der Nyingma-Tradition konzentrieren sich die Lehren, die Gipfel-Erlebnisse zum Gegenstand haben, meist auf eine Meditationstechnik mit Namen *Shin-Jong*, »Natürliche Bewußtheit« oder »transzendente Wachheit«. *Shin-Jong* verhält sich zu den üblichen ichzentrierten Bewußtseinszuständen wie Liebe zu Anhaften. Im Zustand von *Shin-Jong* ist das Bewußtsein frei und offen, und man erfährt tiefe Entspannung, durch die große psychische Energie freigesetzt wird.

Lassen Sie uns, bevor wir näher auf *Shin-Jong* eingehen, zuerst einen ihm entgegengesetzten Bewußtseinszustand untersuchen – ichzentrierte Aufmerksamkeit. Der Schüler, der bei herrlichem Sonnenschein im Klassenraum hockt, angestrengt lernt, aber eigentlich gar nicht lernen will, das ist eine Situation, die uns allen wohlbekannt ist. In einer solchen Situation wandert das Bewußtsein rastlos umher, geht seinen Phantasien und Ängsten nach, die Aufmerksamkeit schwenkt immer wieder vom Lehrstoff ab und wendet sich anderen Objekten zu, und der Schüler muß sich mit aller Macht dazu zwingen, sich auf den Unterricht zu konzentrieren. Diese ganze Anstrengung ist durch das eigene Selbstverständnis, durch Erinnerungen, Ängste und Hoffnungen für die Zukunft motiviert: »Ich will ja schließlich Arzt werden«, »Das letzte Mal mußte ich eine Strafarbeit machen, als ich nicht aufgepaßt habe«, »Bis zur Pause muß ich noch durchhalten, dann kann ich eine rauchen« und so weiter… Im Körper bauen sich dabei zunehmend Spannungen auf, und der emotionale Zustand liegt irgendwo zwischen Unlust und Depression. Sie kennen das zweifellos aus eigener Erfahrung, aber überlegen Sie einmal, wie stark die Trennung zwischen Subjekt und Objekt in solchen Situationen ausgeprägt ist – das Gefühl eines »Ich« mit allen seinen Bedürfnissen und Plänen und das Gefühl, daß es »andere Dinge« gibt, einige wünschenswert, andere eher zu vermeiden. »Da draußen« liegt der Grund für Ihr Unbehagen, und »da draußen« wartet auch das, was Sie glücklich machen würde.

Und nun lesen Sie einmal aufmerksam, was Tarthang Tulku über den Zustand höherer Bewußtheit zu sagen hat:

Die Erfahrung unserer inneren Bewußtheit ist sicherlich kein Wiederkäuen einer Erfahrung. Sie ist weder eine Erinnerung noch eine Projektion. Sie ist nicht wie »dies« und auch nicht wie »jenes«. Sie steht zu keinem »Ding« in Beziehung; sie ist vollkommenes, wunderbares, unmittelbares und spontanes Gegenwärtigsein. Diese natürliche Bewußtheit wird selbst zum »Gegenstand« der Erfahrung, in ihr gibt es kein krampfhaftes Festhalten des vergangenen Momentes und auch keine Versuche, den folgenden Moment zu projizieren – wenn wir so wollen, gibt es keine Erfahrung und keinen, der etwas erfährt. Da gibt es keine Furcht, keine Schuld, keine Sorgen, keine Erwartungen, Projektionen, Fixierungen, Vorstellungen, Begriffe, Urteile, Symbole oder Standpunkte. Wenn wir diese Offenheit »erfahren«, uns in sie hineingeben, kann uns nichts fehlen, denn jeder Mangel, den wir fühlen, ist nur die Projektion unerwachter Unwissenheit. Dort gibt es nichts zu verteidigen, nichts zu tun, trotzdem lösen sich in der natürlichen Bewegung dieser Bewußtheit alle Hindernisse auf, die uns daran hindern, die Dinge so zu sehen, wie sie sind, und als natürlicher Ausdruck dieser Bewußtheit entsteht eine Sichtweise, die positives Handeln erst möglich macht.[4]

Den mit buddhistischer Literatur bereits ein wenig vertrauten Leser wird diese Beschreibung des *Shin-Jong*-Zustandes an Beschreibungen des erleuchteten Zustandes in anderen Texten erinnern, und dies ist auch zutreffend. *Shin-Jong* ist eine Ahnung des *Nirvāna*, ein Zeit-Raum, in dem man eine Kostprobe der reinen Bewußtheit erhält, eine Erfahrung, die sich ausweiten und vertiefen kann, bis die letzten Spuren von Täuschung und Ichbezogenheit davon ausgelöscht werden. Man kann ein spontanes *Shin-Jong*-Erlebnis haben – jeder hat dann und wann schon einmal die Erfahrung reiner, leuchtender Bewußtheit gemacht –, man kann aber auch bewußt die Voraussetzungen für das Eintreten dieses Zustandes schaffen, gesetzt den Fall, man hat gelernt wie.

Dazu muß man zuerst etwas von diesem Zustand wissen; man muß wissen, worum es bei *Shin-Jong* geht. Es hat eine Zeit in unserem Leben gegeben, in der wir ohne solch kluge Vorstellungen auskamen, aber wir sind inzwischen so gescheit geworden, daß wir nur durch noch größere Gescheitheit zu unserer eigenen Einfachheit zurückfinden können. Wir sollten allerdings aus *Shin-Jong* keine große Sache machen; wir tun schließlich nicht mehr, als zur ungetrübten Bewußtheit unserer Kindertage zurückzufinden, die unter all unserer Verblendung immer noch in voller Frische und Stärke vorhanden ist. (Die buddhistischen Schriften vergleichen unser normales Alltagsbewußtsein oft mit einem wolkenverhangenen Himmel oder mit einem Spiegel, der unter einer Staubschicht verborgen liegt.)

Den *Shin-Jong*-Zustand erkennen heißt, ein Gefühl für diesen

Bereich zu entwickeln, die Möglichkeiten, die er bietet, offen anzunehmen. Das ist eine zweischneidige Angelegenheit, denn unsere westliche Methode, etwas zu erkennen – charakterisiert durch präzise Definitionen und einen begrenzten Satz von Erwartungen –, blockiert möglicherweise den Zugang zu höherer Bewußtheit oder bringt es mit sich, daß wir aus dieser höheren Bewußtheit wieder herausfallen, sobald wir sie erfahren. Aber wir können diesen Zustand erkennen, und es gibt Wegweiser, die uns darauf hinweisen, in welchen Erfahrungen wir ihn auffinden können. Die buddhistischen Schriften weisen mit Begriffen wie »Stille«, »Offenheit«, »Klarheit«, »Frieden«, »Entspannung«, »Glanz«, »Freude«, »Weite«, »Freiheit«, »Frische« oder »Neusein« darauf hin. Erinnern Sie sich an Momente, in denen Sie ein vergleichbares Lebensgefühl hatten, und lassen Sie die Erfahrung eines solchen Zustandes erneut zu. Achten Sie darauf, daß die Erfahrung keinen bestimmten Inhalt hat, daß sie nicht an ein Objekt oder Ereignis gebunden ist, die sie hervorruft (»Ich bin ja so glücklich, weil . . .«), oder an eine Vorstellung von dem, der der »Erfahrende« ist.

Haben Sie einmal ein Gefühl dafür, worum es bei *Shin-Jong* geht, dann wird es Ihnen nicht schwerfallen, in diesen Zustand einzutreten. Sie lassen es einfach einmal ein wenig langsamer angehen, nehmen die Situation an, wie sie ist, sind aufmerksam und öffnen sich. Der Blick ist entspannt, er ist nicht auf ein bestimmtes Objekt fixiert, noch bemüht er sich krampfhaft, ein Objekt zu vermeiden. Lassen Sie das Gefühl, das Sie dabei haben, Ihren gesamten Körper/Geist durchdringen. Der Atem ist entspannt, so daß er ganz von selbst zu kommen und zu gehen scheint. Sie können ein wenig auf- und abgehen, langsam und fließend, und dabei die feinen Energieströme in Ihrem Körper spüren sowie die mühelose Gewichtverteilung, die Sie dabei vornehmen. Wenn Sie etwas tun, dann versuchen Sie es einmal mit halber Geschwindigkeit zu tun, mit sanfteren, gleitenden Bewegungen. Während Sie sich auf das Geschehen einstimmen, mögen Sie dann spüren, wie in Ihrem Körper Wärme und Energie aufsteigt, sich mit dem Pulsieren des Blutes vereinigt und sanft in Herz, Magen und Kopf kitzelt. Mit diesem Gefühl sollte man nicht mehr anfangen, als es einfach kommen zu lassen, bis es immer mächtiger wird und schließlich Ihr gesamtes Sein ausfüllt.

Der *Shin-Jong*-Zustand ist immer zugänglich. Da er uns jedoch aus vielerlei Gründen nicht vertraut ist, ist es vielleicht besser, wenn wir zu seiner Einübung eine bestimmte Zeitspanne am Tag und einen bestimmten Ort reservieren, an dem wir unsere soziale Rolle vergessen können und uns von Verantwortung frei fühlen. Verschiedene Bekannte haben mir über *Shin-Jong*-Erlebnisse beim Autofahren erzählt.* Ich möchte dazu zitieren, was ein Geschäftsmann, der schon eine Weile mit *Shin-Jong* experimentiert hatte, bei einer Fahrt auf einer Autobahn in Kalifornien erlebte. Obwohl er sein Erlebnis auf einem Streckenabschnitt hatte, den er bereits wie seine Westentasche kannte, zeichnet es sich durch die Frische einer noch nie dagewesenen Erfahrung aus:

Ich fuhr über die Autobahn und sagte mir: »Du versuchst jetzt einmal, alles so zu erfahren, als würde es zum ersten Mal geschehen. Was ist das für ein Zustand, in dem ich nicht weiß, wie man Auto fährt, in dem ich nicht weiß, was ein Auto ist? Wie fühlt es sich an, wenn man den Dingen einfach keine Etikette aufklebt?« Ich ließ mich innerlich also immer ruhiger werden. Ich hielt die Hände leicht auf dem Steuer und schaute aus dem Fenster, und plötzlich geschah in mir etwas, das war, als würde jemand, der nicht mehr »Ich« war, durch meine Augen blicken. Ich war einfach da und schaute. Es war, als hätte sich irgend etwas in mir verlagert. Alles hatte sich verlagert, und plötzlich war alles frisch und neu. Mir kam es vor, als hätte ich die Landschaft noch nie in meinem Leben gesehen. Ich hatte keine Vergleichsmöglichkeiten mehr, alles öffnete sich einfach zu einem herrlichen, noch nie dagewesenen Ausblick. Ich sagte nun: »Donnerwetter, was ist denn nun los?« Das Erlebnis hielt an, bis ich zum Tunnel kam, das heißt also etwa zehn bis fünfzehn Minuten. Dann drängten sich mir langsam wieder Vergleiche auf, und der ursprüngliche Geschmack der Erfahrung ging verloren.

---

* Damit ist nicht gesagt, daß das Lenken eines Fahrzeuges unbedingt die richtige Gelegenheit zum *Einüben* des *Shin-Jong*-Zustandes wäre. Ist die Entspannung nämlich nicht mit ununterbrochener Aufmerksamkeit gepaart, dann führt sie statt zu »höherer Bewußtheit« zu verträumter Schläfrigkeit. (Anm. d. Übs.)

Shin-Jong ist ein freifließendes Gewahrsein, in dem man alles an-
nimmt, so wie es sich unserem Bewußtsein präsentiert; man denkt
dabei nicht problembezogen, ist nicht auf ein Objekt konzentriert.
Trotzdem schätzen die Buddhisten diesen Zustand als einen von
besonderer Kreativität. Tarthang Tulku sagt dazu:

> Man könnte versucht sein, Shin-Jong als Flucht aus der Wirk-
> lichkeit zu verstehen, durch die man den Problemen der Welt zu
> entgehen trachtet. Dies ist jedoch nicht der Fall. Shin-Jong
> bringt neben einer freudigeren und leichteren Verfassung des
> Bewußtseins große Veränderungen für Erinnerungsvermögen,
> Vorstellungskraft und Kommunikationsfähigkeit mit sich. In-
> dem Shin-Jong das Festhalten eines begrenzten Subjekts (Ich)
> an einem Objekt (Baum, Arbeit, Kind) löst, öffnet es uns die
> Pforten zur eidetischen Wahrnehmung vergangener Ereignisse.
> Da Shin-Jong gleichzeitig auf vielen Ebenen empfänglich
> macht, fördert es eine spielerisch-kreative Vorstellungsgabe. Da
> sich Shin-Jong der Tendenz widersetzt, die Menschen, mit de-
> nen wir umgehen, als starre und dauerhafte Objekte zu sehen,
> ermöglicht es uns, mit den anderen – so wie sie gerade sind – auf
> der gleichen Ebene umzugehen wie mit uns selbst. Und schließ-
> lich klärt die weite Offenheit von Shin-Jong unser getrübtes
> Bewußtsein so weit, daß psychische Kräfte wie Hellsehen und
> Telepathie in den Bereich des Möglichen rücken.[5]

Hat man zu *Shin-Jong* Zugang gefunden, dann ist man gut für die
Erforschung einer der schwierigsten Herausforderungen der
buddhistischen Psychologie gerüstet: des »Grund-Zustandes«,
Kun-ji.

Da *Kun-ji* für nicht beschreibbar gilt, läßt sich nur schwer etwas
darüber schreiben; werfen wir jedoch nicht wenigstens einen Blick
darauf, dann würde uns ein wichtiger Bestandteil der tibetisch-
buddhistischen Psychologie entgehen. Wir würden niemals eine
Ahnung von der Tiefe und Feinheit ihrer Analyse der Denkpro-
zesse bekommen.

Sie werden sich an unsere Diskussion der *Dharmas* oder Geistesfaktoren erinnern, wie sie von den frühen buddhistischen

Schulen Indiens gelehrt wurden. Nach diesem Lehrsystem besteht das menschliche Bewußtsein aus einer Sequenz von Ansammlungen der »Elementarteilchen« mentaler Energie; diese Partikeln treten zu einem bestimmten Muster zusammen, das sich gleich wieder auflöst, um von einer anderen Formation ersetzt zu werden. Diese Formationen entstehen und vergehen in unvorstellbar kurzen Zeitabschnitten. Ich habe sie im dritten Kapitel mit den pointillistischen Gemälden von Seurat verglichen, auf denen viele einzelne Punkte ein Ganzes, eine *Gestalt* ergeben, einen Daseinsmoment, der alle Sinneserfahrungen, Gedanken, Erinnerungen und Illusionen über die Beständigkeit eben dieses Moments beinhaltet.

Wenn wir diese Analogie noch ein wenig weitertreiben, dann können wir *Kun-ji* mit der Leinwand gleichsetzen, auf die die Punkte gemalt sind. *Kun-ji* ist der Grund-Zustand unter (oder zwischen) den Gedanken, die unsichtbare Grundlage aller psychischen Phänomene.

Obwohl *Kun-ji* von keinem unserer Sinne erfaßt werden kann, können wir uns dieses Zustandes – nach Aussage der tibetischen Lehrer – trotzdem bewußt werden. In gewisser Hinsicht wäre es zutreffender zu sagen, daß man *Kun-ji* immer gewahr ist; man ist sich vielleicht nur nicht bewußt, daß man dessen gewahr ist. Wie vieles andere, was in der tibetischen Psychologie/Philosophie behandelt wird, ist *Kun-ji* zwar da, doch leicht zu übersehen.

Die Beschaffenheit von *Kun-ji* variiert; die tibetische Psychologie kennt verschiedene Arten dieses Grund-Zustandes – er kann »leichter« sein oder »schwerer« und »dichter«. Gay Luce, eine Psychologin, die sich sehr viel mit *Kun-ji*-Zuständen beschäftigt hat, vergleicht den »schwereren« Grund-Zustand mit einem »dichten, friedvollen Zustand, wie er zum Beispiel von Athleten nach einer Höchstleistung erfahren wird, eine Gedankenleere, wie sie auch nach meditativen Atemübungen oder nach einem Orgasmus erfahren werden kann«[6]. Luce vermutet, daß die schwereren *Kun-ji*-Zustände dem Zustand völliger Trunkenheit ähneln, und daß der Alkoholismus deswegen auch als unbewußter Drang interpretiert werden könnte, zu tieferen, sich angenehm und irgendwie vertraut anfühlenden »Urzuständen« durchzudringen.

Kun-ji gewahr zu werden, ist eine verfeinerte Art der Achtsamkeitsübung. Man ist sich dabei nicht nur der Gedanken und Empfindungen bewußt, sondern auch ihres Hintergrundes, und man wird gewahr, wie sich dieser Hintergrund verändert. Da ist etwas hinter oder unter den Gedanken oder Empfindungen, das sich zu verschiedenen Zeiten verschieden anfühlt. Zum Beispiel mag es uns auffallen, daß sich das Grundgefühl nach einer Meditationsperiode gewandelt hat; man kann es nicht genau fassen, aber es hat eine wesentliche Veränderung stattgefunden. Es ist mehr als nur eine Veränderung der Stimmung, die ja nur aus einer Verlagerung der Emotionen und Sinneswahrnehmungen besteht – es ist etwas Feineres, Nicht-Stoffliches.

Die Übung der Bewußtheit von *Kun-ji*, einer feingestimmten Bewußtheit der ätherischen, nicht mehr greifbaren Erfahrungsebenen, die unseren bewußten Gedanken und Empfindungen zugrunde liegen, lehrt uns, unsere Erfahrung als weit tiefer zu begreifen, als es durch die Kenntnis der Bewußtseinszustände, die wir zu Beginn dieses Kapitels besprochen haben, möglich wäre. Wir bekommen dadurch eine Ahnung von dem Bereich, in dem unsere Emotionen wurzeln, von jenem neutralen Grund, aus dem heraus wir unsere Erfahrung der Welt schöpfen. Wird man dieses Grundes des Bewußtseins gewahr, dann versteht man die Unbeständigkeit und Substanzlosigkeit aller daraus geschaffenen Gedanken und Formen, und dieses Verstehen läßt sich am besten mit dem Wort »Erleuchtung« umschreiben.

10. Erleuchtung: Lernen und Verlernen

So kommen wir denn zum Thema Erleuchtung zurück; seit 2500 Jahren hat es die Anhänger des Buddha inspiriert und beunruhigt. Die Vorstellung, daß es eine andere Art des Seins schon in *diesem* Leben gibt, unterscheidet den Buddhismus von all jenen Glaubenssystemen, die vor allem auf eine Erlösung im Jenseits ausgerichtet sind.

Die Erleuchtung steht im Zentrum des buddhistischen Denkens gleich welcher Schule, und der Buddhismus wird uns wenig zu sagen haben, wenn wir diesen zentralen Punkt übersehen. Für alle diejenigen, die in einer buddhistischen Kultur aufwachsen, wird es nicht schwierig sein, ein Gefühl für die Aussage und Bedeutung dieser Vorstellung zu entwickeln. Für uns im Westen stellt sie oft jedoch ein Problem dar. Wenn Sie sich nicht bereits für erleuchtet halten, können Sie nicht wissen, was »Erleuchtung« ist. Dieses Wort steht dann nur für einen Seinszustand, den vor 2500 Jahren Siddharta Gautama in Indien angeblich verwirklicht hat und nach ihm vielleicht noch einige andere außergewöhnliche Heilige. Dies einfach zu akzeptieren, wäre ein Akt des Glaubens, nicht verschieden von dem, mit dem man sich dazu entschließen kann, die Lehre Christi oder Mohammeds für sich anzunehmen. Der Ratschlag des Buddha, man solle nur das akzeptieren, was man durch die eigene Erfahrung geprüft hat, würde dann zu einer Lüge oder zumindest zu einem Paradoxon. Warum die Zeit mit Übungen verschwenden, die zu einem Seinszustand führen sollen, von dem man nicht einmal weiß, ob er überhaupt existiert? Und die Hauptaussagen des *Vajrayāna*-Buddhismus – *Nirvāna* und *Samsāra* sind nicht zwei verschiedene Dinge; jeder hat (oder ist), so wie er ist, bereits das Buddha-Wesen – klingen noch paradoxer. Wenn ich schon im *Nirvāna* bin, und wenn *Nirvāna* Seligkeit ist, wie kommt es dann, daß ich mich gar nicht selig fühle? Und welche Aussagekraft kann die erste der Vier Edlen Wahrheiten – die Wahrheit vom Leiden – noch besitzen, wenn das menschliche Leben doch in sich selbst nicht Leiden, sondern Frieden und »Höchste Freude« ist?

Ein Europäer oder Amerikaner, der schon ein bißchen vom Buddhismus mitbekommen hat, könnte darauf antworten, daß diese Widersprüche nur auf der Ebene sprachlicher Logik Widersprüche sind, und daß man den Buddhismus als nicht-intellektuelles System nicht wörtlich und nicht durch Logik verstehen könne. Dies ist nicht ganz richtig. Der Buddhismus hat ein reiches Schrifttum hervorgebracht, und das Studium der Logik ist in den meisten buddhistischen Schulen hoch angesehen. Während der Blüte des indischen Buddhismus waren die öffentlichen Debatten der buddhistischen Gelehrten und Weisen Ereignisse von nationaler Bedeutung – so etwas wie die Fußball-Bundesliga ihrer Zeit. Auch in den tibetischen Klöstern wurden Logik und die Kunst des Debattierens gelehrt. Die Tibeter mit ihrer natürlichen Neigung, auch den Körper mit einzubeziehen, entwickelten sogar besondere *Mudras* für die Debattierenden – seltsame Körperhaltungen, Händeklatschen und Fingerzeigen.

Worte und Logik haben ihren Platz im buddhistischen Lehrgebäude; sie sind Werkzeuge, die man in vollem Bewußtsein ihrer Begrenztheit einsetzen sollte. Worte vermögen weder die Erleuchtung treffend zu beschreiben noch irgendeinen anderen Bewußtseinszustand. Aber sie sind Hinweise und damit Hilfen auf dem Weg. In einem Prozeß der Selbstentdeckung und Selbsterziehung können sie als Richtschnur dienen. Worte können uns auf solche nicht-begrifflichen Erfahrungen wie zum Beispiel *Shin-Jong* aufmerksam machen. Man begibt sich in diese meditativen Räume und kehrt daraus zurück und findet dann vielleicht eigene Worte, mit denen man sie anderen zu beschreiben versucht. Aber die Landkarte ist nicht die Landschaft. Worte, die die unaussprechliche und unsichtbare Grundlage bewußter Erfahrung, *Kun-ji*, zu beschreiben versuchen, haben nur den Sinn, uns auf etwas aufmerksam zu machen, das schon immer da war, das uns vorher nur nicht bewußt geworden ist. Und da uns solche Worte fehlen – gerade unsere westlichen Sprachen sind sehr arm an Wörtern, die die feineren und mehr transzendenten Bewußtseinszustände beschreiben –, entwickeln wir leicht gesellschaftlich sanktionierte »blinde Flecken«, Ausfälle in unserem Gesichtsfeld, die uns für große Teile unserer Wirklichkeit unsensibel machen. So seltsam das klingen mag, aber wir brauchen manchmal Worte, damit sie uns Mut machen, die unendlichen wortlosen Weiten des menschlichen Seins zu erforschen und anzuerkennen.

Im Rahmen der buddhistischen Philosophie dient die Logik eigentlich nicht dazu, die Richtigkeit ihrer Lehren zu beweisen – *Nirvāna, Anātman* usw. –, sondern dazu aufzuzeigen, wie unhaltbar die Vorstellungen sind, die diesen Lehren widersprechen. Ein Großteil der auf dem buddhistischen Weg zu leistenden Arbeit besteht also im *Verlernen.* Beweisen Sie, daß es im Universum irgendein Ding gibt, das nicht ein Fluß subjektiver Wahrnehmungen dieses Dings ist! Beweisen Sie die Existenz eines von seiner Umwelt völlig getrennten, unabhängigen »Ich«! Zeigen Sie, wo die Grenze zwischen Ihnen und Ihrer Umwelt aufzufinden ist! In einem klassischen Text des elften Jahrhunderts, dem *Juwelenschmuck der Befreiung,* macht sich der Autor daran, unsere Vorstellung von der Existenz eines »Selbst« durch die Frage nach seinem Aufenthaltsort *ad absurdum* zu führen. Wo befindet sich das »Selbst« – im Körper, im Bewußtsein oder in einem Namen? Er zeigt dann auf, daß der Körper nicht mehr ist als eine Ansammlung der Elemente, aus denen er besteht; Bewußtsein oder Geist hat noch niemand gesehen, und Namen sind nicht mehr als gesellschaftliche Konventionen. Die Existenz von irgend etwas Dauerhaftem und fest Umrissenen läßt sich nicht beweisen.[1] Die Annahmen unseres »gesunden Menschenverstandes«, die unsere gewöhnliche Weltsicht aufrechterhalten, halten keiner gründlichen Prüfung stand. Sie führen sich selbst *ad absurdum.* Sie können nur in jenem Dämmerzustand der Bewußtheit bestehen, in dem wir sie nicht so genau ansehen, sondern sie einfach deshalb bewundern, weil sie doch »jeder vernünftige Mensch« für richtig hält.

Der Buddhismus schätzt *Prajñā,* unterscheidende Bewußtheit, als eine intellektuelle Fähigkeit von größter Wichtigkeit. Das Schwert, das in der Symbolik des tibetischen Buddhismus immer wieder auftaucht, ist ein Sinnbild dieser *Prajñā.* Es ist die unterscheidende Bewußtheit analytischer Logik, die die Knoten unseres Geistes mit einem Streich durchtrennt. (Diese besondere intellektuelle Fähigkeit ist nach Ansicht der tibetischen Lehrer übrigens nur während der ersten Stadien geistig-seelischen Wachstums wichtig. Die Bedeutung dieser rasiermesserscharfen Weisheit tritt später hinter die einer anderen Weisheit zurück. Sie wird *Jñāna* genannt, zuweilen als »reine« oder »ursprüngliche Bewußtheit« übersetzt. Petrul Rinpoche, ein tibetischer Lehrer, vergleicht diese vollentwickelte Weisheit mit der einer alten Kuh, die glücklich und zufrieden auf der Weide grast. Sie ist totale Hingabe und Vollendung, da gibt es nichts, das fehlte oder zu überwinden wäre.[2]

Worte sind bestenfalls Hinweise auf Bereiche wortloser, subjektiver Erfahrungen, die selbst nicht-begrifflich sind. Buddhistische Logik ist eine Art intellektueller Bulldozer, der die intellektuellen Barrieren ins Wanken bringt, die einer gründlichen Selbsterforschung im Weg stehen.

Damit ist jedoch nicht die Existenz eines Zustandes der Erleuchtung bewiesen. Viele Fragen bleiben unbeantwortet. Warum diesen Dingen überhaupt Beachtung schenken? Warum hat der Buddhismus über die Jahrtausende auf so viele Menschen so starke Anziehungskraft ausgeübt? Was konnte so viele Menschen davon überzeugen, auf ein Ziel hinzuarbeiten, das sie nicht einmal sehen können?

»Aber sie *können* das Ziel sehen; jeder weiß intuitiv, daß es eine Möglichkeit gibt, ehrlicher und unmittelbarer zu leben« – das wäre eine für das *Vajrayāna* typische Antwort. »Nicht erleuchtet zu sein« ist bloß ein Spiel, das wir spielen, weil wir Angst haben, weil man uns gelehrt hat, Angst zu haben. Angst davor, loszulassen und uns unserem eigentlichen Sein zu öffnen. Also arbeiten wir auf das Ziel hin, da wir irgendwo in unserem Inneren doch um sein Vorhandensein wissen, auch wenn wir es nicht in Worte fassen können.

Das ist eine mögliche Antwort. Eine andere wäre, daß der Buddhismus gar nicht von uns verlangt, an etwas zu glauben. Wir sollten uns nicht damit aufhalten, uns Gedanken über die Erleuchtung zu machen. Wir brauchen einfach nur aufmerksam unser Leben anzusehen und es genau zu erforschen. Es geht darum, wach zu sein in unseren Erfahrungen und dessen gewahr, wie wir uns wirklich fühlen und was wir denken. Wir können – wenn wir wollen – die Idee der Erleuchtung einmal als Hypothese gelten lassen und sie der Prüfung durch unsere Erfahrung unterwerfen, aber nicht einmal dies ist notwendig. Wir brauchen nur von der durchaus »vernünftigen« Annahme auszugehen, daß es besser ist, unserem Leben Beachtung zu schenken, als stumpfsinnig darin herumzustolpern, daß das »unerforschte Leben« (wie Sokrates es nannte) nicht lebenswert ist. Viele eher rational orientierte Europäer und Amerikaner haben über diesen Weg Zugang zum Buddhismus gefunden.

Und es gibt noch eine dritte Antwort, mit der ich mich nun näher beschäftigen möchte. Ich möchte nämlich die Behauptung in Frage stellen, daß uns Erleuchtung fremd sein müsse. Sind uns die Erfahrungen, mit denen sich der Buddhismus beschäftigt, und das Ziel, das er anstrebt, nicht schon vertraut? Ich meine damit nicht, daß wir die Wahrheit nur *intuitiv* spüren, sondern daß wir im Laufe unseres Lebens zahlreiche Erfahrungen machen, die der Schlüssel zu einem bewußten und rationalen Verständnis der Erleuchtung sein können.

Ich will nicht behaupten, daß wir schon wissen, was es mit der »vollkommenen Erleuchtung« auf sich hat und wie es sich anfühlt, von allen täuschenden Vorstellungen und allem Haften frei zu sein. Ich meine nur, daß wir schon etwas von dem Wachstumsprozeß wissen, der in diese Richtung führt. Wir alle kennen das Gefühl, ein wenig erleuchteter zu sein, als wir zuvor waren.

Was die Tibeter »Erleuchtung« nennen, ist einfach der Prozeß des »Erwachsenwerdens«. Sie betrachten Erleuchtung als ein Entdecken (oder Wiederentdecken) der wesenhaften und natürlichen Ganzheit, deren Erfahrung ein Geburtsrecht des Menschen ist.

Zugegeben, wir werden in den seltensten Fällen wirklich erwachsen – wir sterben zuvor –, aber unser Leben gibt uns viele Möglichkeiten zu erfahren, was es heißt, reifer zu werden. Wir alle sind schon durch Entwicklungsphasen gegangen, nach denen wir die Welt in neuem Licht gesehen haben, unser Wissen zu neuer Einheit geordnet haben. Und wir haben möglicherweise auch festgestellt, daß wir dadurch unserem Leben nicht nur etwas *hinzugefügt* haben – wir haben ebenfalls etwas aufgegeben. Einige Dinge, die uns unglaublich wichtig erschienen, haben plötzlich keinerlei Macht mehr über uns. Dinge, an die wir glaubten, sind uns nun zweifelhaft geworden. Dinge, vor denen wir Angst hatten, die uns im Weg standen, haben ihre Bedrohlichkeit verloren. Und Dinge, die wir einmal so sehr begehrten, wir begehren sie nicht mehr. Wie heißt es doch in der Bibel: »Da ich ein Kind war, da redete ich wie ein Kind und war klug wie ein Kind und hatte kindische Anschläge; da ich aber ein Mann ward, tat ich ab, was kindisch war.«[3]

Seelisches Wachstum und das Ablegen kindischen Verhaltens – dies sind auch Anliegen der Psychotherapie, und viele Abendländer haben inzwischen entdeckt, daß überraschende Übereinstimmungen zwischen der buddhistischen Praxis und der westlichen Psychotherapie bestehen. Beide sind sie Lernerfahrungen, Technologien des inneren Wachstums.

Eine Grundtatsache der menschlichen Entwicklung kennen wir alle: Wir wissen, daß man niemanden erwachsen *machen* kann. Ein Erwachsener kann einem Kind nicht einfach erklären, was es heißt, erwachsen zu sein, und ihm damit auch die Reife des Erwachsenen vermitteln. Das Kind kann nicht einfach diese Information übernehmen. Es muß selbst wachsen. Ähnlich kann ein Therapeut seinem Patienten (Klienten) nicht einfach erläutern, was es heißt, seelisch gesund (also »ausgeglichen«, »reif«, »selbstverwirklicht« oder wie immer man das nennen will) zu sein und ihn damit heilen.

Herbert Fingarette, auf dessen Aufsatz zu diesem Thema ich mich bereits im Vorwort bezog, schreibt dazu: »So seltsam es klingen mag, in der psychoanalytischen Literatur gibt es kaum einen ausführlichen, einfühlsamen, nicht in Fachsprache abgefaßten Bericht darüber, wie sich die ›subjektiven‹ Erfahrungen *nach* einer erfolgreichen Analyse anfühlen.«[4] Er interviewte eine Frau, die ihre Therapie erfolgreich abgeschlossen hatte, und mußte entdecken, daß es ihr schwerfiel, die Veränderung zu beschreiben. Sie versuchte, ihm ihre Gefühle für eine andere Frau, mit der sie vor der Therapie in großen Konflikten gelebt hatte, zu erklären, aber alles, was sie sagen konnte, war: »Ich glaube manchmal immer noch, daß das, was sie tut, falsch ist, aber es kümmert mich nicht sehr. Das heißt, na ja, wenn sie mich angreift, dann würde ich mich schon zur Wehr setzen, aber ich würde, wie soll ich sagen, nicht so sehr darauf *pochen*, daß sie etwas Falsches tut. Es geht mich nicht mehr so an, ist nicht mehr so wichtig wie früher.«[5]

Fingarette stellt fest, daß sich die Frau, sobald er sie dazu bringen will zu sagen, wie sie sich verändert hat, »gezwungen fühlt, Redewendungen zu gebrauchen, die ihr selbst ungewöhnlich, widersprüchlich oder sogar völlig unangemessen erscheinen und die ständiger Korrekturen bedürfen, die dann aber auch wieder unangemessen sind. Es wird deutlich, daß sie um den sprachlichen Ausdruck von etwas ringt, das unsere gewöhnliche, auf die Mitteilung von Informationen ausgerichtete Sprache nicht zu fassen vermag.«[6] Sie ist aber ebenfalls nicht völlig unfähig, sich mitzuteilen. Wir können, zumindest teilweise, verstehen, was sie uns sagen will, besonders, wenn wir uns ähnliche eigene Erfahrungen in Erinnerung rufen. Daß wir sie genau verstehen, kann jedoch nicht garantiert werden, und noch weniger wäre garantiert, daß die Frau mit einem Bericht über ihre eigenen Erfahrungen jemand anderen von einem ähnlichen neurotischen Konflikt befreien könnte.

Fingarette kam zu dem Schluß, daß die Alltagssprache im großen und ganzen eine »Sprache des Ich« ist, dazu geeignet, Aussagen über Zustände des Ich, Subjekt-Objekt-Gegensätze, Dualität und Anhaften zu machen. Zugegeben, es gibt auch Wörter für andere Bewußtseinszustände – zum Beispiel »Mitgefühl« oder »Selbstlosigkeit« –, aber diese Wörter sind sehr leicht mißzuverstehen. Hat man die Bewußtseinszustände, für die diese Wörter stehen, noch nicht kennengelernt, dann mißt man ihnen automatisch eine Bedeutung aus dem eigenen Erfahrungshorizont bei.

Diese Gefahr ist immer gegenwärtig, wenn man den Buddhismus nur auf dem Weg über die Lektüre von Büchern begreifen will und keinem praktischen Übungsweg folgt, sich nicht der Selbsterforschung widmet. Wörter helfen, aber Wörter können auch in die Irre führen. Natürlich können Sie etwas über Gelassenheit lesen. Haben Sie jedoch noch nicht erfahren, was es heißt, voller Energie zu sein und trotzdem innerlich völlig ausgeglichen, dann mögen Sie Gelassenheit leicht für Apathie halten. Sie denken dann vielleicht, daß uns die Buddhisten in einen Zustand des bloßen Vegetierens einlullen wollen, in dem man sich um nichts mehr schert. Aber wer will schon so leben? – Und so entstehen dann die Vorurteile.

Sprache ist *nicht immer* mißverständlich. Die Geschichte der Psychotherapie kennt viele Situationen, in denen ein Patient plötzlich begreift. Irgend etwas schnappt ein, und das Leben ist plötzlich anders. Auch aus den verschiedenen spirituellen Traditionen kennen wir solche Anekdoten. Es gibt zum Beispiel viele *Zen*-Geschichten, in denen der Meister ein paar Worte hinwirft, woraufhin dem Schüler plötzlich die Schuppen von den Augen fallen. Was diese Geschichten zeigen, ist, daß verbale Kommunikation sehr wertvoll sein kann, wenn man erst einmal reif ist für eine bestimmte Erfahrung. Der Empfänger der Botschaft nimmt am Prozeß der Kommunikation aktiv teil; er wirkt dabei mit, die Bedeutung, die die Wörter enthalten, zu erschaffen. Auf einer bestimmten Stufe des inneren Wachstums kann man bestimmte Informationen aufnehmen und verdauen. Und wenn dies geschieht, staunen wir darüber, denn wir haben das Gesagte vielleicht schon Hunderte von Malen gehört, und erst jetzt geht uns auf, was damit gemeint war! Diese Erfahrung ist eine der vielen Gelegenheiten, den Erleuchtungsprozeß zu erleben.

Zu allen Wachstumsprozessen gehört die Aufnahme neuer Informationen. Diese neuen Informationen müssen assimiliert werden, anderes muß dafür aufgegeben werden. »Da ich aber ein Mann ward, tat ich ab, was kindisch war.« In dem von Fingarette angeführten Interview nach der Therapie kann die Frau nur schwer begreiflich machen, wie sie sich *jetzt* fühlt, obwohl sie mit Sicherheit weiß, daß sie glücklicher ist. Sie versucht es mit Umschreibungen, spricht davon, wie sie *nicht* fühlt, und weist auf die zerstörerischen Verhaltensmuster hin, an denen sie nicht mehr festhält. Wachstum ist also nicht nur ein Offenwerden für Neues, es ist auch ein Fallenlassen von Dingen oder Verhaltensweisen, an die man sich vorher festgeklammert hatte.

»Anhaften« gehört sicher zu den wichtigsten Grundbegriffen buddhistischen Denkens und damit zu jener Sorte von Vorstellungen, die, in der Sprache des »Selbst« ausgedrückt, leicht eine ganz andere Bedeutung annehmen, als die ursprünglich vom Buddhismus intendierte. Schließlich verfallen wir dann in das so oft geäußerte Vorurteil, daß die Kernlehre des Buddhismus von uns fordert, alles aufzugeben.

Die Lehren des tibetischen Buddhismus äußern sich jedoch nicht darüber, ob »Dinge«, Besitztümer »gut« sind oder »schlecht«. Von der moralischen Überlegenheit der Armut oder des »einfachen Lebens« ist kaum die Rede. Zugegeben, die Tibeter lebten, was materielle Güter angeht, sehr viel einfacher als wir. Auch gab es in der Einsamkeit lebende Heilige, die ohne jeglichen Besitz auskamen. Die Durchschnittstibeter, fast ausnahmslos Buddhisten, richteten sich ihr Leben jedoch so gut ein, wie sie nur vermochten, und gaben niemals vor, gegen weltliche Freuden immun zu sein. Was die tibetischen Lehren betonen, ist vielmehr die Tatsache, daß bestimmte *Bewußtseinszustände,* die mit Begriffen wie »Festhalten« oder »Begehren« bezeichnet werden, sehr zerstörerisch wirken.

Die Menschen der westlichen Industrienationen nähern sich dem Buddhismus meist mit Schuldgefühlen wegen ihres Verbrauchs an materiellen Gütern – für Mitglieder der verschwenderischsten Zivilisationen der Menschheitsgeschichte auch eine angemessene Einstellung – und möchten gern Rat haben, wie sie sich nun des weiteren verhalten sollten. Der Rat bleibt jedoch in den meisten Fällen aus. Der Buddhismus vertritt den »Mittleren Weg«, ein guter Rat – doch dieser Mittlere Weg kann recht breit sein. Stellt man konkrete Fragen, dann passen die Antworten scheinbar nicht zusammen: Natürlich, es hat auch sehr reiche und wohlhabende Leute gegeben, die Erleuchtung erlangt haben ... Natürlich ist es ein großes Hindernis, wenn man materiellen Gütern nachjagt. Es kommt immer darauf an ...

Man wird schwerlich verstehen, was der tibetische Buddhismus über das »Anhaften« zu sagen hat, wenn man das nur auf äußeren Krimskrams und Luxusgüter bezieht. Wollen wir die Vorstellungen des *Vajrayāna* richtig verstehen, dann müssen wir beim Anfang beginnen. Wir müssen unsere eigenen Erfahrungen genau beobachten und analysieren. Wir müssen sehen, wie die Gedanken und Empfindungen kommen und gehen, müssen feststellen, welche angenehm, welche unangenehm und welche neutral sind. Auf dieser Ebene können wir dann entdecken, worin unser Anhaften besteht und wie wir es überwinden können. Anhaften heißt, an bestimmten Erfahrungen hängen zu bleiben, sie zu kategorisieren, Begriffe daraus zu machen, sie dem ähnlich machen zu wollen, was wir in der Vergangenheit erfahren haben, oder sie zu dem zurechtzubiegen, was wir gerne erfahren möchten. »Durch Denken wird die Welt versklavt«, sagt Saraha.[7] *Durchschaut* man die Gedanken und versteht ihr Wesen, dann, so sagen die buddhistischen Schriften, ist das Ende dieses Sklavendaseins gekommen. Innere Spontaneität und Freiheit kann sich entfalten. »Hat das Bewußtsein Frieden gefunden... ist es an keinen Ort gebunden und haftet an nichts.«[8] »Aus der Herrschaft der Worte befreit, könnt ihr euch einrichten, wo eine Umkehr im tiefsten Sitz des Bewußtseins stattfindet...«[9]

Der Wachstumsprozeß besteht also darin, an unseren Erfahrungen und Gedanken nicht mehr festzuhalten, sie nicht mehr zu begehren. Das heißt nicht, daß man bestimmte Vorstellungen oder Empfindungen zurückweisen und unterdrücken müßte. Die Vorstellung, daß man bestimmte Gedanken nicht denken darf, ist selbst schon ein Anhaften. Jeder Gedanke kann durch das Bewußtsein ziehen; man muß nicht auf eine bestimmte Weise darauf reagieren. Auch ist es vollkommen unnötig, sich mit ihm zu identifizieren, ihn als »meinen Gedanken« zu bezeichnen. Er ist, was er ist. Darum geht es bei der Lehre vom »Nicht-Selbst«.

> Obwohl es Leiden gibt, ist keiner davon betroffen.
> Es gibt nur die Tat, keinen, der sie ausführt.
> Nirvāna ist da, aber keiner hat es erlangt.
> Es gibt einen Weg, aber keinen, der ihn begeht.[10]

Die von Fingarette über ihre Therapie interviewte Frau hat, bevor sie die Therapie begann, vielleicht angenommen, daß ihre Gefühle des Ärgers und der Ablehnung der anderen Frau gegenüber durch die Therapie beseitigt würden. Doch dies geschah nicht. Allerdings veränderte sich ihre Einstellung zu ihren eigenen Gefühlen.

Zweifellos beeinflußt eine Veränderung im Umgang mit dem Fluß der eigenen Gedanken auch die Art, wie wir mit Mitmenschen, Gegenständen und Ereignissen umgehen. Der Buddhismus lehrt, daß unsere Gefühle gegenüber Menschen und Objekten größtenteils Projektionen sind. Weil wir begehren, machen wir bestimmte Dinge begehrenswert. Weil wir Angst haben und hassen, machen wir aus bestimmten Menschen Schurken. Geht man den Gedanken jedoch mit Hilfe klarer Analyse auf den Grund, dann mag immer noch das Gefühl des Zornes aufsteigen, aber es kann sich nicht mehr auf die gleiche Weise mit einem Objekt verbinden. »In einer Person... die die Analyse durchgeführt hat, findet der Zorn keinen Boden. Er kann sich so wenig halten, wie ein Senfkorn auf der Spitze einer Ahle oder wie ein Gemälde im Luftmeer.«[11] Mit solch poetischen Worten sagt es ein buddhistischer Text. Die Frau, die Fingarette interviewte, sagte einfach: »Es ist nicht mehr so wichtig wie früher.«

Wenn sich unsere Wut nicht mehr wie früher an bestimmten Menschen aufhängt, wenn unser Begehren nicht mehr wie früher an bestimmten Verhaltensweisen und Dingen festhält, dann verändert sich unser Verhalten zur Umwelt. Vielleicht entdecken wir, daß einige materielle Bedürfnisse wegfallen und unser Leben einfacher wird. Dies geschieht jedoch nicht, weil wir einen neuen – einen »buddhistischen« – Moral- oder Verhaltenskodex angenommen hätten. Unsere Umstellung ist der natürliche Ausdruck eines besseren Verstehens unserer wahren Bedürfnisse. Es wird nichts aufgegeben oder geopfert; kein Grund also, sich etwas auf seine moralische Überlegenheit einzubilden. »Entsagung«, so formuliert es ein *Zen*-Meister, »heißt nicht, die Dinge dieser Welt wegzugeben. Es heißt zu akzeptieren, daß sie weggehen.«[12]

Es fallen im Prozeß des geistigen Wachstums nicht nur einige materielle Bedürfnisse weg, auch Anschauungen und Ängste lösen sich ganz natürlich auf. Gampopa sagt in seinem *Juwelenschmuck der Befreiung*, daß auf einer bestimmten Entwicklungsstufe bei einem bloßen ersten Aufblitzen der Wahrheit eine Schicht der primitiven Anschauungen von der Wirklichkeit »wie lose Rinde von einem Baumstamm« abfällt. Dadurch wird man nach Gampopa von den folgenden »fünf Ängsten« befreit: 1. der Angst, nicht für seinen Lebensunterhalt sorgen zu können; 2. der Angst vor einem schlechten Ruf; 3. der Todesangst; 4. der Angst vor Wiedergeburt in einer niederen Existenz; und 5. der Angst vor unangenehmen Situationen im jetzigen Leben.[13] Solche tiefgehenden Wandlungen sollen die natürlichen Ergebnisse der strengen Selbsterforschung sein.

So mysteriös und undurchsichtig einige Aspekte des Buddhismus auch erscheinen mögen, an seiner wichtigsten Lehre ist absolut nichts geheim. Ihre Wahrheit ist jederzeit zugänglich, der Pfad liegt offen vor uns. Die Anweisung lautet einfach: »Sei aufmerksam! Beobachte deine Gedanken und Empfindungen. Schau dir genau an, was vor sich geht. Sei wahrhaft zu dir selbst!«

Wir alle haben schon erfahren, wie es sich anfühlt, wenn wir etwas loslassen, an dem wir gehangen haben. Es ist so alltäglich, daß wir darüber nicht einmal ein Wort verlieren. Aber wir wissen, daß es zu wirklicher Reife gehört, sich vom Anhaften an viele Dinge zu lösen – an alte Meinungen, Neigungen, Ängste und Bedürfnisse.

Wir wissen es, aber leider leben wir nun einmal in einer Gesellschaft, die sich geradezu gegen diese Erkenntnis verschworen hat. Pausenlos hämmern Aussagen auf uns ein, die uns zum *Anhaften auffordern,* unsere Umwelt ist voll von solchen Botschaften. Fast ausnahmslos jeder Schlager, den wir hören, beteuert, daß der Weg zum Glück darin besteht, den »Richtigen« (oder die »Richtige«) zu finden und so fest wie möglich an ihm oder ihr zu kleben. Ohne diesen »Einen« würde das Leben zur trostlosen Einöde. Unsere Liebeslieder und Liebesgeschichten sind in der Sprache des Ich abgefaßt. Sie reden zwar von Liebe, lehren jedoch das Anhaften. Sie lassen in unserem Bewußtsein ein festes Bild vom Glück entstehen, und wir sollen mit diesem Bild vor Augen durchs Leben rennen, immer auf der Suche nach Menschen und Situationen, die mit diesem Bild übereinstimmen. Alles, was diesem Bild entspricht, sollen wir innig lieben und festhalten, was ihm nicht ähnelt, verbittert zurückweisen. Vor dem Scheidungsrichter erscheinen Legionen von Enttäuschten, die zu dem Schluß gekommen sind, daß der Partner nicht das getan hat, was er nach der gesellschaftlich sanktionierten Vorstellung hätte tun müssen – er hat ihr Leben nicht glücklich gemacht.

Und die ganze Zeit prasseln noch andere Stimmen und Bilder auf uns ein, die uns glauben machen wollen, die Seligkeit bestünde darin, sich an etwas zu hängen. Die Werbebranche tut ihr Bestes, uns auf Dinge versessen zu machen – »Das Glück ist ein neuer Wagen«. Die jeweiligen Regierungen und die Erziehungsfabriken ketten uns an ein nationales Identitätsgefühl – »Deutschland, Deutschland über alles« –, und religiöse oder andere weltanschauliche Gruppen machen uns hoffnungslos abhängig von einem künstlichen Selbstverständnis. Sie sagen uns, wer wir sind, wie wir uns zu verhalten haben und was wir glauben sollen. Alle diese Einflüsse zwängen uns in Denkschemata, die trotz großer Unterschiede im Detail gewisse grundsätzliche Übereinstimmungen aufweisen. Sie modellieren ein völlig fiktives, starres und gesellschaftlich konditioniertes Selbstbild und kreieren eine Phantasiewelt, bestehend aus Gegenständen und Personen, die unser Leben sinnvoll machen sollen, wenn wir uns nur genügend davon aneignen können.

Auch wenn man also einem Übungsweg folgt, mit dessen Hilfe man alles Anhaften überwinden kann, wird es uns nicht leicht gemacht, denn unsere gesamte Umwelt arbeitet diesem Prozeß entgegen.

Deswegen ist der sogenannte »geistige Weg«, der »Weg zur Erleuchtung«, noch härter und fordernder als der Gang der Entwicklung von der Kindheit über das Jugendalter zum Erwachsensein. Bei dieser Entwicklung konnten wir von jedem Menschen lernen, dem wir begegneten. Wir konnten die Botschaften der Gesellschaft in uns aufnehmen und uns selbst nach dem Bild von lebenden Bezugspersonen und dem Bild von Gestalten aus Büchern, Film und Fernsehen modellieren. Doch nun müssen wir feststellen, daß wir ein falsches Selbst geschaffen haben, und daß es noch ein anderes, uns bislang unbekanntes, gibt. Wir müssen alles wieder verlernen, jede Alltäglichkeit in Frage stellen, uns selbst in jeder Situation unseres Lebens beobachten. Die Gesellschaft kann uns dabei nicht helfen, denn sie ist ein Gebilde aus Millionen ebenso künstlichen Selbst-Bildern, die sich im Kreislauf des *Samsāra* gegenseitig vorantreiben und pausenlos in der Sprache des Ich daherquasseln.

Diese Schilderung trifft in gewisser Weise auf alle modernen Gesellschaften zu. In anderen Ländern mag das Verlangen nach Deosprays und Taschenrechnern vielleicht weniger ausgeprägt sein als bei uns, aber sie alle haben bestimmte gesellschaftlich sanktionierte Wahnvorstellungen, die sich persönlichem Wachstum außerhalb der öffentlich gebilligten Bahnen entgegenstemmen. In fast jeder Gesellschaft läuft der Mensch, dem es gelingt, sich vom Anhaften weitgehend zu befreien, Gefahr, als ein ziemlich eigenartiger Typ angesehen zu werden. Fast jedes soziale Milieu hat seine Mittel, unser falsches Selbstbild zu zementieren.

Deswegen kennt die buddhistische Tradition den *Sangha,* die Gemeinschaft der Suchenden, die sich gegenseitig auf dem Pfad weiterhelfen. Der buddhistische *Sangha* soll die Reise etwas weniger einsam machen. Dies ist natürlich auch eine der Funktionen des geistigen Lehrers, der auf bestimmten Entwicklungsstufen zu einer absoluten Autorität werden kann, deren Ratschläge zwingender sein können als jeder soziale Druck.

Der Lehrer – wir haben uns daran gewöhnt, ihn kennerhaft als »Guru« zu betiteln; Chögyam Trungpa nennt ihn einen »gefährlichen Freund« – hilft auf dem Weg zu innerem Wachstum sowohl beim Lernen als auch beim Verlernen. Wie wir wissen, gestattet uns die buddhistische Psychologie nicht den Luxus, uns eine feste Vorstellung von einem »Ich« zu machen und daran zu hängen. Im Laufe der Entwicklung müssen wir immer wieder alte Ideen abstoßen, Vorstellungen, die uns sagen, was Wachstum ist, was wir sind und was aus uns werden soll. Sich ganz allein darauf einzulassen, ist ziemlich schwer.

Das Bewußtsein versucht ohne Unterlaß, dem Wandel eine feste Struktur aufzupfropfen, Erfahrungen in Anschauungen umzusetzen. Der Buddhismus fegt solche Bremsklötze der Entwicklung unbarmherzig hinweg. Er ermahnt uns immer wieder: Wirst du über dein Tun selbstgefällig, wirst du in deiner Meinung starr, dann gerätst du in Gefahr. Selbst die erhabenste, ungreifbarste Vorstellung des Buddhismus – *Shūnyatā* – darf nicht den Status der Heiligkeit bekommen. Gampopa zitiert bei der Behandlung der großen Verdienste, die durch die Erfahrung von *Shūnyatā* erworben werden, mehrere Texte, die vor den Gefahren einer *Shūnyatā-Ideologie* warnen. »Jene, die an *Shūnyatā* glauben«, sagt ein Text, »sind unheilbar krank.«[14] Der Buddhismus lehrt Einsichten, die über *Shūnyatā* noch hinausgehen – zum Beispiel *Prabhāsvarā* (Glanz) und *Mahāmudrā* (das Große Symbol) –, und daß die richtige Einstellung zu all diesen Erfahrungen darin besteht, sie zu erforschen und sie dann loszulassen und weiterzugehen.[15] Dem Lehrer obliegt es also, Wissen zu vermitteln, Hinweise zu geben, die unseren Erfahrungen Sinn verleihen, und darauf zu achten, daß der Schüler sich nicht auf dem Erreichten ausruht.

Zur Erleuchtung gehört, sich zum Großteil seiner Fesseln zu entledigen, gesellschaftlich bedingte Werte und Meinungen zu verlernen sowie eine – ich will es einmal so nennen – »Regression«, ein Abstieg zu Stufen des Denkens und Empfindens, die in gewisser Weise »primitiver« sind als unser normales Wachbewußtsein.

Auch dieser Aspekt des geistigen Wachstums ist uns allen bekannt. Als immer wiederkehrendes Faktum der menschlichen Erfahrung ist er ein Thema vieler Legenden, Geschichten, Romane, religiöser Schriften und psychologischer Untersuchungen. Arthur Koestler hat ihn als Schlüssel zum Schöpferischen und zum Wachstum bezeichnet:

... der ewige Mythos von der zeitweiligen Isolation des Helden, seinem Rückzug aus der menschlichen Gesellschaft und seiner triumphalen Rückkehr im Besitz neuer Macht. Buddha und Mohammed ziehen in die Wildnis. Joseph wird in den Brunnen geworfen. Jesus steht leibhaftig aus dem Grab auf. Jung spricht vom Motiv »des Todes und der Wiedergeburt«, Toynbee von »Rückzug und Wiederkehr« – alles Reflexionen desselben archetypischen Musters... in der Entwicklung von Gattung, Kultur und Individuum ein Prinzip von universaler Gültigkeit...[16]

Zur näheren Erläuterung dieses Phänomens gebraucht Koestler die Wendung *»Reculer pour mieux sauter«,* »Zurückgehen, um besser springen zu können«. Dies deckt sich mit der psychologischen Vorstellung von der »Regression im Dienste des Ich« und stellt die Rechtfertigung für die Reise in die infantilen Sexualphantasien dar, auf der die Freudsche Psychotherapie aufbaut. Natürlich bildet diese Vorstellung auch für die verschiedenen Schulen der »Traumanalyse« die Grundlage, denn sie wollen aus den nächtlichen Reisen in die unzivilisierte Psyche etwas herüberretten, das sich in unser bewußtes Verständnis integrieren und uns zu reiferen Individuen werden läßt.

Zu irgendeiner Zeit macht jeder von uns auch mit diesem Aspekt des Erleuchtungsprozesses einmal Bekanntschaft. An einem Punkt unseres Weges, gewöhnlich vor einem entscheidenden Durchbruch, findet plötzlich eine Regression in Kindheitserinnerungen oder in unverantwortliches Gebaren statt, vielleicht auch eine Periode der Isolation (physischer oder seelischer Art) von der übrigen Welt oder eine Phase tiefer Depression, ein Rückzug in »die dunkle Nacht der Seele«, wie es der christliche Mystiker Johannes vom Kreuz nannte. Diese Entwicklungsphase kann viele verschiedene Formen annehmen, und obwohl solche Erfahrungen sehr häufig sind, sind wenige von uns weise oder glücklich genug, sie als notwendigen Teil des Wachstums und als Vorboten großer Freude zu erkennen.

Die buddhistische Technologie des inneren Wachstums bedient sich vieler Formen der Regression, so vieler, daß einige Kritiker behaupten, es gäbe nur Regression und keinen Fortschritt. Die Meditation, die wichtigste buddhistische Praxis überhaupt, ist in sich eine Art des Rückzugs. Sie kann eine kurze Atempause von täglich nur wenigen Minuten sein, oder auch das Abschneiden aller Verbindungen zur Umwelt gleich für mehrere Tage während einer längeren Meditationsklausur. In Tibet waren Meditationsperioden keine Seltenheit, bei denen sich der Übende für mehrere Jahre aus der Welt zurückzog. Meditation kann ein erholsamer, kraftspendender Rückzug in die Passivität sein, aber auch ein mutiger Abstieg in die tiefsten Tiefen der Psyche.

Die ausgefeilten Visualisierungen des *Vajrayāna* sind kontrollierte Regressionen, bei denen der Übende in das kollektive Unbewußte hinabsteigt, mit archetypischen Bildern Kontakt aufnimmt, die die meisten von uns nur aus Märchen, Alpträumen und Halluzinationen kennen, sie zähmt und sich zu Verbündeten macht. Diese Übungen gehören zu den am höchsten entwickelten Formen der Selbsterforschung der Psyche.

Eine weitere Regression, die im System des *Vajrayāna* verwendet wird, ist die Erforschung vor-begrifflicher Bewußtseinsschichten, die *Kun-ji* genannt werden. *Kun-ji* wird in den Nyingma-Zentren in Amerika niemals nur als interessante psychologische Vorstellung gelehrt. Es werden vielmehr Wege aufgezeigt, in eine Bewußtseinsschicht hinabzutauchen, aus der wir mit neuen, für das Alltagsleben hilfreichen Einsichten zurückkehren können.

Und dann ist da noch die Bemühung, die Welt ohne die übliche (und für die meisten von uns sehr scharfe) Trennung von Subjekt und Objekt zu erfahren. Die buddhistischen Schriften bezeichnen dies als wünschenswerte Erfahrung, wenn nicht gar als das Wesen der Erleuchtung selbst. In den Augen der westlichen Psychologie ist dies eine infantile Ebene der Erfahrung, die der Psyche des Neugeborenen entspricht, das die Mutterbrust noch für einen Teil seiner selbst hält. Koestler beschreibt die Welt des Säuglings als »feuchtes, flüssiges Universum, von psychologischen Bedürfnissen durchquert, die kleine Stürme verursachen und, ohne feste Spuren zu hinterlassen, kommen und gehen«.[17]

Unser normaler Wachstumsbegriff bezeichnet ein *Heraustreten* aus diesem Säuglings-Universum, das Entstehen eines festen »Ich« im Gegensatz zu der Welt »dort draußen«. Mißlingt einem Menschen dieser Schritt zur Individuation, so bleibt er auf ein Stadium der Infantilität fixiert; er ist dann sicherlich keine reife Persönlichkeit, wahrscheinlich wird man ihn nicht einmal als eine »gesunde« ansehen. Und trotzdem ist diese »flüssige Welt« auch in der gereiften Psyche noch irgendwo vorhanden. Man kann erneut in sie eintauchen, und vielen, denen dies gelingt, erscheint diese Erfahrung weniger als ein Abstieg in die Infantilität, sondern vielmehr als ein *Aufstieg* zu einem Zustand reiner Bewußtheit – und sie berichten oft in religiösen Begriffen davon. Auf einer höheren Stufe der Reife wird etwas wiederentdeckt, das der Welt des Säuglings ähnelt; natürlich war es die ganze Zeit über da, nur war der Zugang verloren.

Ich habe in der allgemeinen menschlichen Erfahrung nach Anhaltspunkten gesucht, die uns vielleicht etwas besser verstehen lassen, was es heißt, »erleuchtet« zu werden. Ich habe versucht aufzuzeigen, was von dem, was wir bereits wissen, uns hilft, den Buddhismus etwas weniger unzugänglich erscheinen zu lassen. Nachdem wir uns also einiger Erfahrungen erinnert haben, die wir alle im Laufe des Lebens gemacht haben, sehen wir, daß wir tatsächlich schon etwas über Erleuchtung wissen. Wir sollten außerdem nicht übersehen, was wir aus der Geschichte über *kulturelle* Veränderungen wissen, denn wir entdecken im Entwicklungsgang von Gesellschaften Ähnlichkeiten zum Erleuchtungsprozeß. Im Verlauf ihrer Entwicklung gehen alle Gesellschaften durch Stadien, in denen sie ihre Grundanschauungen jeweils neu definieren. Wir nennen das heute »Paradigmawechsel« und bringen einen solchen Wandel meist mit wichtigen wissenschaftlichen Erkenntnissen in Verbindung, die unsere Sicht der Wirklichkeit umwälzen. Wir assoziieren bestimmte Namen damit: Kopernikus mit dem Ende des geozentrischen Universums; Darwin mit der Theorie der menschlichen Evolution; Freud mit der Entdeckung (oder Wiederentdeckung) des Unbewußten; Einstein mit der Sicht eines relativistischen, nicht-mechanischen Kosmos, in dem Materie eine Form der Energie ist. Bei allen diesen Paradigmawechseln gab es Krisen und Durchbrüche. Wir gewinnen etwas dazu, müssen gleichzeitig jedoch etwas aufgeben. Mit jedem neuen Verständnis, das wir gewinnen, muß das ganze feste Gebäude unserer Vorstellungen von der Wirklichkeit in Stücke brechen. Wir werden klüger und gleichzeitig bescheidener. Stellt die Erkenntnis, daß unser kleiner Planet nicht das Zentrum des Universums ist, nicht eine Art Ichverlust dar? Und wie ist es mit der Erkenntnis, daß wir von Pflanzen und Tieren nicht grundsätzlich verschieden sind, daß viele unserer Gedanken und Taten durch uns unbewußte Vorgänge im Bewußtsein geprägt werden, daß das Universum nicht eine riesige Maschine ist, die nach Gesetzen funktioniert, welche wir völlig verstehen können? Wir betrachten die Veränderungen von unserer Warte aus, und heute wissen wir, daß wir durch die Aufgabe der »primitiveren« Anschauungen einen weiteren Horizont gewonnen haben – aber von der anderen Seite aus gesehen, vor diesem Wandel, muß der Mensch es fast für unmöglich gehalten haben, ohne diese Anschauungen zu existieren.

Jedesmal, wenn eine Zivilisation durch einen einschneidenden Paradigmawechsel geht, muß sie alte und starre Vorstellungen über die Menschheit und den Kosmos über Bord werfen, Vorstellungen, die nicht so sehr als Vorstellungen, sondern einfach als *Wahrheit* erscheinen. Jedesmal setzen also die Gegner der neuen Sicht alle Gegenkräfte in Bewegung, da sie sie für zu bedrohlich halten, um auch nur darüber nachzudenken. Und jedesmal setzt eine gewisse Überheblichkeit ein, wenn die Schlacht dann endlich gewonnen ist, nach dem Motto: »Nun wissen wir aber endgültig Bescheid!« Aber es wird sich auch diesmal herausstellen, daß sich das Rad weiterdreht, daß unsere heutige, so herrlich weite Sicht des Kosmos das starre System werden wird, das sich morgen jeder wirklichen Erkenntnis entgegenstemmt. Damit sind wir bei dem Bild angelangt, das der *Vajrayāna*-Buddhismus vom *individuellen* menschlichen Leben hat: ein immer weiter werdender Kreis von Sinngebung und Bedeutung, ein in seinen Eigenschaften unbegrenzter Kosmos. Das *Vajrayāna* versteht unter Erleuchtung nicht einen Ort, auch nicht ein einmaliges Ereignis. Erleuchtung ist ein fortwährender Prozeß. Es gibt kein endgültiges *Nirvāna*.

All die Therapien und »spirituellen Trips«, die heute groß in Mode sind, sind Zeichen eines Paradigmawechsels, eines noch unvollkommenen Bemühens, über die darwinistischen, Freudschen und verhaltenspsychologischen Perspektiven hinauszugelangen und zu einem neuen, umfassenderen Verständnis des Lebens vorzustoßen. Diese Bewegung hat allerdings keine einzelne zentrale Figur, den Einstein des Bewußtseins gibt es nicht. Eine Stimme, deren Autorität jedoch allgemein anerkannt ist, ist die des verstorbenen Abraham Maslow, eines amerikanischen Schriftstellers, der allen Tibetern gut bekannt ist, die sich näher mit westlicher Psychologie beschäftigt haben. Maslow hoffte, eine Psychologie der Gesundheit zu entwickeln, die geeignet ist, der Gesellschaft ein sinnvolles Ideal menschlicher Entwicklung zu vermitteln, etwas, das man verstehen und in das eigene Leben integrieren kann.

Jedes Zeitalter, ausgenommen das unsrige, hatte sein Modell, sein Ideal. Sie alle sind uns durch unsere Kultur vermittelt worden – der Heilige, der Held, der Gentleman, der Ritter, der Mystiker. Alles, was uns übriggeblieben ist, ist der gut angepaßte Mensch, der keine Probleme hat, ein sehr blasser und zweifelhafter Ersatz. Vielleicht sind wir bald dazu in der Lage, den zu voller Reife gelangenden, Selbsterfüllung findenden Menschen zum Leitbild und Ideal zu erküren, den Menschen, in dem alle Möglichkeiten voll zur Entwicklung kommen, dessen inneres Wesen sich frei Ausdruck verleiht, anstatt entstellt, unterdrückt und geleugnet zu sein.[18]

Die Entwicklung des Buddhismus ist durch die Einbeziehung neuer Leitbilder und Modelle markiert. Das *Hīnayāna* kannte den *Arhant,* das heilige, aber etwas steife Muster orientalischer Tugend. Das *Mahāyāna* hatte den *Bodhisattva,* einen menschlicheren und zugänglicheren Heiligen, dessen größte Tugend die Fähigkeit des Mitfühlens war. Das *Vajrayāna* behielt das *Bodhisattva*-Ideal als eine Stufe der Leiter zur Verwirklichung bei, die noch andere Gestalten enthält, gewöhnliche Menschen, *Bodhisattvas,* Yogis, *Siddhas* und Buddhas. Dies ist eine Sicht der menschlichen Möglichkeiten, die die Grenzen unserer westlichen Vorstellungen sprengt. Trotz aller scheinbaren Seltsamkeit bleibt es jedoch ein menschliches System. Es spricht nicht von Gott oder den Göttern, sondern vom menschlichen Leben, diesem Leben. Es sagt, daß alle Menschen potentiell Buddhas sind und daß alle Möglichkeiten des Daseins im gewöhnlichen Bewußtsein enthalten sind. Selbst die Gottheiten sind Schöpfungen des Bewußtseins, heraufbeschworen, um eine Mittlerrolle zu spielen zwischen dem individuellen Bewußtsein und seiner Umwelt. Und Erleuchtung ist ein Lernprozeß, von anderen Formen der Erwachsenenbildung dadurch verschieden, daß periodische Umformulierungen unseres gesamten Weltbildes dazugehören. Wir müssen das alte Selbstbild loslassen und zu einem neuen Verständnis davon gelangen, wer oder was wir sind. Gelingt dies einem Menschen, dann nennen wir das Erleuchtung; gelingt es einer ganzen Gesellschaft, dann ist es kulturelle Transformation.

Keine der Vorstellungen und Ideen, die ich in diesem Buch diskutiert habe, erklärt, was Erleuchtung ist, noch kann sie beweisen, daß irgend jemand jemals Erleuchtung erfahren hat. Und gewiß gibt es auch keine Sicherheit, daß eine Beschäftigung mit dem tibetischen Buddhismus und eine Ausübung seiner Praktiken uns notwendig zu dieser Erfahrung führt. Ich wollte hier nur zeigen, daß der Buddhismus uns gar nicht so fremd ist, wie wir vielleicht angenommen hatten. Auch wenn wir spezifisch buddhistische Begriffe wie »Nicht-Selbst« oder »Unbeständigkeit« nicht in unserer Alltagssprache verwenden, liegen in unseren gegenwärtigen Erkenntnissen, individuellen sowie kollektiven, viele Dinge verborgen, die die Aussage dieser Begriffe genau wiedergeben.

Und obwohl ich versucht habe, die Vorstellung der Erleuchtung etwas zu »de-orientalisieren«, habe ich doch mit Ideen und Begriffen gearbeitet, die direkt dem *Vajrayāna* entnommen sind. Das *Vajrayāna* lehrt klipp und klar, daß man die Erleuchtung im eigenen Leben entdecken muß, daß es zwar hilfreich sein kann, sie aus der Perspektive der einen oder anderen Tradition zu betrachten, es aber nicht möglich ist, sie auf diese Weise zu begreifen. Solange sie etwas uns Fremdes ist, ist es nicht Erleuchtung. Obwohl der *Vajrayāna*-Buddhismus also aus einem fernen Land zu uns kommt und wir ihn für eine »exotische« Religion halten, bringt er uns doch eine Botschaft, die in unser eigenes innerstes Wesen zielt.

Wir erkennen, daß das eigentliche »Diamant-Fahrzeug« unser eigenes Bewußtsein ist, das durch die Zeiten dahinfließt und allen Glanz des Universums reflektiert. Zugegeben, es hat ein paar Flekken, falsche Selbstvorstellungen, starre Ideen und ererbte Anschauungen, aber trotzdem ist unser Bewußtsein – das einzige, das wir kennen – das seinem Wesen nach reine Fahrzeug, in dem die Wahrheit entdeckt werden kann. Was auch immer man suchen mag – Gott, Buddha oder sich selbst –, es ist dort zu finden.

Wie solltest du diese
Unvergleichliche Form annehmen können,
Solange du nicht das unübertreffliche Eine
In dir gefunden hast?
Ich habe gelehrt, daß du wissen wirst,
Wer du bist,
Sobald der Irrtum verflogen ist.
Er ist zu Hause, doch sie schaut sich draußen nach Ihm um.
Sie sieht den Gatten
Und fragt doch bei den Nachbarn nach Ihm.
Saraha sagt: Du Narr, erkenne dich selbst![19]

Anmerkungen

Vorwort

1 Herbert Fingarette, »The Ego and Mystic Selflessness«, in: *Identity and Anxiety*, herausgegeben von Maurice Stein et al., Glencoe 1960, S. 552–581.
2 L. A. Waddell, *The Buddhism of Tibet, or Lamaism*, Cambridge 1971, S. XV und S. 145.

1. Ost ist Ost und West ist West

1 Theodore Roszak, *The Making of a Counter-Culture*, New York 1969.
2 Man vergleiche hierzu das Buch *Selbstheilung durch Entspannung* von Tarthang Tulku (O. W. Barth Verlag, München 1980) mit den zahlreichen Publikationen westlicher Autoren über Körperbewußtheit.
3 Ein gutes Beispiel für eine solche Arbeit ist: Stephan Beyer, *The Cult of Tara: Magic and Ritualism in Tibet*, Berkeley 1973.
4 Lawrence Kohlberg, »Stages and Sequence: The Cognitive-Developmental Approach to Socialization«, in: *Handbook of Socialization Theory and Research*, hrsg. v. David A. Godlin, Chicago 1960, S. 347.
5 Abraham Maslow, *Psychologie des Seins*, Kindler, München 1962; siehe dazu auch Charles Hampden-Turner, *Radical Man*, New York 1971.
6 Lewis Mumford, *Mythos der Maschine*, Fischer Taschenbuch, Frankfurt 1977.

2. Buddhistisches Grundwissen

1 Niccolò Machiavelli, *The Discourses*, New York 1940, S. 208 (deutsch: *Discorsi*, Kröner, 1977).
2 Ausschnitt aus dem Kalama Sutra, in: Alexandra David-Neel, *Buddhism*, London 1939, S. 123.
3 Aus dem Potthapada Sutra, in: Ch. Humphries, *The Wisdom of Buddhism*, London 1961. S. 53 f.
4 Arnold Beisser, »The Paradoxical Theory of Change«, in: *Gestalt Therapy Now*, hrsg. v. Joen Fagan und Irma Lee Shepherd, New York 1970, S. 77.

5 Lama Mi-pham, *Ruhig und Klar,* hrsg. v. Tarthang Tulku, Irisiana Verlag, Obernhain 1977, S. 39 und S. 45.

6 Walpola Rahula, *What the Buddha Taught,* Bedford 1959, S. 66.

7 David-Neel, *Buddhism,* S. 131 f.

8 Erich Fromm/D. T. Suzuki/Richard de Martino, *Zen-Buddhismus und Psychoanalyse,* Suhrkamp, Frankfurt 1976.

9 Nolan Jacobson, *Buddhism: The Religion of Analysis,* London 1966, S. 133 f.

10 Einige dieser Ideen werden ausführlich diskutiert in: Alexandra David-Neel, *The Secret Oral Teachings,* San Francisco 1967.

11 Herbert V. Guenther, *Treasures on the Tibetan Middle Way,* Berkeley 1973, S. 45.

12 Zitiert in: Agehananda Bharati, *The Tantric Tradition,* Garden City, N. Y., 1970, S. 19.

3. Das Bewußtsein: Mal siehst du es, mal siehst du's nicht

1 H. V. Guenther/Leslie Kawamura, *Mind in Buddhist Psychology,* Berkeley 1975, S. 20.

2 C. G. Jung, *Gesammelte Werke,* Bd. 6, Zürich 1960, S. 468.

3 Guenther/Kawamura, *op. cit.,* S. 25.

4 Aus dem Prajna-paramita-hridaya-sutra, zitiert in: Christmas Humphries, *The Wisdom of Buddhism,* London 1961, S. 114.

4. Vajrayāna, das Diamant-Fahrzeug

1 Zitiert in: E. Conze, *Buddhism: Its Essence and Development,* New York 1951.

2 *Cittavisuddhiprakarana,* zitiert in: E. Conze, *Buddhist Texts Through the Ages,* New York 1964, S. 221.

3 Zitiert in: Bharati, *op. cit.,* S. 20.

4 S. B. Dasgupta, *An Introduction to Tantric Buddhism,* Berkeley 1974, S. 3.

5 Longchenpa, *Kindly Bent to Ease Us,* unter diesem Titel ins Engl. übersetzt v. H. V. Guenther, Berkeley 1975, Teil I, S. 100.

6 Stephan Beyer, *op. cit.*

7 Lama Anagarika Govinda, *Grundlagen Tibetischer Mystik,* Die geheime Lehre des großen Mantra, O. W. Barth Verlag, München [4]1975.

8 John Blofeld, *The Tantric Mysticism of Tibet,* New York 1970, S. 118 f. (deutsch: *Der Weg zur Macht,* Ullstein Taschenbuch 1981).

9 Siehe Nathan Katz, »Anima and mKa'-'gro-ma: A Critical Comparative Study of Jung and Tibetan Buddhism«, in: *The Tibet Journal,* Vol. II, No. 3, Dharamsala 1977, S. 13–43.

10 C. G. Jung, *Gesammelte Werke,* Bd. 7, Zürich 1964, S. 221.

11 Beyer, *op. cit.,* S. 83 f.

12 C. G. Jung, »Psychologischer Kommentar«, in: *Das Tibetanische Totenbuch,* nach der englischen Fassung des Lama Kazi Dawa Samdup, hrsg. v. W. Y.

Evans-Wentz, neu bearbeitet, kommentiert und eingeleitet von Lama Anagarika Govinda, Olten und Freiburg, 1971, S. 43.

5. Der Einklang von Körper und Geist: Entspannung, Gesundheit und Heilkunst

1 Wilhelm Reich, *Charakteranalyse*, Köln und Berlin 1970.
2 M. Friedman/H. R. Rosenman, *Type A Behavior and Your Heart*, New York 1974.
3 Eine umfassende Einführung und Anleitung zur Praxis von *Kum Nye* in: Tarthang Tulku, *Selbstheilung durch Entspannung*, O. W. Barth/Scherz Verlag, München 1980.
4 Patricia Carrington, *Das große Buch der Meditation*, O. W. Barth/Scherz Verlag, München 1980.
5 Yeshe Dhonden/Gyatso Tsering, »What ist Tibetan Medicine?«, in: *An Introduction to Tibetan Medicine*, hrsg. v. Dawa Norbu, New Delhi 1976, S. 7.
6 Carrington, *op. cit.*
7 Jampal Kunzang Rechung Rinpoche, *Tibetan Medicine*, Berkeley 1973, S. 58.
8 Dhonden/Tsering, *op. cit.*, S. 7.
9 Theodor Burang, »Tibetan Medicine on Cancer«, in: Dawa Norbu (Hrsg.), *op. cit.*, S. 60.

6. Expandierendes Universum – expandierendes Bewußtsein

1 A. J. Singh, »Interview with the Dalai Lama«, in: *Tibet Journal*, Vol. II, No. 3, Herbst 1977, S. 8–12.
2 Alan Watts, *Psychotherapie und östliche Befreiungswege*, Kösel-Verlag, München 1980, S. 15.
3 Watts, *op. cit.*
4 Fritjof Capra, *Der kosmische Reigen*, Physik und östliche Mystik – ein zeitgemäßes Weltbild, O. W. Barth Verlag, München ³1980, S. 13 f.
5 Aus Isaac Newton, *Opticks*, zitiert in: *The Science of Matter*, hrsg. v. M. P. Crossland, Hermondsworth 1971, S. 76.
6 A. N. Whitehead, *Science and the Modern World*, New York 1926, S. 84.
7 Thomas Kuhn, *The Structure of Scientific Revolutions*, Chicago 1970.
8 Einsteins Entdeckung beruhte nicht direkt auf den Versuchen von Michael und Morley, wenn dies auch manchmal behauptet wird. Auch wenn sie Einstein eine wertvolle Denkstütze waren, entstand seine Theorie jedoch aus seinem eigenen Denken. Siehe auch Michael Polanyi, *Personal Knowledge*, Chicago 1962, S. 9–12.
9 Fritjof Capra, *op. cit.*, S. 59.
10 T. und D. McKenna, *The Invisible Landscape*, New York 1975, S. 32 f.
11 E. P. Tyron, »Is the Universe a Vacuum Fluctuation?«, in: *Nature*, Dezember 1973, S. 396 f.

12 David Bohm, *Causality and Chance in Modern Physics*, London 1957, S. 153.
13 Werner Heisenberg, *Physik und Philosophie*, Stuttgart 1959, S. 67.
14 Aus dem Shūrangama Sūtra, in: *A Buddhist Bible*, hrsg. v. Dwight Goddard, New York 1938, S. 243.
15 Zitiert in: *The Wisdom of Buddhism*, hrsg. v. Christmas Humphries, S. 218.
16 Zitiert in: Kennard Lipman, *The Meaning of ›World‹ in Tibetan Buddhist Philosophy*, University of Saskatchewan, 1976 (unveröffentlichte Magisterarbeit).
17 Lipman, *op. cit.*
18 Siehe z. B. Gampopa, *Jewel Ornament of Liberation*, ins Englische übersetzt von H. V. Guenther, Berkeley 1971, S. 212–226.
19 H. V. Guenther/Tschögyam Trungpa, *Tantra im Licht der Wirklichkeit*, Aurum Verlag, Freiburg im Breisgau 1976, S. 41.
20 Guenther/Trungpa, *op. cit.*, S. 41 f.
21 Lipman, *op. cit.*
22 Guenther/Trungpa, *op. cit.*, S. 89.
23 Karl Pribram, »Toward a Holonomic Theory of Perception«, erschienen in: *Gestalttheorie in der modernen Psychologie*, 1975, S. 184.
24 David Bohm, »Theoretical Physics Must Deal with Thought«, in: *Brain/Mind Bulletin*, 19. September 1977, S. 2.

7. Traumanalyse und Traumyoga

1 1. Mose 41,16.
2 Sigmund Freud, *Die Traumdeutung*, Studienausgabe Bd. II, Frankfurt 1972.
3 Freud, *op. cit.*
4 C. G. Jung, *Erinnerungen, Träume, Gedanken*, Zürich 1952, S. 165 f.
5 C. G. Jung, *Erinnerungen, Träume, Gedanken*, a. a. O., S. 143.
6 C. G. Jung, *Gesammelte Werke*, Bd. X, Olten 1974, S. 488.
7 Frederick S. Perls, »Dream Seminars«, in: *Fagan und Shepherd, op. cit.*, S. 213 f.
8 Dschuang Dsi, *Südliches Blütenland*, Diederichs, Düsseldorf und Köln 1976, S. 52.
9 René Descartes, in: *»The Philosophical World of Descartes«*, hrsg. v. E. Haldane und G. R. T. Ross, Cambridge 1911, S. 146.
10 Descartes, *op. cit.*, S. 145.
11 In Charles E. M. Dunlop (Hrsg.), *Philosophical Essays on Dreaming*, Ithaca, N. Y., S. 103–126.
12 Charles H. Tart, »The ›High‹ Dream: A New State of Consciousness«, in: *Altered States of Consciousness*, New York 1969, S. 170.
13 Garma C. C. Chang, *Teachings of Tibetan Yoga*, Secaucus, New Jersey, 1977, S. 92.
14 Tart, *op. cit.*, S. 174.
15 Stanley Krippner/William Hughes, »Dreams and Human Potential«, in: *Journal of Humanistic Psychology*, Bd. 10, Nr. 1, Frühjahr 1970, S. 15.
16 Chang, *op. cit.*, S. 90.

17 Longchenpa, *op. cit.*, Teil III, S. 44.
18 Tarthang Tulku (Hrsg.), *Crystal Mirror*, Vol. IV, Berkeley 1975, S. 181.

8. Gerüchte aus dem Osten

1 *Patañjali, Die Wurzeln des Yoga,* Die Yoga-Sūtren des Patañjali, O. W. Barth Verlag, München 1976.
2 Alexandra David-Neel, *Heilige und Hexer,* Glaube und Aberglaube im Lande des Lamaismus, F. A. Brockhaus, Neuausgabe 1981, S. 171.
3 Lama Anagarika Govinda, *Der Weg der Weißen Wolken,* O. W. Barth Verlag, München 1973, S. 130.
4 David-Neel, *op. cit.,* S. 190 f.
5 Milarepa, *Die hunderttausend Gesänge.*
6 Eine eingehende Betrachtung des Yogas der »inneren Hitze« ist zu finden in: Lama Anagarika Govinda, *Grundlagen tibetischer Mystik,* O. W. Barth Verlag, München ⁴1975, S. 185 ff.
7 Elmer Green, »Biofeedback Training and Yoga«, Arbeitspapier zu einer Konferenz über Geistheilung, veranstaltet von der Association for Humanistic Psychology im Mai 1972 in San Francisco.
8 Mike Spino, *Beyond Jogging,* Millbrae, Calif., 1976.
9 George B. Leonard, *The Ultimate Athlete,* New York 1975; siehe auch: G. B. Leonard, *Der Rhythmus des Kosmos,* O. W. Barth/Scherz Verlag, München 1980.
10 Evans-Wentz (Hrsg.), *op. cit.* Es gibt inzwischen eine erste *Originalübersetzung* des Werkes aus dem Tibetischen ins Deutsche, erschienen unter dem Titel: *Das tibetische Buch der Toten,* O. W. Barth Verlag, 2. Auflage, München 1980.
11 Evans-Wentz (Hrsg.), *op. cit.,* S. 171.
12 Evans-Wentz (Hrsg.), *op. cit.,* S. 173.
13 Evans-Wentz (Hrsg.), *op. cit.,* S. 197.
14 Evans-Wentz (Hrsg.), *op. cit.,* S. 257 f.
15 Evans-Wentz (Hrsg.), *op. cit.,* S. 42.
16 Evans-Wentz (Hrsg.,), *op. cit.,* S. 33, 34 und 35.
17 Evans-Wentz (Hrsg.), *op. cit.,* S. 21.
18 Timothy Leary/Ralph Metzner/Richard Alpert, *The Psychedelic Experience,* New Hyde Park, N. Y., 1964, S. 22.
19 Leary/Metzner/Alpert, *op. cit.,* S. 31.
20 Raymond A. Moody, *Leben nach dem Tod,* Rowohlt, Reinbek bei Hamburg 1977, S. 27 f.

9. Noch mehr tibetische Psychologie...

1 H. V. Guenther, *The Tantric View of Life,* Boulder, 1976, S. 38 (deutsch: *Tantra als Lebensanschauung,* O. W. Barth Verlag, München 1974).
2 Longchenpa, *op. cit.,* Teil III, S. 106.

3 Longchenpa, *op. cit.*, Teil I, S. 113.
4 Tarthang Tulku (Hrsg.), *op. cit.*, S. 166.
5 Tarthang Tulku, »The Pursuit of Awareness«, erschienen in: *Gesar*, Berkeley, Frühjahr 1975, S. 4.
6 Gay Luce, »Western Psychology Meets Tibetan Buddhism«, in: *Reflections of Mind*, Tarthang Tulku (Hrsg.), Berkeley 1975, S. 36.

10. Erleuchtung: Lernen und Verlernen

1 Gampopa, *Jewel Ornament of Liberation*, *op. cit.*, S. 207.
2 Guenther/Trungpa, *op. cit.*, S. 82.
3 1. Korinther 13,11.
4 Herbert Fingarette, *op. cit.*, S. 553.
5 Fingarette, *op. cit.*, S. 554.
6 Fingarette, *op. cit.*, S. 555.
7 »Saraha's Treasury of Songs«, erschienen in Conze, *Buddhist Texts Through the Ages*, S. 234.
8 Gampopa, *op. cit.*, S. 222.
9 Fingarette, *op. cit.*, S. 569.
10 Mark Tatz/Jody Kent, *Karma – Das tibetische Orakelspiel*, Diederichs, Köln und Düsseldorf 1978, S. 126.
11 Jacobson, *op. cit.*, S. 101.
12 Shunryu Suzuki, zitiert in: Arthur Deikman, *Personal Freedom*, New York 1976, S. 31.
13 Gampopa, *op. cit.*, S. 241.
14 Gampopa, *op. cit.*, S. 212.
15 Guenther/Trungpa, *op. cit.*, S. 35.
16 Arthur Koestler, *The Act of Creation*, New York 1964, S. 466.
17 Arthur Koestler, »The Tree Domains of Creativity«, erschienen in: *Challenges of Humanistic Psychology*, F. T. Bugenthal (Hrsg.), New York 1967, S. 35.
18 Maslow, *op. cit.*, S. 4.
19 In: Conze, *Buddhist Texts Through the Ages*, S. 232.

Bibliographie

(Deutschsprachige Literatur über den tibetischen Buddhismus)

Arnold, Paul, *Unter tibetischen Lamas,* Chronik einer geistigen Erfahrung, Henssel, o. J.

Blofeld, John, *Die Macht des heiligen Lautes,* Die geheime Tradition des Mantra, O. W. Barth Verlag, 1978.

- *Selbstheilung durch die Kraft der Stille,* Einführung in Techniken des kontemplativen Yoga, Barth/Scherz Verlag, 1981.

- *Der Weg zur Macht,* Ullstein Taschenbuch, 1981.

Burang, Theodor, *Tibetische Heilkunde,* Origo Verlag, ³1974.

Chang, Garma C., *Mahamudra-Fibel,* Octopus Verlag, 1979.

Dalai Lama, Tenzin Gyatsho, der XIV., *Das Auge der Weisheit,* Grundzüge der buddhistischen Lehre für den westlichen Leser, O. W. Barth Verlag, 1975.

Dargyay, Eva K. und Geshe Lobsang, Hrsg., *Das tibetische Buch der Toten,* Die erste Originalübertragung aus dem Tibetischen, O. W. Barth Verlag, ³1980.

David-Neel, Alexandra, *Heilige und Hexer,* F. A. Brockhaus, 1981.

- *Leben in Tibet,* Sphinx Verlag, o. J.

- *Magie und Zauberei Tibets,* Morzsinay Verlag, ²1980.

- *Ralopa,* Der Meister geheimer Riten, Und andere unbekannte tibetische Texte, Morzsinay Verlag, ²1980.

- *Wanderer mit dem Wind,* Reisetagebücher in Briefen, F. A. Brockhaus, 1979.

Evans-Wentz, W. Y., Hrsg., *Der geheime Pfad der großen Befreiung,* mit einem psychologischen Kommentar von C. G. Jung, O. W. Barth Verlag, ³1978.

- Hrsg., *Milarepa – Tibets großer Yogi,* O. W. Barth Verlag, ⁴1978.

- Hrsg., *Das Tibetanische Totenbuch,* nach der englischen Fassung des Lama Kazi Dawa-Samdup, Walter Verlag, ⁴1980.

- Hrsg., *Yoga und Geheimlehren Tibets,* O. W. Barth Verlag, 1937.

Finckh, Elisabeth, *Grundlagen tibetischer Heilkunde,* ML-Verlag, 1975.

Fremantle, Francesca und Chögyam Trungpa, Hrsg., *Das Totenbuch der Tibeter,* Diederichs, ³1979.

Govinda, Lama Anagarika, *Bilder aus Indien und Tibet,* Irisiana Verlag, 1978.

- *Grundlagen tibetischer Mystik,* Die geheime Lehre des großen Mantra, O. W. Barth Verlag, ⁴1975.

- *Mandala. Der heilige Kreis,* Origo Verlag, ⁴1980.

- *Die psychologische Haltung der frühbuddhistischen Philosophie und ihre systematische Darstellung nach der Tradition des Abhidharma,* Octopus Verlag, ²1980.

- *Schöpferische Meditation und Multidimensionales Bewußtsein,* Aurum, 1977.

– *Der Stupa,* Aurum, 1978.
– *Der Weg der weißen Wolken,* Erlebnisse eines buddhistischen Pilgers in Tibet, Scherz, ⁶1980.
Guenther, Herbert V., *Tantra als Lebensanschauung,* O. W. Barth Verlag, 1974.
– und Tschögyam Trungpa, *Tantra im Licht der Wirklichkeit,* Aurum, 1976.
Hopkins, Jeffrey, und Lhündub Söpa, Hrsg., *Der tibetische Buddhismus,* Diederichs, 1978.
– Hrsg., *Tantra in Tibet,* Diederichs 1980.
Kongtrul, Jamgon, *Das Licht der Gewißheit,* Aurum, 1979.
Lauf, Detlef I., *Geheimlehren tibetischer Totenbücher,* Aurum, ³1979.
Matthiessen, Peter, *Auf der Spur des Schneeleoparden,* Die Reise in ein vergessenes Land, Scherz, 1980.
Milarepa, siehe Evans-Wentz, W. Y., Hrsg.
Mipam, Lama, und Tarthang Tulku, *Ruhig und Klar,* Irisiana Verlag, 1977.
Nydahl, Ole, *Die Buddhas vom Dach der Welt,* Mein Weg zu den Lamas, Diederichs, 1979.
– Hrsg., *Der Diamantweg,* Eine Einführung in die Lehren des Tibetischen Buddhismus nach den Worten von Kalu Rinpoche, Octopus Verlag, ²1979.
Tarthang Tulku, *Psychische Energie durch inneres Gleichgewicht,* Aurum, 1979.
– *Selbstheilung durch Entspannung,* Die tibetische Heilkunst des *Kum Nye,* Barth/ Scherz Verlag, 1980.
Tatz, Mark, und Jody Kent, *Karma. Durch Wiedergeburt zur Befreiung,* Das tibetische Orakelspiel, Diederichs, 1978.
Totenbuch, tibetisches, Übersetzungen siehe: Dargyay, Evans-Wentz, Fremantle.
Trungpa, Tschögyam, *Aktive Meditation,* Walter Verlag, ³1978.
– *Jenseits von Hoffnung und Furcht,* Gespräche über Abhidharma, Octopus Verlag, 1978.
– *Das Märchen von der Freiheit und der Weg der Meditation,* Aurum, 1978.
– *Spiritueller Materialismus,* Vom wahren geistigen Weg, Aurum, 1975.
Tucci, Giuseppe, und Walter Heissig. *Die Religionen Tibets und der Mongolei,* Kohlhammer, 1970.
Wangyal, Gesge, *Tibetische Meditationen,* Theseus Verlag, 1975.